リーガルマインドで読み解く
重要税務判例20選

木山 泰嗣 著

一般財団法人 大蔵財務協会

まえがき

　判例を読むことの意味は，ケースを通じて法の解釈・適用がどのように行われているかを，具体的にみることにあります。

　法令の規定は抽象的につくられているため，condition文から読んでいくことも重要です。この場合，抽象的な制度を理解したり，抽象的な文言の一般的な意味を解釈したり，学説の対立をみたりする手法になります。いわゆる「**演繹的なアプローチ**」です。

　これに対して，ケースから学ぶ方法は，「ケース・スタディ」「事例研究」ともいわれるように，具体的に当該法令が解釈・適用された現場を直視することから始まります。

　どのような事例であったのか，どのような事実認定がされたのか，それに対してどの条文がどのように解釈され，どのような判断基準が示されて適用（あてはめ）がされたのか。ケースからみる手法では，こうした法的三段論法のプロセスを，目の当たりにすることができます。

　これが，「**帰納的なアプローチ**」の利点といえます。**条文の使われ方が，はっきりとわかる**のです。

　本書は，基本的かつ重要な20の税務判例を取り上げ，各章ごとにその読み解き方を講義するものです。タイトルにあるように，「**リーガルマインドで読み解く**」ことを，主眼にしています。

判例評釈や判例評論の集積である「判例集」とは，少し異なる観点から，ケース・スタディをしていきます。

　第1部の「**基本編**」では，「**基本判例**」としてチョイスした14の税務判例を扱います。第1章から第14章までを読む際に，特に留意していただきたいのは，法的三段論法を中心とした「リーガルマインド」から読み解く手法です。そのマスターという目的を達成するために，細かな議論には立ち入らず，裁判所の判断が分かれた税務判例のポイントを強調するかたちで，**法解釈**，**事実認定**，**あてはめ（法の適用）**，**先例の拘束力**，**判例の射程**，**税法解釈の方法**，**法律と通達の関係**，**判断基準**などを，読み解くトレーニングができます。

　こうした「基本編」を読み終えたあなたには，第2部の「**応用編**」が始まります。応用編では，特にリーガルマインドで読み解くにあたり重要と考えられる，6つの最新の税務判例をみていきます。第1部で身につけたリーガルマインドを前提に，少し高度に議論の進化してきた「近年の税務判例」を深く読むのが，第2部です。

　以上の2部構成になっているのは，本書が，9年前に刊行された本書の原著『**税務判例が読めるようになる**』（大蔵財務協会，2015年）のリニューアル版（**改題拡充版**）になっていることに関係します。原著で扱ったのが14の税務判例だったのですが，本書ではこれを基本的には，そのまま収録しています。ただし，細かな表記や文章については，本書を作成する際に修正をしました。第14章の競馬事件については，当時はまだなかった札幌事件の最高裁判決などを踏まえて，後半部分に加筆もしています。

絶版になっていた原著を復刊させるだけでなく，最新の税務判例を「応用編」として6つ追加することで，**原著よりもボリュームが大幅にアップ**しました。それでも原著と同じように，リーダビリティには細心の注意を払いましたので，**完読していただくことが十分に可能**だと思います。

　本書の作成にあたっては，原著にはなかった「**章末のコラム**」をあらたに書き加えました。合計20あります。アイスブレイクとして一息つきながら，その後の状況も踏まえた「判例の位置付け」などを確認できると思います。

　原著は，『法律に強い税理士になる』（大蔵財務協会，2013年）の続編でした。本書も，同書の改題改訂版である『**リーガルマインドのあたらしい教科書**』（大蔵財務協会，2022年）**の続編**になっています。

　大きな版で読みやすくなった同書とあわせて，本書をお読みいただくと，リーガルマインドが身につきやすくなると思います。

　最後に，『法律に強い税理士になる』（大蔵財務協会，2013年）以来，10年以上にわたって数々の書籍の刊行で，筆者をサポートしくださっている担当編集者の方に，心より感謝申し上げます。

2024年6月

木山 泰嗣

(凡例)
・本文のなかで引用した条文，判決，文献などにつけた下線・傍点・ゴシックは，いずれも筆者によるものです。
・判決を記載する場合の掲載判例集については，コラムでは法学で一般に使われている略称を原則として用いました。本文でも判例集の表記で，一般的な略称を用いているものがあります（民集，刑集など）。

初版（改題前版）まえがき

　時代の要請，と呼ばれるものがある。いま税務実務においては，大きな変革期を迎えている。平成23年12月の国税通則法改正により，税務調査手続が，ようやくではあるが法定化された。これを受けて，税務調査が法的なものとして実施されることになった。もちろん，税務行政も，行政権の行使の一場面である。「法律による行政」（憲法73条1号）でなければならないから，税務実務が法的であるべきなのは，そもそも当然のことである。

　しかし，その当然のことが，より強く意識されるようになったのは，この平成23年12月の国税通則法改正である。このことは，改正法を実施するために定められた調査通達をみると，よくわかる。調査通達というのは略称だが，国税庁長官「国税通則法第7章の2（国税の調査）関係通達の制定について（法令解釈通達）」（平成24年9月12日）によれば，次のように，税務調査は定義づけられている。すなわち，「調査」とは，「国税（略）に関する法律の規定に基づき，特定の納税義務者の課税標準等又は税額等を認定する目的その他国税に関する法律に基づく処分を行う目的で当該職員が行う一連の行為」である。この定義は抽象的であるが，そのあとにかっこ書があり，「（証拠資料の収集，要件事実の認定，法令の解釈適用など）」という規定がある。

　このかっこ書にある「証拠資料の収集」と「要件事実の認定」と

は，「事実認定」のことであり，「法令の解釈」とは「法解釈」のことである。そして「法令の……適用」とは，証拠によって認定された事実（小前提）を，法解釈により定立された規範（大前提）に「あてはめる」作業を意味している。つまり，税務調査は「法的三段論法」であることを宣言したのが，この調査通達なのである。

　もとより，税務調査に基づき更正処分等を行うためには，法的三段論法のプロセスによって当該処分等が適法であると立証できる状態が求められる。したがって，税務調査が法的三段論法であることは，平成23年12月の国税通則法改正が行われるよりまえから，そのとおりであったことは間違いない。

　しかし，**それにもかかわらず，あえて，調査通達の「調査」の定義のなかで，こうした法的三段論法の諸要素が具体的に記載されたことの意味を考えることが重要である**。これは国税庁長官から内部の国税職員に対する命令として出されたものであり，「税務調査は法的三段論法で考えることが必要なのだよ」，とのメッセージとして捉えられるべきであろう。

　そうであれば，税務調査対応を行う納税者側（税理士，弁護士，企業担当者）も，同じく「法的三段論法」で考えなければならない，ということになる。

　そのような「時代の要請」を感じ，2013年12月に刊行した本が，拙著『法律に強い税理士になる』（大蔵財務協会）であった。同書は，ネット上のレビューの数は少なく，レビューの内容もじつはあまりよくないのだが（これは新しい風が吹くときに起きる事象かもしれません），じつは発売当初からかなりの部数が出ており，意識の高い

税理士の間では，刊行当時から話題を呼んだ本でもある。同書の刊行により，全国の税理士会，税理士法人からこのテーマでの研修依頼が絶えないことも，時代の要請を物語るものだと考えている（新しい風を敏感に受けとめられる方々が多くいる，ということだと思います）。

本書は，その第 2 弾になる。裁判所により判断が分かれた新しい税務判決で重要なものを慎重に選んだ。ひとつひとつの判例（裁判例）において，裁判所の判断が分かれた理由に迫ることを通じて，法的三段論法がどのように使われているのかをみていこう，という試みである。

本書の読者は，第 1 に税理士である。税理士も従来型では今後，時代の要請には対応できなくなる日が来るであろう。いまから少しずつ勉強をすることで，法的に考える力（リーガルマインド）を身につけることが，生き残るためには必須と考える。**意識の高い税理士ほど，税務判例を読めるようになろうと，果敢にさまざまな勉強会などで努力をされている。**しかし，そう簡単に読めるようになるものでもないのが，判決のやっかいなところである。その一助になればというのが本書である。

第 2 に，読者は弁護士である。弁護士も司法制度改革により弁護士数が増加し，プラス α が求められる時代となった。こちらも**時代の要請は，従来型の弁護士ではなく，つまり訴訟（紛争）対応型ではなく，行政対応（事前対応，予防策）に移行しつつある。**いち早くこれらの対応能力を身につけ，クライアントが求める真のリーガル・サービスを提供できる弁護士が生き残るであろう。そのために

は，「税務はわからないので，税理士を紹介します」で本当によいのかを問うべきである。もちろんすべて弁護士だけで解決できることは難しいかもしれない。しかし，少なくともクライアントの顧問税理士などと協働しながら，税務問題（税務調査）に対応できる弁護士が生き残ることは明らかである。そのためには，税務判例の独特な部分をいち早く捉えておくことである。**税理士が税務判例を読めないのとは別に，弁護士も税務判例の独特な部分（特殊性）をとらえないと，税務判例が読めない**，という現実もある。しかし税理士に比べると，法的な基礎力がすでに確実にあるため（司法試験を突破する過程で，必ず身についているはずだからである），数をこなせば理解は早いはずである。

　第3に，専門家になるべく学んでいる学生である。大学院で税法を専攻する者，法科大学院で租税法を選択する者，法学部で税法を学ぶ者，こうした学生は，税法独特の難しさに面食らってしまい，税法は難しいというコンプレックスのようなものを感じているかもしれない。しかし，**税法も，他の法律科目と同じ「法的三段論法」で考えることができる**。ただし，税法の解釈など少し特殊な部分もあるだけである。**特殊な部分を学び，あとは他の法律科目と同じ「法的三段論法」だとわかれば，税法は俄然面白くなる**。大学や大学院で「税法」の演習科目（ゼミや事例研究など）を採っている学生にも使い勝手がよい本になっていると思う。

　第4に，税理士法人，会計事務所，法律事務所などで，税務を扱う仕事にたずさわる者である。**目のまえにある案件が，学問の体系上どのような位置にあるのかを知ることは，その仕事を的確にとら**

えて，効率よく進めることができる「視点」の獲得につながる。それは「租税法」や「税法」についての入門書を読むことでも得られるかもしれないが，実例である判例にあたることが実務的にはやはり大事である。

　以上の読者に向けて，本書を作成した。

　本書の作成にあたっては，大蔵財務協会の前著の担当編集者に今回もさまざまなサポートをいただいた。前著はゼロから原稿を作成したが，本書は担当編集者に研究室に何度も来てもらい，口述筆記の方法を採用させてもらった。もっとも，口述では本としての文章として不十分な箇所が多々あったので，口述筆記を本としての文章にするための加筆修正をさらに行った。**本書も読みやすさ（リーダビリティ）を重視したが，前著以上に「思考力」をきたえることに重きを置き，より読み応えのある本にするため，ボリュームの確保も心がけた。**

　なお，章末にあるQ＆Aは，わたしの口述を聞いていた編集者から，その場で受けた質問に答えたものである（読者も同じような読後感想を得るものと思い，収録したものである）。

　本書は，リラックスして読んでください。楽しみながら気軽な気持ちで，まずは一読していただくのがよいと思っています。**1回で終わりにせず，2回目はじっくりと注意深く読んでみてください。**さらに3回目も初めて読むつもりでじっくりと読んでみてください。

繰り返し読むうちに，気がついたら「あれ，いつの間にか，税務判例が，苦もなく読めるようになっている」と，**ある日，あなたに実感してもらえる日が訪れるように**，本書はつくりました。注意深く何度も読めば，必ず，そのような日がやってきます。

　工夫しながら，細心の注意を払ってつくった本です。ぞんぶんに味わってもらえれば，嬉しいです。

　2015年10月

木　山　泰　嗣

●●●● 目　次 ●●●●

第1部　基本編

第1章　武富士事件　租税回避vs租税法律主義　　3

本章のキーワード：借用概念　　5

概要／借用概念／生活の本拠と居住意思／法的三段論法／客観的に実体をみる／先例拘束力／あてはめ／法解釈と立法論／高裁判決の相違点／第1審判決で示された法解釈／補足意見にみる法解釈

第2章　生保年金二重課税事件　どのような二重課税が非課税になるのか？　　27

本章のキーワード：判断枠組み　　29

はじめに／概要／二重課税の防止規定／法的な二重課税／先例拘束力／事実認定について／同一の経済的価値／趣旨解釈／あてはめ／高裁判決における相違／地裁の判示／まとめ

第3章　ホステス源泉徴収事件　税法解釈のあり方とは？　　51

本章のキーワード：文理解釈　　53

概要／政令で定める金額／計算期間の日数／同種の事件／文理解釈／趣旨解釈／立法趣旨と最高裁判決／高裁と地裁の判示／結論の不当性

／調査官解説による補足／文理解釈と立法趣旨／文理解釈が原則

第4章 遡及立法事件　税法規定が違憲になる場合はあるのか？　73

本章のキーワード：最高法規　75

概要／最高裁判決の前提／「そもそも遡及立法ではない」／最高裁のロジック／「趣旨」に反するかどうか／最高裁の結論／高裁の判示／地裁の判示／刑事事件における遡及立法禁止，事後法の禁止と租税法／遡及立法禁止の原則と違憲判断／違憲判決

第5章 破産管財人源泉徴収事件　憲法に沿う解釈とは何か？　95

本章のキーワード：先例拘束力　97

概要／「支払をする者」／先例拘束力と「特に密接な関係」／2つ目の論点／地裁・高裁の判断／先例拘束力の"変化球"

第6章 岩瀬事件　私法上の法律関係はどこまで重視されるのか？　111

本章のキーワード：私法契約と契約自由の原則　113

概要／民法上の契約の効力／税負担の軽減を図る目的／「契約自由の原則」と公法の適用／税法と私法／通謀虚偽表示の無効／地裁判決の問題点／実務における注意点

第7章 外国税額控除事件
濫用目的によって税額控除制度の適用は否定される？　133

本章のキーワード：税法の解釈　135

概要／形式的な要件充足と趣旨解釈／権利濫用の禁止と「著しい逸脱」／来料加工事件／最高裁判決の特殊性／限定解釈の許容性／課税減免規定と政策的判断／あてはめ／調査官解説の説明

第8章 損害賠償請求権益金算入事件
不法行為の被害者であることが権利の確定に影響を与えるか？　155

本章のキーワード：判例の射程　157

概要／権利確定主義／同時両建て／不正の主体／判例の射程／先例との整合性の問題／例外と高裁のロジック／あてはめ／判断枠組み／地裁のロジック／ジレンマと射程外

第9章 売上原価事件
同じ条項の他の号との比較が解釈に影響する？　181

本章のキーワード：反対解釈　183

概要／条文を読むということ／費用収益対応の原則／債務確定主義／反対解釈／通達における「債務確定基準」／地裁の判断／高裁の判断／最高裁の判断／2つの要素／債務確定基準との違い

第10章 ストック・オプション事件
判例の射程はどう読めばよいのか? 201

本章のキーワード：判例の射程 203
概要／ストック・オプションの課税問題／外国法人発行のストック・オプション／「年度帰属」の問題／所得区分の問題／使用者から受ける給付／雇用契約またはこれに類する原因／事例判決としての最高裁判決／最高裁昭和56年判決と「射程外」／同種事件における先例的価値／高裁・地裁の法的三段論法のプロセス／「あてはめ」における違い／まとめ

第11章 ストック・オプション加算税事件
どのような場合に「正当な理由」は認められるのか? 229

本章のキーワード：法的三段論法（規範とあてはめ） 231
概要／当局の見解／商法改正／正当な理由／規範の定立／あてはめ／補足説明／信義則の論点

第12章 りんご生産組合事件
所得区分の判断はどのように行うべきか? 249

本章のキーワード：形式論と実質論 251
概要／最高裁のあてはめ／高裁のアプローチ／地裁のあてはめ／まとめ

第13章 医学論文事件　課税要件をとらえて的確なあてはめを行うには？　263

本章のキーワード：課税要件　265

概要／高裁判示における課税要件／地裁判決の相違／まとめ

第14章 競馬事件　通達の示した解釈は常に正しいといえるのか？　277

本章のキーワード：租税法律主義と通達　279

概要／争点／最高裁の判断／高裁・地裁の示した理由／法律と通達の関係／大阪事件の結論／札幌事件／判例の射程／営利性の判断枠組み／スポーツ・ベット事件／大阪事件と札幌事件の違い／大阪事件と札幌事件の事実関係／2回に及んだ通達改正／横浜事件／競馬所得の所得区分の判断

第2部　応用編

第15章 養老保険事件　通達規定と税法規定はどちらが勝つのか？　307

本章のキーワード：文理解釈と趣旨解釈，法律と通達，判例の射程　309

概要／政令と通達の定め／下級審が行った解釈／最高裁判決が行った解釈と分析／趣旨解釈としての側面／ホステス源泉徴収事件との比較／「支出した」の解釈／須藤裁判官の補足意見／納税者を勝訴させていた下級審判決／法源となるのは法律の規定—上位規範と下位規範の関係／「正当な理由」の有無／ストック・オプション加算税事件など

の判決との比較／加算税を賦課すべきでない「正当な理由」が争われた最高裁判決／養老保険事件の最高裁判決の意義／東京地裁令和5年判決の登場／

第16章 48億債務免除源泉徴収事件
5つの裁判所で判断が分かれた事例がある？　329

本章のキーワード：判断枠組み，判例の射程　331

概要／債務免除／納税告知処分の根拠／訴訟の結果／第1審の判断／控訴審の判断／上告審の判断—最高裁平成27年判決／給与所得該当性のあてはめ／給与所得の判断枠組み／最高裁昭和56年判決との違い／給与等の支払についての源泉徴収義務／理事長の資産と負債についての事実認定／債務免除時の理事長の資産と負債／納税告知処分の原因行為の錯誤／最高裁平成30年判決の判断枠組み／ポイント①—錯誤主張の時期的な制限／ポイント②—錯誤主張の前提としての経済的成果の喪失／違法判断の時期／最高裁判決の先例部分／通達の適用と平等原則

第17章 タキゲン事件　通達規定は文理解釈がされるべきなのか？　355

本章のキーワード：法解釈と通達　357

概要／低額譲渡とみなし譲渡／通達の規定の定め／少数株主にあたるかどうかの議決権割合／譲渡所得課税の趣旨—清算課税説／主張の分岐点／タキゲン事件における当事者の主張／最高裁の判断／養老保険事件との関係／タキゲン事件の第1審判決／タキゲン事件の控訴審判決／下級審の判断の分岐点／下級審の判断／事実認定における通達規

定の参照／タキゲン事件で再び最高裁の判断がされた意味／2つの補足意見／差戻審の判断／時価とは？／時価評価と税務行政／

第18章 クラヴィス事件　公正処理基準と手続規定の解釈とは？　381

本章のキーワード：公正処理基準，手続要件の解釈（救済解釈の法理）　383

概要／違法所得の扱い／民法703条／所得税法の定め／法人税法の場合―前期損益修正／破産会社と継続企業の原則／過年度遡及処理をした場合／クラヴィス事件の結論／大阪高裁のアプローチ／更正の請求の規定―1項と2項の関係／更正の請求の手続要件―23条1項1号該当性／配当されたものに限られるのか？／破産手続で行われた配当の額／確定した破産債権としての過払金返還債権の額／経済的成果喪失論／所得の経済的把握／経済的成果の喪失の範囲／最高裁昭和49年判決の射程／救済解釈の法理／公正処理基準の該当性判断―法人税法独自説／最高裁平成5年判決と最高裁平成6年判決／クラヴィス事件の最高裁令和2年判決の意義

第19章 節税マンション事件　評価通達の定める時価は常に正しいのか？　415

本章のキーワード：租税法律主義と通達，平等原則と通達　417

概要／財産評価基本通達6／相続税法22条の定め／相続税法22条と評価通達／特別事情論／控訴審の特別事情論／「特別の事情」のあてはめ／最高裁令和4年判決の判断／租税回避の否認／一般原則としての平等原則／最高裁令和4年判決の事情法理／節税マンション事件の事実関係／「事情」のあてはめ／判例の射程

第20章 みずほ銀行事件
政令の定めが委任の範囲を逸脱する場合がある？　　441

本章のキーワード：借用概念　　443

概要／請求権勘案保有株式等割合／課税庁の見解／問題の状況／納税者の主張／本質的な問題／第1審の判断／控訴審の判断／外国子会社合算税制と趣旨解釈／本件の場合／上告審の考え方／政令違法の判断／適用違法の判断／最高裁令和3年判決との比較／最高裁令和5年判決の問題点／憲法84条／草野裁判官の補足意見／最高裁令和5年判決の射程

用語索引　　469
最高裁判決・事件名対照索引　　474

重要税務判例 20 選

【第1部 基本編】
- 第1章 武富士事件
- 第2章 生保年金二重課税事件
- 第3章 ホステス源泉徴収事件
- 第4章 遡及立法事件
- 第5章 破産管財人源泉徴収事件
- 第6章 岩瀬事件
- 第7章 外国税額控除事件
- 第8章 損害賠償請求権益金算入事件
- 第9章 売上原価事件
- 第10章 ストック・オプション事件
- 第11章 ストック・オプション加算税事件
- 第12章 りんご生産組合事件
- 第13章 医学論文事件
- 第14章 競馬事件

【第2部 応用編】
- 第15章 養老保険事件
- 第16章 48億債務免除源泉徴収事件
- 第17章 タキゲン事件
- 第18章 クラヴィス事件
- 第19章 節税マンション事件
- 第20章 みずほ銀行事件

取扱説明

【本章で学ぶポイント】

　本書では，裁判所により判断が分かれた税務判例を取り上げます。解説は，基本的には，上告審（最高裁）から下級審（高裁・地裁）へと遡る，通常とは逆の順序で説明していきます。各裁判所での解釈の異同を鮮明にするためです。

　本ポイントの末尾には，判決の出典を示すとともに，裁判の結果を「○●」の印で示しています。「○」は「納税者勝訴（国側敗訴）」，「●」は「納税者敗訴（国側勝訴）」を意味します（ただし，結論は負けていても，あるいは認容が一部のみでも，その論点における主張が通った場合には○にしています。逆に，その裁判所で審理された論点で納税者の主張が排斥された場合は●にしています）。裁判の帰趨を確認したうえで，本書をお読みいただければと思います。

【本章のキーワード】

　『リーガルマインドのあたらしい教科書』（木山泰嗣著，大蔵財務協会，2022年）に登場した概念を中心に，判決を理解するために重要なキーワードを掲げています。本書は単独で読めるものですが，基本を解説した同書とあわせて読むと，理解が深まります。

第1部
基本編

第1章
武富士事件

租税回避vs租税法律主義

本章で学ぶポイント

　租税回避をしたという事実が認められるとしても，それだけで課税ができることにはなりません。租税法律主義（憲法84条）という大原則があり，その具体的なあらわれとして「課税要件法定主義」がある以上，法律に定められた「課税要件」を満たさなければ，課税をすることはできないのです。

　しかし，課税庁の立場からみると，租税回避という事実がある場合に，法律に規定がないからといって，これを放置することもできません。そこには，「課税正義」という観点があるからです。このような場合，課税庁は「課税要件」の解釈（法解釈）について，理論構築をすることで，何とか課税をしようと考えます。

　この事件では，課税要件は「受贈者の住所が日本国内にあること」にあったのですが（相続税法），受贈者の生活実態が香港（国外）にあったという事実は，証拠上揺るぎません。事実認定としては，日本国内に住所があったとはいいがたいのです。

　では，「住所」とは何か。そして，どのように判断すべきなのか。こうした「法解釈」の方法を考えたときに，租税回避の意図がある場合，課税を免れるために住所を移したに過ぎません。そこで，真に国外に居住する意思はなかった。居住意思がない場所を住所とはいえない。こう考えることも，できるかもしれません。同じ事実を前提にしても，住所は日本国内にあると認定して，課税できるという考え方も成り立つのです。

　武富士事件では，租税回避に対する課税（租税法律主義と租税回避）について，「税法の解釈」を学ぶことができます。

　税法の解釈には「借用概念」があり，借用概念については，民法，商法，会社法の概念と同じ意義で考えるべきとの解釈論があります。この事例では，まさにこの問題が争点になっています。

　「法的三段論法」の重要性との関係でみると，そこでは「法解釈」と「事実認定」という，2つのステップを経て結論を出すことになります。もっとも，実際の裁判（税務訴訟）で，この法解釈と事実認定がどのよ

うに表れているのかが，ピンとこない（まだよくわからない）という方も
いると思います。この事例では，法的三段論法のプロセスのなかで，ど
の部分が主たる争点となり，結論に影響を及ぼしたのかを具体的に学び
ます。それは，第1審・上告審と，控訴審とで，結論が異なった理由を
とらえることでわかります。同じ結論になっている第1審と上告審でも，
判断の方法が微妙に違う点にも注目します。

巨額の租税回避事件（最高裁での納税者の逆転勝訴事件）を素材に，リ
ーガルマインドで税務判例を読み解くための，重要な思考法を学びまし
ょう。

○ 最 高 裁　平成23年2月18日第二小法廷判決・集民236号71頁
● 東京高裁　平成20年1月23日判決・判例タイムズ1283号119頁
○ 東京地裁　平成19年5月23日判決・税務訴訟資料257号順号10717

第1章　武富士事件

本章のキーワード：借用概念

借用概念とは，課税要件を定めた税法の規定のなかで，他の法分野に
おける法概念が，特に定義されることなくつかわれている場合を指しま
す。多くのケースでは，一般私法である民法や商法・会社法などに規定
されています。このような場合に，他の法分野（民法や商法・会社法など）
の法概念と同じ意味で，統一してその概念をとらえるべきか，それとも，
税法独自の観点からその概念をとらえ直すべきなのか，という議論があ
ります。

▶ 概要

　武富士事件は、贈与税を回避するために、生活の本拠（メインで住んでいる場所）を日本から香港に移したうえで、消費者金融の会社の元会長が、そのご子息に対して、所有していた外国法人の株式を生前贈与した事例です。その結果、日本における約1300億円の贈与税を免れたとして、課税処分（贈与税の決定処分と無申告加算税の賦課決定処分）がなされました。

　課税庁からみれば、また、課税処分の適法性は別にして、つまり、事実そのものを（法というフィルターから離れて）みれば、巨額の税逃れの事件である、といえるでしょう。

　贈与税を回避するために、贈与を受ける側である受贈者（じゅぞうしゃ）の住所を日本から国外である香港に移すと、日本における贈与税を課すことはできなくなる、という事案でした。当時の相続税法が定める課税をするための要件（**課税要件**。納税義務の成立要件）では、国外財産の贈与では、受贈者の住所が国内にあることが求められていました。そこで、日本に住所がないとなると、課税要件を満たさなくなってしまうのです。

　これをめぐって、課税庁は日本に住所があると主張し、納税者は香港に住所があると反論しました。**つまり「住所がどこであるか」という1点が争われた事案で、争点はシンプルでした。**

　この事案を「リーガルマインド」で読み解くための観点で、どのようにとらえたらよいのかについてお話をします。

▶ 借用概念

　争点は、「住所がどこであるか」です。しかし、そもそも相続税法では、「住所」とは何をいうかについて、定義規定が設けられていません。

民法や商法，会社法など他の法分野で用いられる概念について，税法がその概念をそのまま規定に取り込み，特段の定義を定めていない場合があります。これを「**借用概念**」といいます。

　このような借用概念については，民法，商法，会社法などの用語と同じように考えるべきだとする「**統一説**」と，税法にはまた別の独立した趣旨目的があるので，税法独自の，つまり，民法，商法，会社法などの概念とは異なるオリジナルな解釈をすべきだとする「**独立説**」という，2つの考え方に大別されます。

図1　借用概念

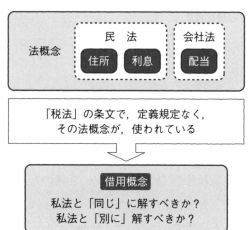

（出典：木山泰嗣『リーガルマインドのあたらしい教科書』〔大蔵財務協会，2022年〕222頁の図86をもとに作成）

　税法は，**侵害規範**であるといわれることがあります。侵害規範とは，国民に保障された財産権（憲法29条1項）の対象から，国家が強制的に徴収できる税金を定めたルールのことです。税法は，常に合法的にです

が，国民の財産権を侵害していることになります。

　こうして税法の解釈においては，法解釈が場当たり的になり，事件や裁判所によってぶれることがないように法的な安定（**法的安定性**）が保たれるべきことと，納税者からみてどのような場合にどのような課税がなされるのかを予め法文から判断できること（**予測可能性**）の２つが，強く求められます。

　そこで，判例・通説によれば，民法，商法，会社法など他の法分野の**概念と税法に登場するこれらの借用概念は，原則として同じ意味でとらえるべきだ**と考えられてきました（統一説）。

▶ **生活の本拠と居住意思**

　では，「住所」はどうでしょうか。「住所」については，民法をみると「**生活の本拠**」をいうと書いてあります。

◆ **民法22条**
　　各人の生活の本拠をその者の住所とする。

　また，過去の税法以外の判例では，その「生活の本拠」は，**客観的に判断すべきである**，と判示されていました。これらは，いずれも公職選挙法で問題になった「住所」についての判例でした。

◇ 最高裁昭和29年10月20日大法廷判決・民集８巻10号1907頁
　　およそ法令において人の住所につき法律上の効果を規定している場合，反対の解釈をなすべき特段の事由のない限り，その住所とは各人の生活の本拠を指すものと解するを相当とする。

◇ **最高裁昭和32年9月13日第二小法廷判決・集民27号801頁**
　しかし公職選挙法上においても<u>一定の場所を住所と認定するについては，その者の住所とする意思だけでは足りず客観的に生活の本拠たる実体を必要とするものと解すべき</u>ところ，これを本件について見るに，原判決の確定した事実関係によれば，上告人は昭和29年12月下旬以来，前記の場所を住所にしようとする意思があつたかも知れないが，同所は上告人の生活の本拠たる実体をそなえるに至らずそのまま本件選挙期日に至つたものと認めるのが相当である。

◇ **最高裁昭和35年3月22日第三小法廷判決・民集14巻4号551頁**
　公職選挙法及び地方自治法が住所を選挙権の要件としているのは，一定期間，一の地方公共団体の区域内に住所を持つ者に対し当該地方公共団体の政治に参与する権利を与えるためであつて，その趣旨から考えても，選挙権の要件としての<u>住所は，その人の生活にもつとも関係の深い一般的生活，全生活の中心をもつてその者の住所と解すべく，所論のように，私生活面の住所，事業活動面の住所，政治活動面の住所等を分離して判断すべきものではない</u>（昭和29年10月20日大法廷判決，集民8巻1907頁参照）。

　本件の場合は，生活の本拠として，受贈者，つまり贈与を受けた人が住んでいた日数が多いのが香港であることは，間違いがありません。そこで，そのままの事実をベースに考えれば，香港，すなわち国外に住所があったことになります。それゆえ贈与税は課税できない，という結論が導かれます。
　しかし，そうなると，租税回避をしようと考えて行った人の思惑どおりではないか，ということにもなってしまいます。
　そこで，課税庁は，住所の概念を，民法における概念より少し広げて，「居住意思」という納税者の主観，つまり，どういう意図を持っていた

のか，今回でいえば贈与税を回避するという意図を持っていたということであれば，本当に香港に住む，という意思はなかったのではないか，ととらえました。そして，住所の概念について，こうした納税者の主観（**居住意思**）も，住所の解釈のなかで考慮すべきである，と主張したのです。本当に住む意思があったのかも，「生活の本拠」の判断で考慮すべきという主張です。

　裁判所の判断が分かれたのも，「住所」という概念を考えるにあたって，つまり，「住所」の法解釈として，民法どおり，**客観的な事実だけで判定すべきなのか**，それに加えて税の問題なので，租税回避の意図といった**納税者の主観的な意思も考慮して**，住所という概念を判定すべきなのか，といった点にありました。

　最高裁（上告審），それから地裁（第1審）は，結論としては，住所は国外（香港）にあるということで納税者を勝たせました。いずれの判決も，住所の判定にあたって，**客観的な部分を重視している**といえます（**客観説**）。後で説明しますが，地裁は納税者の意思も補充的にみてよい，といっています。主観で住所を判断する考え方です（**主観説**）。これに対して最高裁は，客観的にみるべきである，ということで徹底しています。

　これに対して，住所は日本にあるとして課税庁側を勝たせた高裁（控訴審）は，住所という概念の法解釈で，納税者の主観的な意図も1つの考慮事情に挙げるべきだといっていました。ここに違いがあったのです。

▶ 法的三段論法

　最初にお話したことに戻りますが，武富士事件では，住所がどこなのかというシンプルな争点をめぐって，住所概念，つまり法解釈としての

「住所」はどのような要素で判定すべきか，ということが問題になりました。そして，それが各裁判所における判断要素（「判断枠組み」ともいいます）の違いを生み，最終的に異なる結論を導いた，ということができます。

　ここで「リーガルマインド」で読み解くために重要な，法的三段論法を確認しましょう。法的三段論法というのは，①大前提として，法律の規定（法規）の解釈を行い法規範を定立し（法解釈），それから，②小前提として，事実の認定を行い（事実認定），そして，③認定された事実（小前提）に解釈された法規範（大前提）をあてはめる（適用する）ことで結論を導く，三段階（3ステップ）の思考法です。

① 法解釈は，その手法はさまざまありますが，一般的には，物事の自然で合理的な筋道，つまり論理則によります。
② 事実認定は，当事者から提出された証拠をもとに，人間の常識的な事物の帰すう，つまり経験則によります。
③ あてはめは，①の結果（法規範）に②の結果（認定事実）を適用する作業です。

図2　法的三段論法

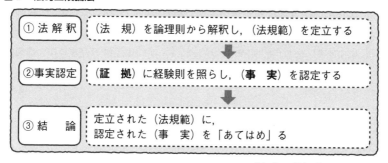

（出典：前掲書32頁・図14）

法的三段論法の観点からいうと，本件では，小前提である「**事実認定**」については，基本的に地裁，高裁，最高裁，ともに大きな違いはありません。

では，どこで違いが出たのかというと，大前提としての「**法解釈**」の部分なのです。これが先ほどお話した，住所のとらえ方，判断の方法（判断のしかた）であり，そこに違いが生じた，ということになります。

▶ **客観的に実体をみる**

具体的に判決をみていくと，武富士事件の最高裁判決は，住所の法解釈については，次のように判示しています（**最高裁平成23年判決**）。

◇ **武富士事件上告審判決（最高裁平成23年２月18日第二小法廷判決・集民236号71頁）**

　法１条の２によれば，贈与により取得した財産が国外にあるものである場合には，受贈者が当該贈与を受けた時において国内に住所を有することが，当該贈与についての贈与税の課税要件とされている（同条１号）ところ，ここにいう住所とは，反対の解釈をすべき特段の事由はない以上，生活の本拠，すなわち，その者の生活に最も関係の深い一般的生活，全生活の中心を指すものであり，一定の場所がある者の住所であるか否かは，客観的に生活の本拠たる実体を具備しているか否かにより決すべきものと解するのが相当である（最高裁昭和29年（オ）第412号同年10月20日大法廷判決・民集８巻10号1907頁，最高裁昭和32年（オ）第552号同年９月13日第二小法廷判決・裁判集民事27号801頁，最高裁昭和35年（オ）第84号同年３月22日第三小法廷判決・民集14巻４号551頁参照）。

ポイントは，客観的にみるべき，ということをいっている点です。そこには「主観」を用いてよい，とは書かれていません。

こういった法律の解釈問題にでてくる，本件でいえば相続税法の1条の2にいう住所をどのようにみていくべきか，という部分は，法規範を略して「**規範**」といったり，「**判断枠組み**」あるいは「**判断基準**」といったりします。住所がどこにあるかの判定（判断）を，どのような枠組み（基準）でみるべきかについて，裁判所は，相続税法の解釈（法解釈）をしたのです。ここで客観的にみるべきこと（客観説）を強調したのが，最高裁判決です。

もう1つのポイントは，「実体」をみるとしている点です。形式的に住所の届出や何かの書類の記載にどう書いてあるかをみる（**形式主義**）のではない，ということです。つまり，現実に生活をしている（住んでいる）実体（実質）で住所は判断されるべき，という考えです（**実質主義**）。

まとめると，最高裁の住所の判断基準は，客観的に，かつ，実体（実質）をみるというものになります。

▶ 先例拘束力

話を進めましょう。そのあとをみると，括弧書きがあります。ここで，過去の判例が「参照」ということで引用されています。上記判示の，以下の下線部分になります。

◇ **武富士事件上告審判決（最高裁平成23年2月18日第二小法廷判決・集民236号71頁）**
　……住所であるか否かは，客観的に生活の本拠たる実体を具備しているか否かにより決すべきものと解するのが相当である（<u>最高裁昭和29年（オ）第412号同年10月20日大法廷判決・民集8巻10号1907頁，最高裁昭和32年（オ）第552号同年9月13日第二小法廷判決・裁判集民事</u>

27号801頁，最高裁昭和35年（オ）第84号同年3月22日第三小法廷判決・民集14巻4号551頁参照)。

　これは，「**先例拘束力**」の議論です。過去の判決（最高裁判決）に含まれる**レイシオ・デシデンダイ**（**主論**ともいわれます）が，その最高裁判決の結論を導くにあたりコア（中心）となった理由が書かれている部分（判決の結論を基礎づける主たる理由が書かれている部分）については，後の裁判所も，事実上の拘束を受けるということです。そういうことが，この「参照」とある判決から読み取れます。

　「先例拘束力」の議論については，日本は大陸法系の国で「**成文法主義**」の考え方に基づいています。英米法のような「**判例法主義**」（判例に法的な拘束力が生じる考え方）の国ではありませんので，裁判所の判決といっても，他の事件に対して法的な拘束力は生じません。

図3　英米法系と大陸法系

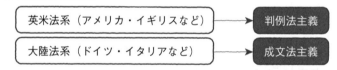

（出典：前掲書130頁・図42）

　しかし，このように，過去に出た先例は「参照」されることで，事実上，これが踏襲されていく，ということです。そのような場合，このように，括弧書きで，参照された先例が判決文のなかに記載されます。こうして**引用される数が多いほど，先例性の高い判例である**，ということもできます。

図4 「判例」の事実上の拘束力

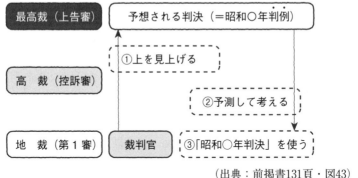

（出典：前掲書131頁・図43）

▶ あてはめ

　最高裁判決の住所の判断枠組みについての判示のあとに，「これを本件についてみるに」という部分があるのですが，ここが「**あてはめ**」といわれる部分になります。法的三段論法のうち，「**あてはめ**」がどこかを見抜くには，「**これを本件についてみるに**」「**本件では**」といったフレーズが使われている部分に注目するのがよいです。

◇ **武富士事件上告審判決（最高裁平成23年2月18日第二小法廷判決・集民236号71頁）**

　これを本件についてみるに，前記事実関係等によれば，上告人は，本件贈与を受けた当時，本件会社の香港駐在役員及び本件各現地法人の役員として香港に赴任しつつ国内にも相応の日数滞在していたところ，本件贈与を受けたのは上記赴任の開始から約2年半後のことであり，香港に出国するに当たり住民登録につき香港への転出の届出をするなどした上，通算約3年半にわたる赴任期間である本件期間中，その約3分の2の日数を2年単位（合計4年）で賃借した本件香港居宅に滞在して過ごし，その間に現地において本件会社又は本件各現地法人の業務として関

> 係者との面談等の業務に従事しており，これが贈与税回避の目的で仮装された実体のないものとはうかがわれないのに対して，国内においては，本件期間中の約4分の1の日数を本件杉並居宅に滞在して過ごし，その間に本件会社の業務に従事していたにとどまるというのであるから，本件贈与を受けた時において，本件香港居宅は生活の本拠たる実体を有していたものというべきであり，本件杉並居宅が生活の本拠たる実体を有していたということはできない。(以下，略)

　このような「あてはめ」について，2頁以上にわたる検討を行ったうえで，最高裁判決は，「以上によれば，上告人は，本件贈与を受けた時において，法1条の2第1号所定の贈与税の課税要件である国内（同法の施行地）における住所を有していたということはできないというべきである。」との「結論」を導いています。

　「課税要件」という言葉が，ここにも出てきています。税法（税法という名の法律があるものではありませんが，税に関する法律全般のことを指します。「租税法」ということもありますが，本書では「税法」でいきます），「法律」によって課税要件は定められています。

　憲法84条の租税法律主義というのは，課税要件を法律で定めよう，課税要件を明確に定めよう，ということですね。前者を**課税要件法定主義**，後者を**課税要件明確主義**といいます。

　ここで問題になった課税要件は，「受贈者の住所が日本国内にあること」ですが，本件では，受贈者の住所は国外にあるということになっていたので，これを満たさないですね。そうである以上，贈与税は課税できません。それにもかかわらず，贈与税を課した処分でしたから，この処分は違法である，という結論が出たのです。

▶ **法解釈と立法論**

　最高裁の判決でもう1つ注目すべき点があります。それは，借用概念についての言及がある部分です。

◇ **武富士事件上告審判決（最高裁平成23年２月18日第二小法廷判決・集民236号71頁）**
　　…このことは，<u>法が民法上の概念である「住所」を用いて課税要件を定めているため，本件の争点が上記「住所」概念の解釈適用の問題となる</u>ことから導かれる帰結であるといわざるを得ず，他方，贈与税回避を可能にする状況を整えるためにあえて国外に長期の滞在をするという行為が課税実務上想定されていなかった事態であり，<u>このような方法による贈与税回避を容認することが適当でないというのであれば，法の解釈では限界があるので，そのような事態に対応できるような立法によって対処すべきものである</u>。そして，この点については，現に平成12年法律第13号によって所要の立法的措置が講じられているところである。

　この判示をみると，「法が民法上の概念である『住所』を用いて課税要件を定めているため，本件の争点が上記『住所』概念の解釈適用の問題となる」という指摘があります（最初の下線部分）。

　ここでは，借用概念という言葉そのものは用いられていません。しかし，「**民法上の概念である『住所』**」という記載は，意味としては「**借用概念**」のことを指していると読み取るのが自然でしょう。税法ではない「民法」という他の法律の概念を借用して，相続税法が課税要件を定めていますよね，という指摘だからです。

　最高裁判決の上記判示には，「このような方法による贈与税回避を容認することが適当でないというのであれば，法の解釈では限界があるので，そのような事態に対応できるような立法によって対処すべきもので

ある。」という部分もあります（2つめの下線部分）。これは**法解釈と立法論の違い（法解釈の限界）**を指摘している部分で，重要です。

図5　法解釈の限界

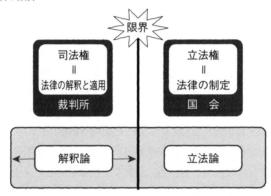

（出典：前掲書91頁・図33）

　最高裁判決は，法律の解釈というのは，あくまで法律が定めている文言との関係から読み取れる範囲内でなければなければできない，といっているのです。結論が，法律の解釈では不当である（租税回避はけしからん，許せないぞ）というのであれば，**限界を超えるような解釈論によって強引な対応をするのではなく，あくまで租税法律主義がありますから，法律を作るなり，法律を改正するなりして立法の問題（法律の規定の問題）として対応しなければいけませんよ**，ということです。つまり，そのような問題についてまで司法（裁判所）が解釈論（法解釈）という手法で踏み込むことはできませんよ，ということを述べているのです。

　法解釈の問題と立法論の問題は異なる，といわれることがあります。その具体例が，ここにはでていることになります。

▶ 高裁判決の相違点

　以上が最高裁判決ですが，なぜ，これに対して高裁判決は，最高裁と異なる結論になったのか，という点について言及しておきます。高裁判決をみると，住所の法解釈，そして，これにより導かれた法規範（判断枠組み・判断基準）については，次のように判示されています。

◇ **武富士事件控訴審判決（東京高裁平成20年1月23日判決・判例タイムズ1283号119頁）**

　　法令において人の住所につき法律上の効果を規定している場合，反対の解釈をすべき特段の事由のない限り，その住所とは，各人の生活の本拠を指すものと解するのが相当であり（最高裁判所昭和29年10月20日大法廷判決・民集8巻10号1907頁参照），生活の本拠とは，その者の生活に最も関係の深い一般的生活，全生活の中心を指すものである（最高裁判所昭和35年3月22日第三小法廷判決・民集14巻4号551頁参照）。そして，一定の場所が生活の本拠に当たるか否かは，住居，職業，生計を一にする配偶者その他の親族の存否，資産の所在等の客観的事実に，居住者の言動等により外部から客観的に認識することができる居住者の居住意思を総合して判断するのが相当である。なお，特定の場所を特定人の住所と判断するについては，その者が間断なくその場所に居住することを要するものではなく，単に滞在日数が多いかどうかによってのみ判断すべきものでもない（最高裁判所昭和27年4月15日第三小法廷判決・民集6巻4号413頁参照）。

　高裁判決も，最高裁が「参照」した先例について冒頭で引用をしています。しかし，「そして」以降が違います。ポイントは，客観的事実だけでなく，**「居住者の居住意思」**（主観）をも加味したうえで，総合して判断すべきである，としている点です。納税者の主観的な意思，認識についても，考慮の要素に入れる，ということですね（主観説）。

「総合して判断する」というのは，よく裁判所が使う言葉であり，判断の手法です。規範に挙げられた事情，さまざまな複数の事情を，全体的にみて結論を出しますよ，ということです。

　高裁の判決文をみると，ここに挙げられた規範の1つ1つについて，「(2)租税回避の目的等について」，「(3)被控訴人〔筆者注：納税者。以下同じ〕の生活場所（住居）について」，「(4)被控訴人の職業活動等について」，「(5)資産の所在について」といった項目を立てて，まずはこれらの客観的な事実がどのようなものであったのかについて，1つ1つ検討がなされています。

　しかし，最後に「(6)外部から認識することができる被控訴人の居住意思について」という項目が登場し，「居住意思」という主観面の検討が行われています。といっても，主観そのものは，さすがに人の心の中のもので判定しにくいものなので，「外部から認識することができる」という言葉を「主観」に添えています。あくまで心のなかそのものではなく，外部から認識することができる内心の考えといえるのか，ということなのでしょう。

　それでも，居住意思という主観的要素を住所判定の考慮における1つの要素として入れていることには変わりがありません。この点が，最高裁の判断枠組みと全く異なるところです。居住意思という主観も住所判定の考慮要素に入れるという判断枠組みを採用したことで，（居住意思は香港になく日本にあるから），住所は日本にある，つまり，住所は香港ではない，という結論が，高裁判決では導かれたのです。

▶ **第1審判決で示された法解釈**

　第1審判決も，最高裁と結論は同じですが，法律の解釈については，

少し違います。住所の法解釈（判断枠組みを含みます）について、第1審は、次のように判示しています。

◇ **武富士事件第1審判決（東京地裁平成19年5月23日判決・税務訴訟資料257号順号10717）**

　法令において人の住所につき法律上の効果を規定している場合、反対の解釈をすべき特段の事由のない限り、住所とは、各人の生活の本拠を指すものと解するのが相当であり（最高裁昭和29年10月20日判決参照）、生活の本拠とは、その者の生活に最も関係の深い一般的生活、全生活の中心を指すものである（最高裁判所第三小法廷昭和35年3月22日・民集14巻4号551頁参照）。そして、一定の場所がある者の住所であるか否かは、租税法が多数人を相手方として課税を行う関係上、客観的な表象に着目して画一的に規律せざるを得ないところからして、一般的には、住居、職業、国内において生計を一にする配偶者その他の親族を有するか否か、資産の所在等の客観的事実に基づき、総合的に判定するのが相当である。これに対し、主観的な居住意思は、通常、客観的な居住の事実に具体化されているであろうから、住所の判定に無関係であるとはいえないが、かかる居住意思は必ずしも常に存在するものではなく、外部から認識し難い場合が多いため、補充的な考慮要素にとどまるものと解される。

特に、「一般的には住居、職業、国内において生計を一にする配偶者その他の親族を有するか否か、資産の所在等の客観的事実に基づき、総合的に判定するのが相当である」という判示が、注目すべき点です。客観的事実の部分でみるべき考慮要素については高裁とほとんど同じです。しかし、客観的事実で止めていて、主観的な居住意思については、そのあとで「これに対し」というところで、「あくまで補充的な考慮要素にとどまる」ということをいっていますね。

最高裁（上告審）は，補充的な考慮要素とすらいっていないのですが，地裁（第1審）では，居住意思といった主観的なものは，外部から認識しがたいので，補充的な考慮要素に留まるということをいっています。もっとも，結論は最高裁と同じで，香港に住所があると認定しました。

▶ 補足意見にみる法解釈

　このように，本件は約1300億円という巨額な贈与税を課税すべきか課税すべきでないかということが問題になったものですが，法廷で争われたのはあくまで事実の認定（**事実認定**）ではなくて，法律の解釈（**法解釈**）であったということになります。**法解釈というのは，相続税法1条の2が規定する国内に住所があるかどうか，住所をどのようにみるべきか**，ということです。これをめぐって，租税法律主義が要請する法的安定性，こういったものから民法の抽象概念を用いている，借用概念である以上はそれと同じように考えるべきである，ということで過去の判例を踏襲して，客観的な事実だけでみるべきですよ，と最高裁はいっています。

　ただし，このような結論は，国民感情からすると不当であると感じられ可能性があります。このことについて配慮し，裁判長を務められた須藤裁判官は，補足意見で，次のように述べています。

◇ **武富士事件上告審判決（最高裁平成23年2月18日第二小法廷判決・集民236号71頁）・須藤正彦裁判官の補足意見**
　既に述べたように，本件贈与の実質は，日本国籍かつ国内住所を有するAらが，内国法人たる本件会社の株式の支配を，日本国籍を有し，かつ国内に住所を有していたが暫定的に国外に滞在した上告人に，無償で移転したという図式のものである。一般的な法形式で直截に本件会社株

式を贈与すれば課税されるのに，本件贈与税回避スキームを用い，オランダ法人を器とし，同スキームが成るまでに暫定的に住所を香港に移しておくという人為的な組合せを実施すれば課税されないというのは，親子間での財産支配の無償の移転という意味において両者で経済的実質に有意な差異がないと思われることに照らすと，著しい不公平感を免れない。国外に暫定的に滞在しただけといってよい日本国籍の上告人は，無償で1653億円もの莫大な経済的価値を親から承継し，しかもその経済的価値は実質的に本件会社の国内での無数の消費者を相手方とする金銭消費貸借契約上の利息収入によって稼得した巨額な富の化体したものともいえるから，最適な担税力が備わっているということもでき，我が国における富の再分配などの要請の観点からしても，なおさらその感を深くする。<u>一般的な法感情の観点から結論だけをみる限りでは，違和感も生じないではない。しかし，そうであるからといって，個別否認規定がないにもかかわらず，この租税回避スキームを否認することには，やはり大きな困難を覚えざるを得ない。</u>けだし，憲法30条は，国民は法律の定めるところによってのみ納税の義務を負うと規定し，同法84条は，課税の要件は法律に定められなければならないことを規定する。納税は国民に義務を課するものであるところからして，この租税法律主義の下で課税要件は明確なものでなければならず，これを規定する条文は厳格な解釈が要求されるのである。明確な根拠が認められないのに，安易に拡張解釈，類推解釈，権利濫用法理の適用などの特別の法解釈や特別の事実認定を行って，租税回避の否認をして課税することは許されないというべきである。そして，厳格な法条の解釈が求められる以上，解釈論にはおのずから限界があり，法解釈によっては不当な結論が不可避であるならば，立法によって解決を図るのが筋であって（現に，その後，平成12年の租税特別措置法の改正によって立法で決着が付けられた。），裁判所としては，立法の領域にまで踏み込むことはできない。後年の新たな立法を遡及して適用して不利な義務を課すことも許されない。結局，租税法律主義という憲法上の要請の下，法廷意見の結論は，一般的な法感情の観点からは少なからざる違和感も生じないではないけれども，やむを得ないところである。

第1章　武富士事件

もちろん，受贈者の住所が香港であったのか，日本であったのかという点は，事実認定の側面があることは否めません。端的にいえば，内容をみずにいえば，これは事実認定の問題ととらえるほうが，素直でしょう。しかし，住所がどこであるかは，法的判断になります。

　この点で，単純な事実認定の問題ということはできず，この武富士事件は「住所」がどこであるかの法的判断をどのように行うべきかという，法解釈の問題が中心的論点であったということができます。

　これで，第1章は終わりです！　税務判例の読み方は，意外と細かいところをみて，比較するんだな，と思われたかもしれません。

　少し疲れた，という方も，だんだんと慣れていくので大丈夫です。コラムを読んで，一休みしてから，第2章に突入です。

column 1：法の適用

　法解釈と事実認定の区別は，法的三段論法のスタートラインである。しかし，実際には，一般論としての「法の解釈」（法解釈）と，個別事例における「事実の認定」（事実認定）の違いに，おさまり切らないようにみえるケースもある。武富士事件は，「住所」という相続税法の課税要件をどのように解釈し，どのような要素を考慮して判断するかが争われた。この点で，「法解釈」が裁判所ごとに分かれた事例といえる。

　法律審である最高裁（上告審）は，「事実認定」は行わない。事実審である原審（控訴審）で確定された事実を前提に，最高裁は「法の解釈・適用」を行う。こう説明すると，高裁では住所が日本と判断されたのに，最高裁では香港にあると判断されたのであれば，「事実認定」が分かれたのではないか，という疑問も生じるかもしれない。

　しかし，法律審である最高裁が行ったのは，あくまで「法の解釈」と「法の適用」である。原審で確定されていた事実を前提に，相続税法上の「住所」の内容と判断枠組みを明らかにする法解釈を行い，規範に事実をあてはめたら，住所は香港になったということである。

　こうしてみると，「法の解釈」だけではなく，厳密には「法の適用」部分が最後の結論に影響を与えたことになる。「法の適用」とは，規定を解釈した規範に，認定事実を「あてはめ」る作業である。

　最高裁の判断は，住所の認定をする際に，租税回避の否認を行う手法を用いなかったとの評価もできる。いわゆる「私法上の法律構成による否認」という手法があるが，租税法律主義を貫いた最高裁平成23年判決は，多額の贈与税を回避するために居住日数を調整していた行為を，「住所」の客観的判断に影響させていない。

　さまざまな角度から議論のできる判例である。

第2章
生保年金二重課税事件

どのような二重課税が
非課税になるのか？

本章で学ぶポイント

　武富士事件（第1章）と同様に，この章で取り上げる生保年金二重課税事件でも，法解釈が問題になります。リーガルマインドで読み解くために重要な「法的三段論論法」が，実際の裁判（税務訴訟）で，どのように使われているのかを，この事例でもみていきます。

　最高裁では，従来の課税実務と異なる判断がなされました。一方で，高裁（控訴審）では，従来の課税実務を肯定する判断がされていました。

　なぜ，裁判所によって，同じ事実（事実認定は同じ）であるにもかかわらず，結論が異なったのでしょうか。この視点は，武富士事件（第1章）とも共通します。

　武富士事件では，「住所」の概念のとらえ方（民法どおり客観的にのみ判断すべきなのか，税法独自の観点から居住意思という主観的要素も加味して判断してよいのか）という問題でした。これに対して，生保年金二重課税事件では，「二重課税」を防止するための規定である所得税法9条1項15号（現行法17号）の定める法的な二重課税のみを防止するための規定なのか，それにとどまらず経済的な二重課税をも防止するための規定なのか，という問題です。非課税規定のとらえ方の問題になりました。

　事案は全く異なりますし，争点も違いますが，武富士事件が「客観」と「主観」という判断枠組みの違いで結論が異なったのに対して，生保年金二重課税事件では，「法的なもの」か「経済的なもの」かという非課税規定の対象（範囲）の違いで結論が異なったことが，判例を分析するとわかります。

　このような言葉に敏感になることが，リーガルマインドで読み解くためには必要です。傍点をつけながら，このあたりの言葉は強調して説明します。じっくりと読み，その意味を自分なりでよいので，考えてみましょう。

　武富士事件（第1章）と異なり，借用概念はでてきません。しかし，学ぶべきポイントは，基本的に共通しています。生保年金二重課税事件（本章）では，税法解釈の方法（文理解釈，趣旨解釈など）も登場します。

こうした解釈方法も，重要な視点になります。

○ 最　高　裁　平成22年7月6日第三小法廷判決・民集64巻5号1277頁
● 福岡高裁　平成19年10月25日判決・訟務月報54巻9号2090頁
○ 長崎地裁　平成18年11月7日判決・金融・商事判例1354号60頁

本章のキーワード：判断枠組み

　判断枠組みとは，法令の規定を，認定された事実に適用する際に，どのような基準で判定すべきかの指針であり，物差しのことです。判例を読むにあたっては，判断枠組みの部分を見抜くことが重要です。判断枠組みは，どのような要素を，どのように考慮して判断すべきかを示したフレームワークともいえます。判断基準といわれることもありますし，法的三段論法との関係では，法解釈により導かれる「規範」部分になります。

　ポイントは，あくまで一般論として示されることです。判例に登場する一般論の部分に，判断の基準が示されます。この点を的確にとらえることができると，読んだ判例を使えるようになります。

➡️ **はじめに**

　この事件は，武富士事件（第1章）と同じように，地裁（第1審）と最高裁（上告審）では納税者勝訴（国税敗訴）となり，高裁（控訴審）が納税者敗訴（国税勝訴）になっています。地裁（納税者勝訴）→高裁（国税勝訴）→最高裁（納税者勝訴）というプロセスをたどったという点では，武富士事件と全く同じです（この勝敗のパターンは，税務訴訟には比較的よくあります）。

　生保年金二重課税事件であるとか，長崎年金訴訟などとも呼ばれるこの事件も，武富士事件と同じかあるいはそれ以上の話題を呼びました。それ以上の，といったのは，この事件の新聞報道の取り上げられ方は大きく，最高裁判決後の国税庁の取扱いの変更や，他の納税者への還付などの報道も続いたからです。

　還付された税額でいうと還付加算金も含めて約2000億円といわれている武富士事件のほうが巨額ですが，同事件が当該1件のみの問題であったのに対し，**生保年金二重課税事件では，訴訟で争ったのは1人だけでしたが，同様の年金に対して税金を納めてきた納税者が過去に多数いましたので，他への影響が大きい事件**だったのです。

　武富士事件では，住所の解釈（法解釈）が問題となりました。この事件も決め手になったのは，事実の認定（**事実認定**）ではなく，法律の解釈（**法解釈**）の部分です。地裁（第1審）から最高裁（上告審）まで，事実認定そのものについての大きな相違はありません。

　訴訟を提起した長崎の主婦の方（この事件の原告，被控訴人，上告人）は，総額で2万円程度の少額の税金の還付を求めたに過ぎません。しかし，最終的には，最高裁判決後に，これを踏まえた法律の改正も行われます。そして，過去10年に遡って，同様の状況にあり税額を過大に納め

ていた納税者に対しても，申請（更正の請求等）があれば還付をする措置がとられました。結果，総額で160億円の還付が生じた，と報道されています（毎日新聞2012年6月3日〔大阪朝刊〕）。

▶ 概　要

　法律の解釈（法解釈）が，そこまでの経済的影響を他に与えた最高裁判決であるという点で，インパクトの大きかった事件です。では，どのような事件だったのでしょうか。まずは，ここから簡単に説明します。

　1960年代ころから，この事件で問題になった年金の特約が付いた生命保険が，日本では定着していたといわれています。同種の保険契約は，報道によれば，少なくとも数百万件にのぼるようです（朝日新聞2010年7月6日〔夕刊〕）。

　相続が開始すると，この件でいえば被相続人である夫が亡くなって相続開始となりますが，この保険の受取人になっていた妻は相続人ですから，被相続人の相続財産を相続することになります。年金の特約は，生命保険契約に基づき受取人である妻に支給される保険金（一時金　4000万円）とは別に，将来10年にわたって毎年230万円ずつ受け取ることもできるとされていました。一方で，このような年金形式（将来10年間にわたり毎年230万円ずつ受け取る方式）を選ばずに，一括で全額を受け取ることを選択することもできるようになっていました。

　本件では，将来10年にわたり，毎年230万円ずつ受け取る，年金形式での受領が選択されました。

　この場合，まずは相続税が問題になります。**相続税法上は，みなし相続財産という規定があって，年金を受給する権利（「年金受給権」といいます）に対して，相続税が課されることになるからです。**

この点については，相続税法上明らかであり，特に問題はありません（この事件では，将来230万円×10年＝2300万円を受領できる権利としての「**年金受給権**」に対する評価として，2300万円×0.6＝1380万円について，相続税の課税対象とされました）。**問題は，さらに個々の年金である230万円を受け取る時に，年金受給権に対する相続税とは別に，さらに所得税（雑所得）も課されるのか，ということでした。**

問題になる所得税法の規定は，現行法ですと 9 条 1 項17号です。当時の条文では 9 条 1 項15号で（内容は同じです），相続税が課されたものに対して，さらに所得税を課すことはしない，といった内容の非課税規定がありました。このように非課税になる所得を，「**非課税所得**」といいます。

◆ **所得税法 9 条 1 項15号（現行法17号）**
　第 9 条　次に掲げる所得については，<u>所得税を課さない</u>。
　（略）
　十五　<u>相続，遺贈又は個人からの贈与により取得するもの</u>（相続税法（昭和25年法律第73号）の規定により相続，遺贈又は個人からの贈与により取得したものとみなされるものを含む。）

相続税が課されたものに対して，さらに所得税を課すことになれば，同じ財産の収得に対して，二重に課税されることになります。所得税法 9 条 1 項15号（当時）の規定（**非課税規定**）は，こうした相続税と所得税の二重課税を防止するための規定である，と理解されています。

このような理解は，生保年金二重課税事件の最高裁判決が下るまえからありました。

▶ 二重課税の防止規定

わかりやすい例でいうと，相続によって預貯金3000万円を得た相続人がいた場合，その相続人は所得税法によれば，あらたな経済的価値を得たことになり（無償で3000万円を得たことになるため），所得が発生したことになります。相続によって得た所得は，一時的に得た所得ですから，「一時所得」（所得税法34条1項）として課税されるはずのものです。

しかし，この相続人は，同時に相続税法によって3000万円を相続で得たとして相続税も課されることになります（控除の問題もありますから，現実に相続税が発生するかではなく，相続税の課税対象になるかがここでは問題とされます）。これでは，相続によって得た3000万円の預貯金という同じ原因による同じ利得（収得）に対して，二重に（所得税と相続税が）課されることになりますよね。

そこで，このような典型的な相続の場合，所得税（一時所得）については，所得税法9条1項15号（現行法では17号。非課税規定）によって「非課税所得」とされ，二重課税にならないようになっていると，これが9条1項15号の存在意義であると考えられてきました。

本件では，このような相続税と所得税の二重課税を防止する9条1項15号の規定が，年金特約付き生命保険契約に基づき受領した年金に対しても適用されるのか，つまり，これが非課税所得になるのかが問題になりました。

こうした年金を受け取った時にも，この条文が適用されるとなれば，所得税（雑所得）は課されないことになります。しかし，課税庁は，これは雑所得にあたる（この規定の適用はなく，非課税所得にあたらない）との見解のもとで課税をしました。

実際には，保険会社からの支払の際に源泉徴収されており，この訴訟

の原告は，過大な申告を行ったので，これを減額してもらいたい（減額更正処分を行ってもらいたい）とのことで，更正の請求を税務署長に行いました。そして，これに対して更正をすべき理由がない旨の通知（通知処分）がなされたため，この通知処分の取消しを求めて争った訴訟になります。

▶ 法的な二重課税

地裁（第1審）と最高裁（上告審）は，二重課税にあたる，ということで，所得税法9条1項15号を適用して，年金をもらった時（ただし，訴訟で争点になったのは1回目の年金受領のみ）に，所得税を課すことはできない，したがって通知処分は違法である，との判断をしました。

これに対して，高裁（控訴審）は，二重課税にはあたらない，ということで，同法9条1項15号の条文は，このような事案で年金を受け取った時に適用されるものではない，と述べました。そうであれば，相続税とは別に所得税（雑所得）が課されることになるので，課税庁が行った処分（通知処分）は違法ではない（適法である），との判断をしたのです。

では，なぜ判断が分かれたのでしょうか。

年金を受け取る権利である「年金受給権」と，この年金受給権に基づき個別具体的に受け取ることになる年金そのものは，法的にみると別のものになります。毎年230万円を受給できる生みの親ともいえる「年金受給権」と，これに基づき個別具体的に発生する年金は，「元本」に基づき発生する「支分権」としての利息と，同じように考えられるからです（そして，両者は法的にみれば同じものとは考えられていないからです）。

そこで，高裁は（国の主張も同じですが），あくまで，法的な二重課税を防止することが，所得税法9条1項15号である，ということをいいま

した。**法的にみて同じ性質のものに二重に課税することはよろしくないけれど，法的にみて別の性質のものに課税しても，それは二重課税とは考えない**，というロジックです。本件では，法的には性質が異なる別のものだから，年金受給権とは別のものである年金に所得税を課したとしても，法的な二重課税は生じていないとし，したがって，法的な二重課税を防止するために規定されている非課税所得（9条1項15号）にはあたらず，年金の受取りに対しては，所得税（雑所得）が課される，ということをいいました。

　これに対して，**地裁（第1審）と上告審（最高裁）は，法的なレベルでみて同じかどうかということではなくて，経済的な実質において同じだといえれば，所得税法9条1項15号が非課税所得として定めている対象としての「二重課税」にあたる**，としました。

　より具体的にいえば，最高裁は，所得税法9条1項15号は，**経済的価値が同一であるものに対する二重課税を防止する規定**であるとしたうえで，本件における年金受給権と受領した年金（1回目）は，**法的には別のものかもしれないが，経済的価値としてみれば同じである**，といいました。したがって，この規定（非課税規定）は，本件に適用されると判断したのです。

▶ 先例拘束力

　この点について，最高裁の判決文のなかでは，どのように書かれているかを，みてみましょう。

　まず，「原審の適法に確定した事実関係の概要は，次のとおりである」との記載が，最高裁判決にはあります。これは，民事訴訟法321条1項

の規定によるものです。「原判決において適法に確定した事実は，上告審判所を拘束する」という規定です。**「法律審」**である最高裁では事実認定を行わず，原審である高裁（控訴審）が**「事実審」**として認定した事実をベースにすることになる，ということです。

図6　法律審と事実審

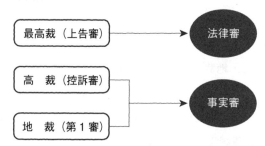

（出典：木山泰嗣『リーガルマインドのあたらしい教科書』〔大蔵財務協会，2022年〕138頁・図47）

　混乱した人もいるかもしれませんので，念のため触れておきますと，判例に法的拘束力がなく事実上の拘束力が生じるに過ぎないといわれています。

　この話は，あくまで先例としての最高裁判決の判断が，他の事件においても法的な効力までもたらすか，という**「先例拘束力」**の議論です。

図4 「判例」の事実上の拘束力（15頁参照）

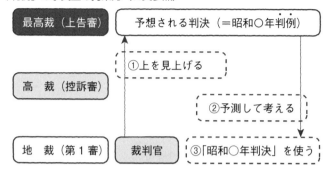

これに対して、この民事訴訟法321条1項は、同じ事件において、事実審としての原審が認定した事実については、その上級審である法律審としての最高裁をも拘束する、というものです。法律の規定に根拠がありますから、法的拘束力があるといえるものです。しかし、そのことと先例としての最高裁判決が、他の事件にまで法的拘束力を与えるかというとそうではない（**事実上の拘束力にとどまる**）という議論とは別です。

▶ 事実認定について

生保年金二重課税事件の最高裁判決に戻りましょう。原審（控訴審）が適法に認定した事実をみると、次のように記載されています。

◇ **生保年金二重課税事件上告審判決（最高裁平成22年7月6日第三小法廷判決・民集64巻5号1277頁）**
　上告人の夫であるAは、B生命保険相互会社（以下「B生命」という。）との間で、Aを被保険者、上告人を保険金受取人とする年金払特約付きの生命保険契約（以下「本件保険契約」という。）を締結し、その保険料を負担していたが、平成14年10月28日に死亡した。上告人は、これにより、本件保険契約に基づく特約年金として、同年から同23年

> までの毎年10月28日に230万円ずつを受け取る権利（以下「本件年金受給権」という。）を取得した。
> 　上告人は，平成14年11月8日，B生命から，同年10月28日を支給日とする第1回目の特約年金（以下「本件年金」という。）として，230万円から所得税法208条所定の源泉徴収税額22万0800円を控除した金額の支払を受けた。（以下，略）

　これは高裁判決が認定した事実の概要をまとめているだけで，新たな事実認定を行っているものではありません（上述のとおり，法律審である最高裁は，事実認定を行えないからです）。
　だから何なのか，と思われたかもしれませんが，これはとても重要な指摘です。何がいいたいのかというと，**事実の認定（事実認定）は同じであるにもかかわらず，この事件でも（第1章　武富士事件と同様に），結論は，高裁（控訴審）と最高裁（上告審）で異なっている**，ということです。
　この点が，理解してもらいたいポイントです。「法的三段論法」におけるプロセスに登場する「法解釈」（大前提）と「事実認定」（小前提）について，この事件における各裁判所の判断をみることで，その意味を体感してもらえればと思います。

▶ 同一の経済的価値
　生保年金二重課税事件の最高裁判決ですが，所得税法9条1項15号の内容及び趣旨（目的）について，以下のように判示しています（**最高裁平成22年判決**）。

◇ **生保年金二重課税事件上告審判決（最高裁平成22年７月６日第三小法廷判決・民集64巻５号1277頁）**

　所得税法９条１項は，その柱書きにおいて「次に掲げる所得については，所得税を課さない。」と規定し，その15号において「相続，遺贈又は個人からの贈与により取得するもの（相続税法の規定により相続，遺贈又は個人からの贈与により取得したものとみなされるものを含む。）」を掲げている。同項柱書きの規定によれば，同号にいう「相続，遺贈又は個人からの贈与により取得するもの」とは，相続等により取得し又は取得したものとみなされる財産そのものを指すのではなく，当該財産の取得によりその者に帰属する所得を指すものと解される。そして，<u>当該財産の取得によりその者に帰属する所得とは，当該財産の取得の時における価額に相当する経済的価値にほかならず，これは相続税又は贈与税の課税対象となるものであるから，同号の趣旨は，相続税又は贈与税の課税対象となる経済的価値に対しては所得税を課さないこととして，同一の経済的価値に対する相続税又は贈与税と所得税との二重課税を排除したものであると解される。</u>

　ポイントは，「当該財産の取得によりその者に帰属する所得とは，当該財産の取得の時における価額に相当する経済的価値にほかならず」と判示し，**「経済的価値」**を挙げている点です。

　続いて，「これは相続税又は贈与税の課税対象となるものであるから，同号の趣旨は，相続税又は贈与税の課税対象となる経済的価値に対しては所得税を課さないこととして，<u>同一の経済的価値に対する相続税又は贈与税と所得税との二重課税を排除したものである</u>」という部分がありますが，ここが重要になります。

　二重課税を排除したという所得税法９条１項15号の趣旨は，上述のとおり，この事件が起きるまえからそのように理解されていたところです。その排除される「二重課税」の対象が「同一の経済的価値」であるとさ

れた点に意義があります。そして、これによって、結論としての「非課税」が導きだされたといえます。

　なお、本件では、相続税と所得税の二重課税ですが、所得税法9条1項15号は上述の引用条文のとおり、相続税と所得税のみならず、贈与税と所得税の二重課税も排除したものです。「又は」という言葉で「相続税」のみならず「贈与税」も挙げられているからです。もっとも、贈与税は、本件では問題になりません。

　ここで注目すべきは、「経済的価値」という言葉で3回も出てきていることでしょう。さきほど述べた高裁（控訴審）や国の主張と異なり、法的な二重課税の防止ではなく、経済的価値の二重課税を防止する規定である、という理解が強調されています。

▶ 趣旨解釈

　「趣旨」という言葉が、判決文に登場しています。法解釈をする場合には、条文の文言はもちろん、その規定の趣旨をみて解釈するということがあります。条文の文言のみに基づき解釈することを**「文理解釈」**といい、文理だけでなくその条文の趣旨目的も考慮して行う解釈を**「趣旨解釈」**（一般的には「目的論的解釈」）といいます。

　こうした**「法解釈の方法」**ですが、税法の解釈においては「趣旨解釈」と呼ばれています。これは、**法学入門**などでは一般的に「目的論的解釈」と説明されるものですが、条文の文言（文理）だけでなく、その条文の趣旨目的を考慮して解釈する方法もあるのだ、ということが理解できれば、ここでは十分です。

　税法の解釈においては、文理解釈が原則とされていますが、後述するホステス源泉徴収事件（第3章）の解説でも触れるように、趣旨目的を

考慮して解釈することが一切禁止されている，と解されているわけではありません（少なくとも，最高裁〔裁判所〕は，そのように考えていません）。

➡ あてはめ

　最高裁は，文理だけからは読み取れない，所得税法9条1項15号の内容について，趣旨を考慮して「同一の経済的価値」に対する二重課税を防止した規定であると判示したのです。

　法的三段論法でいうと，以上は**「法解釈」**（大前提）にあたります。**事実認定**（小前提）は，すでに控訴審（高裁）で行われており，その概要が最高裁では，まとめられていましたね。

　あとは，両者をつなぐ「あてはめ」になります。最高裁は，次のように「あてはめ」を行っています。

◇ **生保年金二重課税事件上告審判決（最高裁平成22年7月6日第三小法廷判決・民集64巻5号1277頁）**
　　相続税法3条1項1号は，被相続人の死亡により相続人が生命保険契約の保険金を取得した場合には，当該相続人が，当該保険金のうち被相続人が負担した保険料の金額の当該契約に係る保険料で被相続人の死亡の時までに払い込まれたものの全額に対する割合に相当する部分を，相続により取得したものとみなす旨を定めている。上記保険金には，年金の方法により支払を受けるものも含まれると解されるところ，年金の方法により支払を受ける場合の上記保険金とは，基本債権としての年金受給権を指し，これは同法24条1項所定の定期金給付契約に関する権利に当たるものと解される。
　　そうすると，年金の方法により支払を受ける上記保険金（年金受給権）のうち有期定期金債権に当たるものについては，同項1号の規定により，その残存期間に応じ，その残存期間に受けるべき年金の総額に同号所定の割合を乗じて計算した金額が当該年金受給権の価額として相続税の課

税対象となるが，この価額は，当該年金受給権の取得の時における時価（同法22条），すなわち，将来にわたって受け取るべき年金の金額を被相続人死亡時の現在価値に引き直した金額の合計額に相当し，その価額と上記残存期間に受けるべき年金の総額との差額は，当該各年金の上記現在価値をそれぞれ元本とした場合の運用益の合計額に相当するものとして規定されているものと解される。したがって，<u>これらの年金の各支給額のうち上記現在価値に相当する部分は，相続税の課税対象となる経済的価値と同一のものということができ，所得税法9条1項15号により所得税の課税対象とならないものというべきである。</u>

　少し長く引用をしましたが，最後の下線の部分「年金の各支給額のうち上記現在価値に相当する部分は，相続税の課税対象となる経済的価値と同一のものということができ」るという「**あてはめ**」をしています。そして，支給された年金のうち現在価値に相当する部分は「所得税法9条1項15号により所得税の課税対象とならない」という，一般論としての「**結論**」を導いています。

　そのうえで，次のように判示し，この事件で争われた上告人（納税者）が受け取った1回目の年金は，所得税の課税対象にならないという，具体的な「**結論**」が下されています。

◇ **生保年金二重課税事件上告審判決（最高裁平成22年7月6日第三小法廷判決・民集64巻5号1277頁）**

　本件年金受給権は，年金の方法により支払を受ける上記保険金のうちの有期定期金債権に当たり，また，<u>本件年金は，被相続人の死亡日を支給日とする第1回目の年金であるから，その支給額と被相続人死亡時の現在価値とが一致するものと解される。そうすると，本件年金の額は，すべて所得税の課税対象とならないから，これに対して所得税を課することは許されないものというべきである。</u>

▶ **高裁判決における相違**

　これに対して，結論を異にした高裁（控訴審）はどのようにいっていたのでしょうか。高裁判決は，所得税法9条1項15号の解釈について，次のように判示していました。

◇ **生保年金二重課税事件控訴審判決（福岡高裁平成19年10月25日判決・訟務月報54巻9号2090頁）**
　……所得税法9条1項15号は，相続，遺贈又は個人からの贈与により取得するもの（相続税法（昭和25年法律第73号）の規定により相続，遺贈又は個人からの贈与により取得したものとみなされるものを含む。）については，所得税を課さない旨を規定している。<u>その趣旨は，相続，遺贈又は個人からの贈与により財産を取得した場合には，相続税法の規定により相続税又は贈与税が課されることになるので，二重課税が生じることを排除するため，所得税を課さないこととしたものと解される</u>。この規定における相続により取得したものとみなされるものとは，相続税法3条1項の規定により相続したものとみなされる財産を意味することは明らかである。そして，その趣旨に照らすと，<u>所得税法9条1項15号が，相続ないし相続により取得したものとみなされる財産に基づいて，被相続人の死亡後に相続人に実現する所得に対する課税を許さないとの趣旨を含むものと解することはできない</u>。

　最初の下線部分にあるように，高裁判決も，所得税法9条1項15号の趣旨について，「二重課税が生じることを排除するため」であるとしており，この点については，さきほどみた最高裁判決とも一致しています。しかし，高裁判決は，最高裁判決のように，「経済的価値の同一性」ということはいっていません。
　また，**高裁判決**も，「**趣旨**」という言葉を使っていますが，その趣旨のとらえ方は，最高裁判決とは違います。「所得税法9条1項15号が，

相続ないし相続により取得したものとみなされる財産に基づいて，被相続人の死亡後に相続人に実現する所得に対する課税を許さないとの趣旨を含むものと解することはできない。」という2つめの下線部分です。これは，被相続人の死亡後に，相続人である奥さんに実現する所得，つまりそのあとにもらう個別の年金についてまで，さらに所得税を課すことを許さない，というような趣旨は，所得税法9条1項15号から読みとることはできません，ということをいっているのです。

これに加えて，高裁判決は，納税者（被控訴人）の主張に対して，次のように判示していました。

◇ **生保年金二重課税事件控訴審判決（福岡高裁平成平成19年10月25日判決・訟務月報54巻9号2090頁）**
……被控訴人は，将来の特約年金（年金）の総額に代えて一時金を受け取るのではなく，年金により支払を受けることを選択し，特約年金の最初の支払として本件年金を受け取ったものである。本件年金は，10年間，保険事故発生日の応当日に本件年金受給権に基づいて発生する支分権に基づいて，被控訴人が受け取った最初の現金というべきものである。そうすると，本件年金は，本件年金受給権とは法的に異なるものであり，Aの死亡後に支分権に基づいて発生したものであるから，相続税法3条1項1号に規定する「保険金」に該当せず，所得税法9条1項15号所定の非課税所得に該当しないと解される。したがって，本件年金に係る所得は所得税の対象となるものというべきである。

「本件年金は，本件年金受給権とは法的に異なるものであ」る，という下線部分は，上述したように，法的性質をみれば，年金受給権と，個別に受け取る年金とは，別のものではないか，という議論ですね。

さらに，二重課税にあたるかどうかについて，納税者（被控訴人）の

主張にこたえるかたちで，次のような判示もなされていました。

◇ **生保年金二重課税事件控訴審判決（福岡高裁平成平成19年10月25日判決・訟務月報54巻9号2090頁）**
　被控訴人は，受給権（基本権）を取得する権利・所得と支分権に基づく年金の所得は，形式的・表面的には別異と認識できるが，実質的・経済的には同一の資産であり，二重に課税することは許されないと主張する。
　確かに，本件年金受給権の評価は，相続税法24条1項1号により，有期定期金は，その残存期間に受けるべき給付金の総額に，その期間に応じた一定の割合を乗じて計算した金額とされているところ，この割合は，将来に支給を受ける各年金の課税時期における現価を複利の方法によって計算し，その合計額が支給を受けるべき年金の総額のうちに占める割合を求め，端数整理をしたものといわれている。そうすると，<u>本件年金受給権の評価は，将来にわたって受け取る各年金の当該取得時における経済的な利益を現価（正確にはその近似値）に引き直したものといい得るから，本件年金受給権と年金の総額は，実質的・経済的にはほぼ同一の資産と評価することも可能である</u>。
　しかし，<u>本件年金受給権の取得と個々の年金の取得とは，別個の側面がある</u>。まず，後者についてみると，被控訴人は，本件保険契約において，将来の特約年金（年金）を受け取るものであるが，これは，被控訴人が自ら年金契約等の定期金給付契約を締結して自ら掛金を負担し，年毎に年金等の定期金を受け取る場合と異なるところはなく，いずれについても所得があるのである。そうすると，両者を区別することはできず，これらの所得は所得税の対象となる。そして，前者についてみると，被控訴人は，本件保険契約において，自ら保険料を支払ったものではないのに，Aの死亡により，本件年金受給権を取得したのであるから，これは，前者とは別個に，相続税の対象となる。このように考えると，<u>本件年金受給権の取得に相続税を課し，個々の年金の取得に所得税を課することを，二重に課税するものということはできない</u>。」

最初の下線部分にあるように，高裁判決は，「本件年金受給権と年金の総額は，実質的・経済的にはほぼ同一の資産と評価することも可能である」といっています。この点で，対象になっている事実の分析そのものについては，第1審（地裁）から控訴審（高裁），そして上告審（最高裁）まで，特に異なることはありません。

　これに対して，所得税法9条1項15号が，どこまでの所得を二重課税として非課税にする趣旨であるのか，それは，経済的な同一性まで踏み込んで考えるべきなのか，そこまではとらえずにあくまで法的な二重課税にとどめて考えるべきなのか，こうした「法解釈」のしかた（方法）で，結論が異なった，ということなのです。

▶ 地裁の判示

　地裁判決（第1審）をみると，結論としては，非課税規定である所得税法9条1項15号が適用されるということになっていますが，二重課税の防止が同規定の趣旨であるといったうえで（この点は，最高裁，高裁ともに同じですね），次のように判示しています。

> ◇ **生保年金二重課税事件第1審判決（長崎地裁平成18年11月7日判決・金融・商事判例1354号60頁）**
> 　相続税法3条1項は，相続という法律上の原因に基づいて財産を取得した場合でなくとも，実質上相続によって財産を取得したのと同視すべき関係にあるときは，これを相続財産とみなして相続税を課することとし，他方所得税法9条1項15号は，このように相続税を課することとした財産については，二重課税を避ける見地から，所得税を課税しないものとしている。このような税法の規定からすると，相続税法3条1項によって相続財産とみなされて相続税を課税された財産につき，これと実質的，経済的にみれば同一のものと評価される所得について，その所

得が法的にはみなし相続財産とは異なる権利ないし利益と評価できるときでも，その所得に所得税を課税することは，所得税法9条1項15号によって許されないものと解するのが相当である。

　つまり，経済的，実質的に同一のものについては，法的にみれば別といえるとしても，それは二重課税になるから課税はできない，それが所得税法9条1項15号の趣旨である，ということをいっています。

　また，地裁判決は，さきほどみた高裁判決とは逆の見方をしていることが，顕著にわかる判示があります。

◇ **生保年金二重課税事件第1審判決（長崎地裁平成18年11月7日判決・金融・商事判例1354号60頁）**
……確かに，本件年金は，支分権という，本件年金受給権（基本権）と法的には異なる権利に基づいて取得した現金であるとはいえる。しかし，基本権と支分権は，基本権の発生原因たる法律関係と運命を共にする基本権と一たび具体的に発生した支分権との独立性を観念する概念であり，債権の消滅時効の点（民法168条，169条）などにおいて実際上の差異が生じるものであるが，この観念を，所得税法9条1項15号の解釈において，二重課税か否かを区別する指標であり二重課税であることを否定すべき事情と考えるべき根拠には乏しく（なお，相続税法3条1項1号の「保険金」を直ちに「保険金受給権」と解すべき根拠になるとも考えにくい），上記のとおり，今後受け取るべき年金の経済的利益を原価に引き直して課税しているのが年金受給権への相続税課税である以上，このような経済的実質によって，二重課税か否かを区別することが所得税法9条1項15号の趣旨に沿う。

　したがって，基本権と支分権の関係にあることないし法的には異なる権利と評価できるものであることは，それだけで二重課税であることを否定する根拠とはならない。

地裁判決は，たしかに，法的には別のものだといっていますよね。しかし，経済的実質でみれば，同じでしょう。ということで，非課税規定が適用される，と判示しているのです。

▶ まとめ

生保年金二重課税事件は，事実認定そのものは，基本的に地裁から最高裁まで異ならず，同じです（武富士事件と同様です）。

また，所得税法9条1項15号の法解釈としても，相続税（贈与税）と所得税の二重課税を防止するという趣旨であることについては，地裁から最高裁まで同じです。

しかし，どこまでの二重課税を防止しているのかという，その趣旨のとらえ方が，法的な二重課税レベルでとどまるのか，経済的な二重課税まで含むのか，というところで，判断（結論）が異なっています。

column 2：判例の射程

　判例の射程がどこまで及ぶかの議論は尽きない。ここにいう「判例」は，狭い意味の判例を指す。地裁や高裁の裁判例の判断が，他の裁判所の判断に事実上の拘束力を持つことはないからである。

　生保年金二重課税事件では二重課税にあたると判断された結論だけでなく，所得税法9条1項15号（二重課税排除規定）の法解釈をした部分に先例拘束力が生じる（レイシオ・デシデンダイ）。

　最高裁判例が影響力をもつ部分は，その事例だけみても，分からない。実際に判例の射程を考えるのは，過去にあった最高裁判例を，いま問題になっている事例のなかで比較検証するときだからである。

　射程外だとして裁判所が判例と異なる結論を下すことは，可能である。事案が異なれば，異なる結論になるのは当然である。

　最高裁平成22年判決は，その後に「判例の射程」が争われ，先例性（規範部分）が繰り返し議論されることになる。相続した不動産を譲渡した際に所得税（譲渡所得）を課すことも，二重課税であり，所得税法9条1項15号が適用されるのではないかと争う裁判も起きた。二重課税ではないと判断されたが（東京高判平成25年11月21日税資263号順号12339），その後も，二重課税を納税者が争う例はあとを絶たず，多くの請求が棄却されている（例えば，大阪地判令和3年11月26日判タ1503号58頁）。

　こうしたなかで，相続時に債務控除されなかった債務について被相続人が合意していた和解に基づき債務免除をされた場合に，債務免除益に所得税を課すことは二重課税となり違法であるという判断が，近時下されている（東京高判令和6年1月25日公刊物未登載〔LEX/DB25620054〕。相続債務免除事件）。事例の蓄積によって，判例の意味は明確になるのである。

第3章
ホステス源泉徴収事件

税法解釈のあり方とは？

本章で学ぶポイント

　ホステス源泉徴収事件で争点になったのは，源泉徴収税額を計算する際に支払金額から控除される基礎控除額の解釈です。これだけみると，細かい話にも思えますが，「計算期間の日数」という条文（所得税法施行令322条）の文言をどのように解釈すべきか，ということが問題になりました。この点で，税法解釈の方法について学ぶことができます。

　税法は侵害規範ですから，文言どおりに読むべきことが原則です（文理解釈）。文理解釈によれば，「計算期間の日数」は，期間中の全日数を指すことになるでしょう。この文言を，課税庁が主張するように「出勤日数を指す（出勤日数に限る）」と読むことは困難だからです。

　しかし，税法の条文であっても，規定の趣旨を考慮して解釈することはあります（第2章　生保年金二重課税事件）。上記の基礎控除方式を定めた所得税法施行令322条の趣旨は何であるのか。これを明らかにし，その趣旨を考慮して「計算期間の日数」の意味を確定する解釈もあり得ます（趣旨解釈）。

　「文理解釈」と「趣旨解釈」のいずれを採るべきなのか，あるいは双方を行うべきなのか。こうした税法解釈の方法について，裁判所の判断が異なったのが，ホステス源泉徴収事件です。裁判所がどのようなアプローチを採ったのかを1つ1つみることで，税法解釈の方法について学ぶことができます。

　なお，解釈の対象になったのは所得税法施行令という「政令」です。政令は内閣がつくる法規範で，国会の制定する法規範である法律とは異なります。それでも，最高裁は「租税法規」として，文理解釈が原則であることを強調しています。

○ 最　高　裁　平成22年3月2日第三小法廷判決・民集64巻2号420頁
● 東京高裁　平成18年12月13日判決・税務訴訟資料256号順号10600
● 東京地裁　平成18年3月23日判決・税務訴訟資料256号順号10351

本章のキーワード：文理解釈

　たとえば「馬車が橋を通行することを禁ずる」という法律の規定が仮にあったとします。この場合，橋の通行が禁止されているのは，文言どおりに読むかぎりは，「馬車」だけです。こうした解釈の手法を，「文理解釈」といいます。また，「馬車」以外は禁止されないと理解する解釈を，「反対解釈」といいます。反対解釈も，書いてないことはあたらないと読むので，文理から読む解釈といえます。

　これに対して，この法律の規定の趣旨は，重量のある乗物が橋を通行すると危険なので禁止したもので，「馬車」はその一例に過ぎないと考える解釈もあり得ます。その法律の規定ができたときには存在していなかった自動車があらわれた場合，この法律の規定は「自動車」の通行も禁止するものと解釈するのです。これを「目的論的解釈」といいます。法律の規定の文言どおりに解釈するのではなく，その規定ができた立法趣旨（立法の目的）にさかのぼって，論理的に解釈する方法です。

▶ 概 要

　ホステス源泉徴収事件は，原告（控訴人，上告人）であるパブクラブが，ホステスに報酬を支払う際の源泉徴収が問題になった事件です。

　所得税法で規定されている源泉徴収は，給与等の支払（所得税法183条1項），退職手当等の支払（同法199条）などのほかに，報酬の支払（同法204条1項）もあります。それぞれの支払の際に，支払者が，所定の税額（**源泉所得税**）を徴収して，翌月10日までに国に納付すべき義務が生じます（**源泉徴収義務**）。この事件では，パブクラブがホステス（**事業所得者**）に支払った報酬だったので，報酬に対する源泉徴収（所得税法204条1項）の適用が問題になりました。

　ある金額の支払をする際に，その支払者が源泉徴収をすべきか否かについては，法律（所得税法）に規定があります。源泉所得税の徴収納付は，本来の納税義務者（担税者）ではない支払者が負うべき義務ですが，これも納税の義務を生じさせるものです。したがって，租税法律主義（憲法84条）の具体的な要請である「**課税要件法定主義**」及び「**課税要件明確主義**」によって，源泉徴収すべき義務が生じる場合を定めた「**課税要件**」は，法律で明確に定められるべきことが求められます。

　ホステス源泉徴収事件では，所得税法204条1項6号に規定されている，ホステス等に対する報酬の支払についての源泉徴収義務が発生するのか，つまり，この規定の適用があるのかが，まずは問題になるはずです。ただし，この点に争いはありませんでした（給与等の支払としての源泉徴収義務が生じるとは，課税庁も考えませんでした。同じ源泉徴収義務でも，どちらの源泉徴収かで，徴収して納付すべき**源泉所得税額**が変わります）。パブクラブを経営する原告も，ホステスに対する報酬であり，この規定が適用され，源泉徴収義務が生じると理解しており，実際に源泉

徴収も行われていました。

◆ 所得税法204条1項6号
第204条 居住者に対し国内において次に掲げる報酬若しくは料金，契約金又は賞金の支払をする者は，その支払の際，その報酬若しくは料金，契約金又は賞金について所得税を徴収し，その徴収の日の属する月の翌月10日までに，これを国に納付しなければならない。
（略）
六 キャバレー，ナイトクラブ，バーその他これらに類する施設でフロアにおいて客にダンスをさせ又は客に接待をして遊興若しくは飲食をさせるものにおいて客に侍してその接待をすることを業務とするホステスその他の者（以下この条において「ホステス等」という。）のその業務に関する報酬又は料金

政令で定める金額

ホステス源泉徴収事件で問題になったのは，源泉徴収義務が生じるか否かではなく，源泉徴収義務が生じることは前提として，実際に徴収・納付すべき源泉所得税の税額がいくらになるかでした。法律上問題になったのは，この源泉所得税を計算する際に，法令上，控除されることになる金額（**基礎控除額**）がいくらになるか，でした。

報酬に対する源泉徴収についての基礎控除は，所得税法の205条2号をみると，政令で定める金額を控除するものとされており，その金額（その残額）に10％の税率をかけて計算することが規定されています。

◆ 所得税法205条2号
前条第1項の規定により徴収すべき所得税の額は，次の各号の区分に応じ当該各号に掲げる金額とする。
（略）

二　前条第1項第2号に掲げる司法書士、土地家屋調査士若しくは海事代理士の業務に関する報報若しくは料金、同項第3号に掲げる診療報酬、同項第4号に掲げる職業拳闘家、外交員、集金人若しくは電力量計の検針人の業務に関する報酬若しくは料金、<u>同項第6号に掲げる報酬若しくは料金又は同項第8号に掲げる賞金</u>　その金額（当該賞金が金銭以外のもので支払われる場合には、その支払の時における価額として政令で定めるところにより計算した金額）<u>から政令で定める金額を控除した残額に100分の10の税率を乗じて計算した金額</u>

　では、ここにいう「政令で定める金額」とは、何を指すのかとなりますと、所得税法施行令に322条という規定があります。

　この規定をみると、「同一人に対し一回に支払われる金額」について「5000円に当該支払金額の計算期間の日数を乗じて計算した金額」と書かれています。

◆ 所得税法施行令322条

第322条　法第205条第2号（報酬又は料金等に係る徴収税額）に規定する政令で定める金額は、次の表の上欄に掲げる報酬又は料金の区分に応じ、同表の中欄に掲げる金額につき同表の下欄に掲げる金額とする。
（略）

法第204条第1項第6号に掲げる報酬又は料金	同一人に対し一回に支払われる金額	5000円に当該支払金額の計算期間の日数を乗じて計算した金額（当該報酬又は料金の支払者が当該報酬又は料金の支払を受ける者に対し法第28条第1項に規定する給与等の支払をする場合には、当該金額から当該期間に係る当該給与等の額を控除した金額）

▶ 計算期間の日数

　原告（控訴人，上告人）のパブクラブは，ホステスに対して，半月ごとに報酬を支払っていました。たとえば，7月の報酬であれば，7月1日から7月15日まで（前半）で，いったん計算期間が終了し，その間の勤務に対する報酬が支払われます。また，7月16日から31日までの計算期間（後半）で，この期間での報酬が支払われます。このように報酬を支払う期間を半月ごとにしていたのが，この事件のパブクラブです。

　これに所得税法施行令322条を適用すると，どうなるでしょうか。条文を読めば，支払われる報酬額の全額に10％をかけるものではないことはわかります。基礎控除額の控除があるからです。

　そして，基礎控除の計算をこの事案にあてはめると，「計算期間の日数（15日間）×5000円＝7万5000円」として計算した7万5000円（基礎控除額）を，その計算期間について支払われる報酬の合計額から差し引いた額に，10％をかけたものを源泉所得税として，徴収して税務署に納付することになる，と読めそうですよね。

　ところが，**課税庁（国）**は，所得税法施行令322条には「計算期間の日数」と書いてあるだけであるにもかかわらず，この「計算期間の日数」というのは，実際にそのホステスが働いた「出勤日数」のことであると，つまり，**実際に勤務した日数に限られる**，と主張しました。

　たとえば，15日間の計算期間に対してホステスに報酬が支払われる場合でも，その計算期間においては5日間しか勤務していなかった場合，基礎控除額は，「5日間（出勤日数）×5000円＝2万5000円」になる，と主張したのです。

　この基礎控除額は，上述のとおり，源泉所得税を計算する際に，税率をかける報酬額から控除できるものです。したがって，このように考え

ると，控除できる金額は少なくなり，その結果，源泉徴収すべき税額（源泉所得税額）は高くなります。それを怠っていた（源泉徴収に漏れがある）ということで，このパブクラブは，納税告知処分及び不納付加算税の賦課決定処分を受けました。

　しかし，所得税法施行令322条を文言どおりに読めば，控除できるのは「計算期間の日数」です。実際の出勤日数にかかわらず，その全日数，つまり15日間であるとパブクラブ側（原告，控訴人，上告人）は主張し，上記各処分の取消しを求める訴訟を提起しました。

▶ 同種の事件

　ホステス源泉徴収事件では，同時期に同種の事件が，東京地裁，横浜地裁，さいたま地裁で，合計4件提訴されました。

　そのうち2件については，地裁（第1審），高裁（控訴審）とも，納税者が勝訴しました（東京高裁平成19年3月27日判決・税務訴訟資料257号順号10671，東京高裁平成19年6月12日判決・税務訴訟資料257号順号10726）。これに対して，残りの2件については，逆に，地裁（第1審），高裁（控訴審）ともに，国が勝訴しました（東京高裁平成18年12月13日判決〔本件〕，東京高裁平成19年1月25日判決・税務訴訟資料257号順号10616）。

　このように，下級審では，裁判所の判断が二分されていました。ただし，いずれの事件も，その1つの事件のなかでは下級審（高裁判決と地裁判決）の結論は一致していました（地裁が納税者勝訴の事件は，高裁も納税者勝訴となり，逆に，地裁が納税者敗訴の事件は，高裁も納税者敗訴となっていたのです）。こうして，下級審の**裁判所で勝ち負け（法解釈）が分かれていたため，最高裁が統一的な司法判断を行ったのです**。

　4つのうち本書で取り上げる事件では，地裁（第1審），高裁（控訴審）

とも，国が勝っていました。しかし，上告審で逆転し，最高裁判決で，納税者が逆転して勝訴となった事案です。

文理解釈

こうして地裁・高裁の判決を覆した最高裁は，どのように判決をしたのかをみていきましょう。

最高裁判決は，まず，**所得税法施行令322条にいう「期間」とは何を意味するのか**という点について，「ある時点から他の時点までの時間的隔たりといった，時的連続性を持った概念であると解されている」といいました。そして，**国語辞典や広辞苑に書かれているような，日本語としての一般的な「期間」**の通常の意味を明らかにしました。

具体的には，「施行令322条にいう「当該支払金額の計算期間」も，当該支払金額の計算の基礎となった期間の初日から末日までという時間的連続性を持った概念であると解するのが自然であり，これと異なる解釈を採るべき根拠となる規定は見当たらない」と判示しました。

つまり，当該ホステスが実際に勤務した日数である，出勤日数に限られる，ということではなく，**期間という言葉（日本語）の一般的な意味，そしてこの言葉を使用している文理（文言から自然に読み取れる内容）**からすれば，初日から末日までの合計日数（この事件では15日間）を指すと考えるべきだといったのです。これが，最高裁判決です。

ここでみるべきことは「**税法解釈の方法**」です。生保年金二重課税事件（第2章）でも触れましたが，ホステス源泉徴収事件の最高裁判決では，「税法解釈の方法」が全面的に展開されています。それは，「**租税法規はみだりに規定の文言を離れて解釈すべきものではなく**」という箇所です。これは，税法の解釈は，原則としては**文理解釈**によって行われる

べきことを，意味しています（**最高裁平成22年判決**）。

つまり，税法の解釈は「文理解釈」によるべき，との大原則が，最高裁判決によって示された点に注目すべきことになります。そのうえで，「原審のような解釈を採ることは，（略）文言上困難である」という指摘がされています。税法解釈の原則的な方法（文理解釈）からすれば，「出勤日数に限られる」との国の主張（原判決の判断）を採用することは困難である，ということです。

▶ 趣旨解釈

ここで最高裁判決について，もう1つ読み取るべきポイントがあります。それは，このように，**税法解釈においては原則である文理解釈に徹すべきであるとしても，その条文の規定の趣旨，目的をも考慮した解釈がなされるべき場合はあり得る**，ということです。

このホステス源泉徴収事件の最高裁判決は，税法解釈における文理解釈の原則を明らかにしたものである，と評されることが多いです。しかし，同時に，この最高裁判決は，**「趣旨解釈」の手法も考慮**しようとしている点にも，注意が必要でしょう。

最高裁判決は，次のように，趣旨にも触れているからです。

◇ **ホステス源泉徴収事件上告審判決（最高裁平成22年3月2日第三小法廷判決・民集64巻2号420頁）**
　ホステス報酬に係る源泉徴収制度において基礎控除方式が採られた趣旨は，できる限り源泉所得税額に係る還付の手数を省くことにあったことが，立法担当者の説明等からうかがえるところであり，この点からみても，原審のような解釈は採用し難い。

このように，ホステス源泉徴収事件の最高裁判決は，条文の文言を自然に読むという（税法解釈の原則である）文理解釈を行うことで，いったん結論を導いたあとに，さらに念のために，趣旨，目的の観点からみても「その結論は正しい」ということをいっているのです。つまり，なぜ，源泉徴収する際に「計算期間日数×5000円」というかたちで基礎控除がされると定められていたのか，という所得税法施行令322条の規定が制定された立法趣旨をみても，文理解釈の結論が妥当である，ということです。ここは，ある意味，税法解釈の例外である「趣旨解釈」（**目的論的解釈**）をしています。

　文理解釈を採用した点のみが強調されるホステス源泉徴収事件ですが，趣旨解釈も行っている点についても，意識してみておくことが重要です。

▶ 立法趣旨と最高裁判決

　さて，この趣旨（所得税法施行令322条の基礎控除方式が採用された立法趣旨）についてみてみましょう。

　どのようなことかといいますと，結局，源泉徴収をしなければいけないといっても，「**暦年課税**」である所得税の問題です。最終的には，その年分の対象期間である1月1日から12月31日までに，当該ホステスが得た所得の金額を計算して，ホステスは確定申告をします。そこでは，基礎控除や扶養控除など各種の所得控除なども含めて，控除できるものは全て控除して計算された所得金額に対して，税率が適用されます。こうして，その年分について納付すべき税額が確定することになります。

　他方で，源泉徴収制度では，当該金員を支払う際に，いわば「前取り」でとってしまう（源泉所得税という所得税を徴収して納付させてしまう）ものです。そうすると，**もし，所得税法施行令322条に規定されて**

いるような基礎控除しないままに源泉徴収をしてしまうと，あとから，つまり，翌年の２月，３月になってから，源泉徴収で税額を多く納付していた（過大にとられていた）として，所得税の還付請求が，ホステスからたくさんなされる可能性があることになります。

　実際に，この所得税法施行令322条の改正経緯などをみても，ホステスからの還付請求が多い，という事情を踏まえて，基礎控除額が，徐々に引き上げられ１日あたり5000円になった，という経緯がありました。控除すべき１日あたりの金額が現行の5000円とされたのは，昭和50年度の税制改正ですが，この改正経緯をみると，ホステス等から還付の例が増加していることから採られた措置である，との説明も立法資料には書かれています。

　このあたりの詳細については，この最高裁判決の調査官解説に整理されています（鎌野真敬「判解」最高裁判所判例解説民事篇平成22年度122頁。詳細は，後述します）。

　このように，基礎控除方式が採られた趣旨は，還付の手数を省くために，ある程度ざっくりと，わかりやすいかたちで「計算期間の日数×5000円」というものを引く，というようにしたものなのです。

　こうした趣旨（立法趣旨）を考慮すれば，「出勤日数に限られる」という課税庁の見解（原判決の判断）は，やはり採用できないと，つまり，文理解釈という形式論だけでなく，趣旨解釈という実質論からみても妥当性はない，という結論が示されたのです。

▶ 高裁と地裁の判示

　以上が，最高裁判決（上告審）です。これとは異なる判断をしたのが，高裁判決（控訴審）と地裁判決（第１審）でした。

まず，控訴審である東京高裁判決をみると，文理解釈の点については，以下のように判示していました。

◇ **ホステス源泉徴収事件控訴審判決（東京高裁平成18年12月13日判決・税務訴訟資料256号順号10600）**
　法令の解釈に当たり，原則として文理解釈に徹すべきであるにせよ，法令の文言を変動するあらゆる社会事象に余すところなく対応させることなど立法技術上不可能であるから，<u>当該法令の趣旨・目的を十分に参酌した上で，その法令の文言の解釈を行うべきものであることは，一般の法令の解釈において基本的な遵守事項とされているのであり，このことは租税法令の解釈においても何ら異なるところはない。</u>

　この高裁判決の判示の「原則」部分は，「文理解釈に徹すべき」ということですから，いっけんすると問題はないようにもみえます。しかし，そのあとに，「当該法令の趣旨・目的を十分に参酌したうえで，その法令の文言の解釈を行うべき」とあり，一般の法令解釈の方法を，そのまま「租税法令の解釈においても何ら異なるところはない」としている点が注目されます。
　税法（租税法）は「侵害規範」である以上，法的安定性・予測可能性の要請が他の法令以上に強く，そうである以上，原則として規定の文言は文理解釈で明らかにされるべきと考えられています。それなのに，税法も一般の法令と同じだといっているからです。
　高裁判決の解釈方法は，税法以外の他の一般法令の解釈においては，たしかにそのとおりです。しかし，それと同じでよいといっている点で，侵害規範である税法の解釈に対する配慮がなされていません（無視されています）。ただし，最高裁も，さきほどみたように，趣旨目的の考慮

もしていました。

　そこで，このように税法解釈をする際に，当該規定の趣旨目的を考慮することについては，どのように考えるべきなのか，という問題が生じます。税法解釈における趣旨目的の考慮について，高裁判決では，次のように判示されていました。

> ◇ ホステス源泉徴収事件控訴審判決（東京高裁平成18年12月13日判決・税務訴訟資料256号順号10600）
> 　基礎控除方式が還付の手数を省く趣旨に出たものでは明らかであるが，それにとどまるものではなく，そうした過大な源泉徴収を回避する一方で，徴税に困難を伴うことが多いホステス等の所得に対する税収の確保を図るとともに，源泉徴収義務者に対しても申告等における煩雑さを避けるという納税の便宜にも配慮したものであることは，前記引用の原判決説示のとおりである。

　高裁（控訴審）は，このように，基礎控除方式の「趣旨」について，最高裁（上告審）とは違う角度からみていることがわかります。最高裁判決は，源泉徴収をし過ぎてしまうと，あとで還付請求がたくさんきてしまうことが面倒なので，計算期間について1日あたり5000円の一律の基礎控除方式を採用した，といっていました。しかし，高裁（控訴審）は，そのような趣旨はあるものの，それだけではない，といっていたのです。

　むしろ，それ以外の部分が大きい，ということでしょう。引用した高裁判決の判示をみると，「それにとどまるものではなく」よりあとの部分の趣旨の記述が長いですよね。これは，そのためです。やはりホステスが自ら進んできちんと確定申告をするのかというと，しない人が統計

上は多いといわれている業界です。そこで，報酬の支払の際に，会社（パブクラブなど）に源泉徴収義務を課すことで，所得税を取り損なうこと（徴収漏れ）がないようにする，という趣旨，つまり「**税収の確保**」ということにこそ，所得税法施行令322条の趣旨，目的があるのではないか，ということを，高裁判決は強調したのです。

では，計算期間の日数が，出勤日数（実際に勤務した日数）に限られる，という解釈が採用された原因は，どこにあるのでしょうか。この点については，地裁（第1審）でくわしく述べられています。同じ結論を採用した高裁（控訴審）では，地裁判決の判示を補充した程度になっています。地裁（第1審）の判決文は，以下のとおりです。

◇ **ホステス源泉徴収事件第1審判決（東京地裁平成18年3月23日判決・税務訴訟資料256号順号10351）**
　所得税法施行令322条の「当該支払金額の計算期間の日数」の意義についてみると，ホステス等の個人事業者の場合，その課税所得金額は，その年中の事業所得に係る総収入金額から必要経費を控除した金額（所得税法27条2項）であるから，源泉徴収においても，「同一人に対し1回に支払われる金額」から可能な限り実際の必要経費に近似する額を控除することが，ホステス報酬に係る源泉徴収制度における基礎控除方式の趣旨に合致するというべきである。

▶ **結論の不当性**

ポイントになるキーワードは，「可能な限り実際の必要経費に近似する額を控除する」（上記引用の傍点部分），という箇所です。つまり，基礎控除方式の趣旨は，必要経費を控除することにあるのだと考えると，「**計算期間の日数×5000円**」といっても，実際に働いてない日についてまで5000円をカウントしてよいのか（源泉徴収税額の計算の際に控除して

しまってよいのか），という疑問がたしかにでてきます。もし，出勤日数に限られないとすると，極端な話ですが（ホステスの仕事からするとありうる話でしょう），15日の計算期間で1日しか働いてない人がいたときに，そのホステスは，1日分の報酬しかもらってないのに，さきほど述べた「15日（計算期間の日数）×5000円＝7万5000円」という基礎控除額を控除できることになります。

　このような計算からすれば，このホステスさんの場合，1日の報酬が7万5000円を超えなければ，源泉徴収はされない（源泉所得税の額は0になる），という結論になります。この結論を不当と考えるのか，そうではないと考えるのか，このあたりが所得税法施行令322条という規定の趣旨のとらえ方によって変わってくる可能性があります。

　この結論を採用した最高裁判決をみても，こうした例における結論の不当性の問題（妥当といえるのかの問題）については，判示されていませんが，これと異なる判断をした高裁と地裁は，このあたりのことも判断の過程で，念頭に置いたものと思われます。

　1日5000円という基礎控除額は，必要経費そのものではありません。しかし，通常はホステスの勤務に伴い発生する1日あたりの必要経費を5000円として引いておこう，という規定だったと考えれば，実際に勤務してない日まで計算期間の日数に含めるべきでない，と考えることにも合理性があるでしょう。地裁（第1審）と高裁（控訴審）は，そのように考えたのです。

▶ **調査官解説による補足**

　ところが，最高裁の判例解説（調査官解説）などを読みますと（上述），この1日あたり5000円という金額がいつ決められたかというと，昭和42

年度税制改正の時には1日あたり2000円だったものが，昭和47年税制改正で3000円になり，昭和50年度税制改正で現行法と同じ5000円になった，という経緯がわかります。この5000円になった改正から現在に至るまで，約40年経っても，金額が全く変わっていない（改正されていない）ことになります。そうすると物価の上昇などを考えると，これは果たして勤務した日の必要経費の額として考えられていたのか，という疑問が出てくることになります。この視点は，調査官解説の立法経緯などの説明を読むと，わかります。

　やはり，**所得税法施行令322条の，本来の趣旨は，過大な徴収が起きることで生じる還付の手数を省略しよう，ということなんですね。**

　それともう1つは，調査官解説を読むと少額不追求，つまり少しくらいの額であればいちいち源泉徴収しなくてよいだろう，逆に異常に経費が嵩（かさ）むものもあるので，ということで，こうした控除額（基礎控除方式）を設けた，ということも書かれています。

　「調査官解説」は，その最高裁判決の下調べを担当した調査官（優秀な裁判官）が書いたものです。判決文には書かれていなくても，その思考の素材として検討された資料に含まれていたと考えられる記述が，そこにはあります（もちろん，調査官解説は「判例」ではありませんから，その記載をもって「先例」と考えることはできません。しかし，参考にはなる，ということです。もっといえば，地裁・高裁の裁判官は，先例となる最高裁判決を読むときに，調査官解説もあわせて読み，参考にしています）。

▶　文理解釈と立法趣旨

　そうすると，**最高裁判決は，いっけんすると，文理解釈を徹底して結論を出していますが，じつは立法趣旨（趣旨）もみている，**というのが

これまで述べてきたことにつながります。他方で，高裁（控訴審）と地裁（第1審）の判決は，いずれも所得税法施行令322条の立法趣旨のとらえ方が，最高裁判決と違う，ということもわかります。

繰り返しにはなりますが，高裁，地裁の各判決は，税法は侵害規範であるため，文理解釈が大原則である，という税法の特殊性を少し忘れている（あるいは理解していない）部分があるといわざるを得ません。さきほど述べたように，他の法令の解釈と同じように，趣旨をみて解釈するのは当然だろう，という発想がみてとれるからです。

これに対して，税法解釈の原則にのっとり，文理を重視した解釈をすれば，「計算期間の日数」とあるだけで，「出勤日数に限る」とはどこにも書かれていないのですから，当然ながら最高裁判決のような結論になります。まず，こうした税法解釈の方法についてのとらえ方について，いっけんすると微妙ですが，実際には大きな違いがあったのだといえるでしょう。

趣旨目的からの解釈（趣旨解釈，目的論的解釈）は，生保年金二重課税事件（第2章）でも少し触れました。くわしく述べると，税法解釈では，原則は文理解釈ですので，あくまで，条文の文言（文理）をみても読み取ることができない場合（文言からはその条文の内容が不明瞭な場合）に限って許される，との考え方が一般的です。**「原則：文理解釈」**であり，**「例外：趣旨解釈」**なのです。ホステス源泉徴収事件の最高裁判決は，高裁や地裁と異なり，この税法解釈の一般的な考え方に忠実な解釈を行ったことで，高い評価がなされています。

▶ 文理解釈が原則

では，それにもかかわらず，なぜ，最高裁は，趣旨目的を考慮した解

釈も行ったのでしょうか。そのあたりのことも，調査官解説の説明に書かれています。

最高裁判決は，文理解釈をすれば「計算期間」というのは，計算期間の全日数であることが明らかである，といっているのですが，それでも趣旨を考慮しています。さきほどの「原則：文理解釈」「例外：趣旨解釈」の考え方からすると，この事件では**「原則」**で解決し，**「例外」**（不明瞭な場合）には，そもそも入らないはずなのですが。

この点について調査官解説には，次のような説明があります。ここは，とても重要です。

◇ **鎌野真敬・「判解」『最高裁判所判例解説民事篇平成22年度（上）』（法曹会）136－137頁**
　……租税法の解釈は，原則として文理解釈によるべきであるが，文理解釈によって規定の意味内容を明らかにすることが困難な場合には，当該規定の趣旨目的に照らしてこれを明らかにする必要がある（金子・前掲106頁参照）。（略）
　……「期間の日数」とは，特に限定がない場合，ある時点から他の時点までの時間的隔たりに含まれる日数のすべてを含むと解するのが通常であると考えられ，文言の字句の意味のみから，計算期間の全日数を指すのか出勤日数を指すのかが不明であるとはいい難い。
　そうすると，施行令322条の「当該支払金額の計算期間の日数」の解釈については，規定の趣旨目的を検討するまでもなく，文理解釈により，当該支払金額の計算期間の全日数を指すという解釈が導かれることになる。
　……文理解釈により規定の意味内容を明らかにすることが可能であっても，その帰結が明らかに不合理である場合には，規定の趣旨目的に照らして合理的な解釈を導き出すことが可能かどうかを検討すべきであるとする見解もあり得ないではない。そこで，基礎控除制度の趣旨目的に照らして上記の文理解釈が明らかに不合理なものか否かについて検討する

こととする。

　このように，最高裁（上告審）は，原則である文理解釈によって結論を導いています。また，税法解釈の方法として，一般的な考え方（**文理解釈が原則，趣旨解釈は例外**）を採用しています。そこで，本来は，これ以上に趣旨を考慮する必要はないはずです。それでも，「文理解釈により規定の意味内容を明らかにすることが可能であっても，その帰結が明らかに不合理である場合には，規定の趣旨目的に照らして合理的な解釈を導き出すことが可能かどうかを検討すべきであるとする見解」もあり得なくはないため，このような見解のもとでの検討も，念のため行った，ということですね。つまり，だめ押し的に趣旨もみて，やはり文理解釈による結論が正しいということです。
　ホステス源泉徴収事件で，裁判所により結論が二分したのは，「税法解釈をどのように行うべきか？」というところです。
　税法解釈は，文理解釈が原則であることが示された最高裁判決であることを，まずはおさえることが重要です。それだけでなく，税法において，**趣旨解釈は，いかなる場合に行われることになるのか**，という点についても，調査官解説をあわせ読むと深い理解が得られる，重要な最高裁判決です。

column 3：強度な文理解釈

　ホステス源泉徴収事件の最高裁は，文理解釈を強調した。しかし，解釈の対象は「法律」ではなかった。所得税法施行令322条は，内閣が制定した「政令」だからである。よく読むと判決も，「租税法」（税法）といわず，「租税法規」という言葉を用いている。

　であれば，「法規」には政令が含まれると読める。では，通達はどうか。国税庁長官が課税庁内部の税務署職員に命じた行政解釈に過ぎない通達は，「租税法規」に含まれないと考えるのが妥当であろう。この点は，のちにタキゲン事件（最高裁令和2年判決）で議論されることになる（第17章参照）。

　文理解釈の原則は，固定資産税の納税義務者を類推適用で認めた高裁を覆した，最高裁平成27年判決に受け継がれる。「租税法律主義の原則に照らすと，租税法規はみだりに規定の文言を離れて解釈すべきものではない」と，文理解釈の根拠に租税法律主義が加えられている（最判平成27年7月17日判タ1418号86頁）。

　以前は，「規定の趣旨や……税法の中での位置付け……結果の公平性及び相当性等の実質的な検討をし……租税法規が備えるべき客観性……予測可能性や法的安定性を損なわない解釈」をするものもあったから（大阪地判平成20年7月24日判タ1295号216頁），最高裁平成22年判決は重要な指針を示したといえる。源泉徴収義務の規定という特性もあった。支払と同時に税額が確定するため，一義的に読み取れることが前提とされる源泉所得税の課税要件は，通常の税法規定より強度な文理解釈が求められる（木山泰嗣『国税通則法の読み方』〔弘文堂，2022年〕118頁参照）。こうした意味を読み取ることも可能な判決になっている。

第4章
遡及立法事件
税法規定が違憲になる場合はあるのか？

本章で学ぶポイント

　本章では「法体系の基礎」について，とくに憲法と法律との関係を学びます。憲法は「最高法規」であり（憲法98条1項），憲法に違反する法令があれば「違憲」となり，「無効」と判断される，とされているからです。法令が違憲かどうかを判定することができるのは，司法権を行使する裁判所であり，最終的な判断を行うのは最高裁判所（最高裁）です（憲法81条）。

　遡及立法事件では，不動産の譲渡によって譲渡損失が生じた場合に，他の所得から損益通算をすることを禁止する法改正がなされたところ，この改正法の施行日（平成16年4月1日）より前の取引（平成16年1月1日以降の取引）に遡って適用したことから，これが憲法84条（租税法律主義）の一内容である「遡及立法禁止の原則」に違反するのではないか（違憲ではないか）が争われました。その意味で，前提の知識としては，憲法と法律（法令）との関係を確認できます。

　また，この裁判では，こうした施行日よりも前の取引に遡る改正法の適用について，遡及立法（遡及適用）にあたると考える裁判所と，遡及立法にはあたらないと考える裁判所に分かれました。さらに，あたると考える裁判所でも，違憲と判断したものと，合憲と判断したものに分かれました。そして，前提として考えたときに，憲法39条（事後法の禁止）のように明文規定がない税法における「遡及立法禁止の原則」（租税法規不遡及の原則）が，そもそも憲法84条の内容として認められるのか，そうではないのか，という問題も出てきます。

　このように，本章で取り上げる遡及立法事件は，裁判所によって論点に対するとらえ方が異なった事案です。憲法論ではありますが，法解釈（憲法も「法」の1つです）の方法について，1つの事案でも，さまざまなアプローチが行われ得ることを，学ぶことができます。また，上述のような裁判所の判断における微妙なとらえ方の違いを読み取るためには，判決文を丁寧に注意深く読むことが求められます。判決文を正確に読むトレーニングにもなる素材です。

- 最 高 裁　平成23年9月30日第二小法廷判決・集民237号519頁
- 東京高裁　平成21年3月11日判決・訟務月報56巻2号176頁
- 東京地裁　平成20年2月14日判決・判例タイムズ1301号210頁

本章のキーワード：最高法規

　憲法98条1項には，憲法が最高法規であると規定されています。「この憲法は，国の最高法規であって，その条規に反する法律，命令，詔勅及び国務に関するその他の行為の全部又は一部は，その効力を有しない。」つまり，選挙で選ばれた国会議員が審議して議決をすることで成立する「法律」であっても，行政庁が下す「命令」であっても（具体的には内閣による「政令」，各大臣による「施行令」，各省による「施行規則」など），その内容が「日本国憲法」の規定に違反する場合には，効力をもたないということです。

▶ 概 要

　遡及立法事件は，憲法論が問題（直接の争点）になった事件です。本書でとりあげる税務訴訟判決のなかでは，唯一，**法令の規定自体が租税法律主義（憲法84条）に違反するか否かという，立法の合憲性（税法規定が違憲か合憲かの問題）**が争点になった事件です。

　そもそも，租税立法については，**大嶋訴訟の最高裁昭和60年大法廷判決（最高裁昭和60年3月27日大法廷判決・民集39巻2号247頁）**があり，その合憲性は緩やかに判定されるべきとの先例があるため，違憲判決を勝ち取ることは困難です。現に，そのような法令違憲の最高裁判決が，租税立法で下された例はありません。

　この事件も，結論は合憲となっています。もっとも，後述するように，同種事件の下級審では違憲との判断もあったので，その意味で，裁判所の判断が分かれた事件ということができます（この事件の裁判所の判断は，地裁〔第1審〕から最高裁〔上告審〕までいずれも合憲でしたが，同種事件では違憲判決があった，ということです）。

　具体的にどういう裁判だったのかといいますと，土地や建物（不動産）を売却したことで損失がでた場合，所得税法69条1項の規定によれば，他の所得との間で損益通算ができるとされています。これをさらに具体化し，特例として定めているのが，租税特別措置法31条の規定でした。この規定の改正が平成16年に行われ，長期譲渡所得について，土地と建物を譲渡した際に損失が出たとしても，この改正法が施行されれば，損益通算はできなくなる，との法改正が行われたのです。

　損益通算は，その所得に生じた赤字を，他の所得の黒字から差引きできる制度です。トータルでの所得を圧縮できる制度ですから，納税者にとってたいへん有利な規定です。これが改正法が施行されると使えなく

なってしまう。ということは、納税者にとって不利益となる内容の法改正があったことになります。ところが、この改正法（正確には附則です）は、平成16年の4月1日から施行されたにもかかわらず、それより3か月前の平成16年1月1日以後の取引に適用される、ということになったのです。

これは納税者からすれば、一般的に法律というのは、施行したあとの取引に適用されるものであるはずなのに、施行日より過去の取引に遡って（しかも納税者にとって不利益な内容の改正法が）適用されることを意味します。そこで、これは「遡及立法禁止の原則」に反するのではないか、という裁判（税務訴訟）が提起さたのです。

この「遡及立法禁止の原則」については、憲法や法律に直接の明文規定があるものではなく、ほかにも「租税法規不遡及の原則」など、さまざまな呼び方があります。いずれにしても、**納税者に不利益な改正法を、過去に遡って適用してはいけない、という不文の（明文はないものの）大原則があると考えられているはずです。それなのに遡るなんて、この原則に違反しているのではないか、という主張**です。

裁判である以上、法的な主張には根拠が必要です。そこで、納税者（原告・控訴人・上告人）は、①**憲法84条（租税法律主義）の内容として、「遡及立法禁止の原則」があること**、②本件はこの原則に違反するものであること（つまり、憲法84条違反であることを指摘し）、③そうであれば（違憲であるため）当該法令は無効になる、と主張したのです。

第4章 遡及立法事件

▶ **最高裁判決の前提**

最高裁は、憲法には違反しない（合憲である）、という判断を下しました。この最高裁判決は、読み取り方がやや難しいというか、わかりにく

いところがあります（最高裁平成23年判決）。正確に読むことが求められる判決ですので，これからじっくりみていきましょう。

最高裁は，どのようにいったのでしょうか。以下の判示は，前提を示したものなのですが，この出発点（前提）がとても重要になります。

◇ 遡及立法事件上告審判決（最高裁平成23年9月30日第二小法廷判決・集民237号519頁）
　　所得税の納税義務は暦年の終了時に成立するものであり（国税通則法15条2項1号），措置法31条の改正等を内容とする法改正が施行された平成16年4月1日の時点においては同年分の所得税の納税義務はいまだ成立していないから，<u>本件損益通算廃止に係る上記改正後の同条の規定を同年1月1日から同年3月31日までの間にされた長期譲渡に適用しても，所得税の納税義務自体が事後的に変更されることにはならない。</u>

下線部分に注目すると，「本件損益通算廃止に係る上記改正後の同条の規定を同年1月1日から同年3月31日までの間にされた長期譲渡に適用しても，所得税の納税義務自体が事後的に変更されることにはならない」とあります。**最高裁判決は，本件はそもそも遡及立法ではない**，といっているのです。遡及立法は，「事後法」といわれることもあります。判決文は，この点を意識して「事後的」な「変更」ではない，といっているものと思われます。

▶「そもそも遡及立法ではない」

この部分が，この事件をみるときのポイントになります。遡及立法だけど合憲としたのではなく，そもそも遡及立法ではない，というのが最高裁判決のとらえ方なのです（ただし，後述するように，同種事件の地裁

判決には遡及立法であり違憲とした判決がありますし，遡及立法だけど合憲と判断したと考えられる本件の下級審判決もあります）。

たしかに，所得税は**暦年課税**です。上記判示にもありましたように，1月1日から12月31日までという，1年間で，1つの年分，たとえば，平成16年分なら，平成16年1月1日から同年12月31日までで，その年分の所得を計算して税額を算出するということになっています。より正確にいえば，所得税の納税義務は，「**暦年の終了の時**」（その年の12月31日）に成立するとされている，ということです（国税通則法15条2項1号）。

損益通算を適用するのは，その年分の所得の金額が明らかになってからです。この事例では，そこで譲渡所得の金額にマイナスがでていた（譲渡損失が生じていた）となった場合に初めて，その年分の他の黒字の所得の金額から引くことができる，ということです。

そうすると，その年の12月31日を経過してみないことには，計算ができないことになります。取引そのものは，たしかに改正法が施行されるよりも前に行われていたため，そこだけを取り上げると遡っている（**遡及立法，事後法**）ように思えます。しかし，損益通算を適用できることになるかどうかは，実際には，その取引をした時点ではわからない（さまざまな可能性は残されていますので），といわざるを得ません。

そこで，最高裁は，上記判示にあるように，所得税の納税義務自体が事後的に変更されることにはならない（事後法ではない＝遡及立法ではない）と，あっさりと冒頭で述べました。繰り返しになりますが，**要するに，この事件は，そもそも遡及立法がなされた事案ではない**，と最高裁は考えたのです。

► **最高裁のロジック**

　遡及立法事件という事件名にしていますが，そもそも，最高裁は「この事案は遡及立法ではない」という前提からスタートしています。ここが，やや読み取りにくいのですね。これが，この判決の特徴だと思います。逆に，読みごたえがあるともいえます。

　こうして遡及立法ではないとなると，遡及立法禁止の原則に違反するかという問題に入る必要も，なくなります。そもそも遡及立法ではないのですから。それでも，最高裁（上告審）が憲法問題としてその内容を判決で判断したのは，なぜなのでしょうか。

　ここで登場するロジックもまた，理解が難しいかもしれませんが，次のような判示がなされています。

> ◇ **遡及立法事件上告審判決（最高裁平成23年9月30日第二小法廷判決・集民237号519頁）**
> 　憲法84条は，課税要件及び租税の賦課徴収の手続が法律で明確に定められるべきことを規定するものであるが，これにより課税関係における法的安定が保たれるべき趣旨を含むものと解するのが相当である（略）。

　最高裁（上告審）は，このように，「課税関係における法的安定が保たれるべき趣旨」が，憲法84条（租税法律主義）に含まれている，という解釈をしたのです。ここは注意深く読まないと素通りしてしまうおそれがあります。注意喚起をしておきますと，繰り返しになりますが，上記判示（前提部分）で，そもそも本件は遡及立法ではないといった最高裁が，それにもかかわらずこの判決で何を検討するのでしょうか。

　それは，憲法84条が定めている遡及立法禁止の原則に違反するかどう

かではなく，憲法84条に含まれている**「課税関係における法的安定が保たれるべき趣旨」**に反しないかどうか，これを検討しますよ，といっているのです。

このように，最高裁（上告審）では，遡及立法の議論が正面から取り上げられたのではなく，論点をずらすかたちで検討がなされた，ということができます。

▶ 「趣旨」に反するかどうか

しかも，これはあくまで84条の「趣旨」です。「趣旨」といわれた時点で，すでに弱いものになっている，ということもできます。84条そのものに違反するかではありません。あくまで，趣旨に反するかどうかの検討，ということです。

また，「法的安定が保たれるべき趣旨」というのも，どの程度の安定感まで求められるのか，どの程度の一線を超えると違憲（憲法違反）になるのか，ということが定かではありません。この点について，最高裁（上告審）は，次のような規範を立てました。

◇ **遡及立法事件上告審判決（最高裁平成23年9月30日第二小法廷判決・集民237号519頁）**
……暦年途中で施行された改正法による本件損益通算廃止に係る改正後措置法の規定の歴年当初からの適用を定めた本件改正附則が憲法84条の趣旨に反するか否かについては，<u>上記の諸事情を総合的に勘案した上で</u>，このような暦年途中の租税法規の変更及びその暦年当初からの適用による課税関係における法的安定への影響が納税者の租税法規上の地位に対する合理的な制約として容認されるべきものであるかどうかという観点から判断するのが相当と解すべきである。

下線を引いた「上記の諸事情」というのは，以下の判示です。さきほど引用した判決文の続きになっていますので，すでに引用をした部分も含めて，以下，引用します。

> ◇ **遡及立法事件上告審判決（最高裁平成23年９月30日第二小法廷判決・集民237号519頁）**
> 　憲法84条は，課税要件及び租税の賦課徴収の手続が法律で明確に定められるべきことを規定するものであるが，これにより課税関係における法的安定が保たれるべき趣旨を含むものと解するのが相当である（最高裁平成12年（行ツ）第62号，同年（行ヒ）第66号同18年３月１日大法廷判決・民集60巻２号587頁参照）。そして，<u>法律で一旦定められた財産権の内容が事後の法律により変更されることによって法的安定に影響が及び得る場合，当該変更の憲法適合性については，当該財産権の性質，その内容を変更する程度及びこれを変更することによって保護される公益の性質などの諸事情を総合的に勘案し，その変更が当該財産権に対する合理的な制約として容認されるべきものであるかどうかによって判断すべきものであるところ</u>（最高裁昭和48年（行ツ）第24号同53年７月12日大法廷判決・民集32巻５号946頁参照），上記（１）のような<u>暦年途中の租税法規の変更及びその暦年当初からの適用によって納税者の租税法規上の地位が変更され，課税関係における法的安定に影響が及び得る場合においても，これと同様に解すべきものである</u>。なぜなら，このように暦年途中に租税法規が変更されその暦年当初から遡って適用された場合，これを通じて経済活動等に与える影響は，当該変更の具体的な対象，内容，程度等によって様々に異なり得るものであるところ，これは最終的には国民の財産上の利害に帰着するものであって，このような変更後の租税法規の暦年当初からの適用の合理性は上記の諸事情を総合的に勘案して判断されるべきものであるという点において，財産権の内容を事後の法律により変更する場合と同様というべきだからである。

　少し長いですが，要するに，**「合理性」**があるかどうか，という点を

さまざまな事情を勘案して判定しますよ，ということです。そして「合理的な制約として容認される」ものであるとなったときには，それは納税者において甘受してください（憲法違反にはなりません），ということです。

▶ 最高裁の結論

最高裁判決は，このような方法でこの事案を検討したうえで，結論としては，次のようにいっています。

◇ **遡及立法事件上告審判決（最高裁平成23年9月30日第二小法廷判決・集民237号519頁）**
　本件改正附則が，本件損益通算廃止に係る改正後措置法の規定を平成16年1月1日以後にされた長期譲渡に適用するものとしたことは，課税関係における法的安定に影響を及ぼし得るものではあるが，上記のような納税者の租税法規上の地位に対する合理的な制約として容認されるべきものと解するのが相当である。したがって，本件改正附則が，憲法84条の趣旨に反するものということはできない。

合理性はあるので，容認すべきものだということですね。ここで結論を確認すると，憲法84条に反しない，といったのではありません。「憲法84条の趣旨に反するもの」ではない，と判示されています。これは，上述したとおり，遡及立法禁止の原則という憲法84条の規定（内容）に反するかどうかという問題ではなく，最高裁が，そもそも本件は遡及立法（事後法）ではない，という判断をしたため，**「課税関係における法的安定が保たれるべき趣旨」**に反するかどうかの検討がなされたことの帰結です。

こうした細かい部分も，判決文には正確に記載されますので，よく読むことが大切です。よく読むこと（注意深く読むこと）は，リーガルマインドで判例を読み解くために，とても大事なことです。

「趣旨」という憲法の規定そのものよりも，弱い要請（といわざるを得ないもの）との抵触が問題とされました。そのため，結論としても，施行日前の取引に改正法を適用したのは事実であるが，それでも違憲にはならない，という判断になったのです。

この最高裁の判断が正しかったのかどうかは別として，**「税務判例の読み方」**としては，最高裁が，どのようなロジックで，どのような問題を，どのように処理したのかを，正確にとらえることが重要です。

遡及立法事件の争点は**憲法論**（違憲か合憲かという問題）でしたが，税法の解釈でも，判決文を正確に読み取ることは，とても重要です。判決文に書かれている文章をよく読んで，言葉の使い方にも細心の注意を払って読むのです。そして，憲法84条そのものをいっているのではなく，あくまで憲法84条の「趣旨」のことをいっているのだなと，そういうところを注意深く読み込む必要がある判決です。本書の読者にとっては，そのような注意深く読むべき判決文の読み方を学ぶ場としてトレーニングの素材になる，ということができます。

▶ 高裁の判示

以上が最高裁判決ですが，この事件では下級審でも，つまり，高裁（控訴審），地裁（第1審），ともに，結論は最高裁と同じで，憲法に違反しない，合憲である，という判断でした。

この点について，高裁判決（控訴審）をポイントだけみてみると，基本的には，最高裁と同じような考え方ではあります。次の判示をみてく

ださい。

> ◇ **遡及立法事件控訴審判決（東京高裁平成21年3月11日判決・訟務月報56巻2号176頁）**
> ……本件のように，所得税に関する法規が暦年の途中に改正され，これがその年分の所得税について適用される場合，暦年の最初から改正法の施行までの間に行われた個々の取引のみについてみれば，改正法が遡及して適用されることになるとしても，所得税の納税義務が成立する暦年の終了時においては改正法が既に施行されているのであるから，改正法が遡及して適用され納税義務の変更をもたらすものであるということはできないというべきであり，本件改正附則は，厳密な意味では遡及立法であるということはできない。

　最高裁（上告審）は，事後的な変更ではない（遡及立法ではない），ということをいっていましたが，これは意味としては，遡及立法（事後法）ではないと断言したものといえるでしょう。これに対して，高裁（控訴審）は，「**厳密な意味では遡及立法であるということはできない**」と判示し（傍点部分），少し曖昧にはしていますが，やはり問題のとらえ方としては，最高裁と似たような着眼点を持っていたことがわかります。

　そして結局，高裁判決は，論点としては，「本件のように暦年当初への遡及適用によって納税者に不利益を与える場合には，憲法84条の趣旨からして，暦年当初への遡及適用について合理的な理由のあることが必要である」という規範を立て，合理性があるかどうかということをみていきました。「**遡及適用**」という言葉はでてきていますから，高裁（控訴審）は，厳密な意義では遡及立法ではないといいつつも，遡及適用であることは前提にして話を進めています。

　このようにみると，最高裁（上告審）と高裁（控訴審）は，結論は同

じであるものの，アプローチの仕方をみると，似てはいるけれど，少し違うのかな，というところでしょう（細かなニュアンスの違いを読み取ることも，リーガルマインドで判例を読み解くためには必要です）。

▶ 地裁の判示

　これに対して，地裁（第1審）は，高裁（控訴審）や最高裁（上告審）より，もう少し遡及立法について突っ込んだ考え方を取っています。結論は合憲で同じですが，地裁判決には，次のような判示があります。これまでの議論を踏まえて読むと，理解しやすいと思います。

> ◇ 遡及立法事件第1審判決（東京地裁平成20年2月14日判決・判例タイムズ1301号210頁）
> 　確かに，行政法規をその公布の前に終結した過去の事実に適用することは，一般国民の生活における予測を裏切り，法的安定性を害するものであることを否定することができず，これをむやみに行うことは許されないというべきである。このことは，国民の納税義務を定め，これにより国民の財産権への侵害を根拠付ける法規である租税法規の場合にはより一層妥当するものである。したがって，<u>租税法規を遡及して適用することは，それが納税者に利益をもたらす場合は格別，過去の事実や取引を課税要件とする新たな租税を創設し，あるいは過去の事実や取引から生ずる納税義務の内容を納税者の不利益に変更するなど，それによって納税者が不利益を被る場合，現在の法規に従って課税が行われるとの一般国民の信頼を裏切り，その経済生活における予測可能性や法的安定性を損なうものとして，憲法84条，30条から導かれる租税法律主義に反し，違憲となることがあるものと解される。</u>

　一般論としてではありますが，憲法84条と納税の義務を定めた30条，この2つが租税法律主義を規定していることを指摘したうえで，遡及立

法する場合は，これ（**租税法律主義**）に違反する（違憲になる）場合がありますよ，ということをいっています。地裁判決は，この意味で，一般論ではありますが，最高裁（上告審）や高裁（控訴審）よりも踏み込んだ判断をしているといえます。

▶ 刑事事件における遡及立法禁止，事後法の禁止と租税法

ところが，その後になると，次のようにいうのです。

◇ **遡及立法事件第１審判決（東京地裁平成20年２月14日判決・判例タイムズ1301号210頁）**
しかし，遡及処罰を禁止している憲法39条とは異なり，同法84条，30条は，租税法規を遡及して適用することを明示的に禁止するものではないから，納税者に不利益な租税法規の遡及適用が一律に租税法律主義に反して違憲となるものと解することはできない。

ここでは「租税法規の遡及適用」が，租税法律主義（憲法84条，30条）に違反する可能性があることについて指摘がされています。しかし他方で，「納税者に不利益な租税法規の遡及適用が一律に租税法律主義に反して違憲となるものと解することはできない」ともいっているので，仮に租税法規の遡及適用（遡及立法）がなされたとしても，違憲ではない場合もある，ということです。

そして，このあとに，本章の冒頭で挙げた大島訴訟の最高裁判決を引用してから，次のような判示がされています。

◇ 遡及立法事件第1審判決（東京地裁平成20年2月14日判決・判例タイムズ1301号210頁）
「租税は，今日では，国家の財政需要を充足するという本来の機能に加え，所得の再分配，資源の適正配分，景気の調整等の諸機能をも有しており，国民の課税負担を定めるについて，財政・経済・社会政策等の国政全般からの総合的な政策判断を必要とするばかりでなく，課税要件等を定めるについて，極めて専門技術的な判断を必要とすることも明らかである」（最高裁昭和60年3月27日大法廷判決・民集39巻2号247頁）。したがって，課税要件等に限らず，租税法規を納税者に不利益に遡及適用することについても，上記の諸般の事情の下，その合理的な必要性が認められるときは，租税法律主義に反しないものとして許容される余地があるものと解される。そして，この場合，納税者に不利益な遡及適用が租税法律主義に反しないものといえるかどうかは，その遡及適用によって不利益に変更される納税者の納税義務の性質，その内容を不利益に変更する程度，及びこれを変更することによって保護される公益の性質などを総合的に勘案し，その変更が合理的なものとして容認されるべきものであるかどうかによって判断すべきである（財産権の遡及的制約に関する最高裁昭和53年7月12日大法廷判決・民集32巻5号946頁参照）。

以上の地裁判決のロジックを説明すると，次のようになります。まず，**憲法39条前段には，刑事事件については遡及立法の禁止，事後法の禁止が，明確に規定されています。**

◆ 日本国憲法39条
第39条　何人も，実行の時に適法であつた行為又は既に無罪とされた行為については，刑事上の責任を問はれない。又，同一の犯罪について，重ねて刑事上の責任を問はれない。

これは，行為時においては犯罪ではなかったものが，事後に改正され

て犯罪になった場合に、それを有罪とすることはできないということで、明文で規定されています（**事後法の禁止**）。

刑法では、刑罰の種類として死刑もあります。国家権力により人の生命すら奪われることがある法律が刑法ですから、憲法も、刑法については事後法の禁止を明文で定めているのです。これは行為の時に無罪、つまり行為の時に犯罪ではないとされたものが、行為後に犯罪とされた場合でも、その改正法を（行為時には）犯罪ではなかった行為に適用することは許されない、ということです。

しかし、地裁判決の判示にあったように、**税法については、このような明文規定はないのです**。そのため、**租税法律主義を定めた憲法84条の内容として、遡及立法の禁止あるいは租税法規不遡及の原則というものがあるのかどうかというのは、解釈論として問題になってきます。**

最高裁は、この問題については、上述のとおり、そもそも遡及立法禁止とはとらえないので、この点については何も判断をしていません。地裁（第1審）も、少しは判断していますが、仮に遡及立法だとしても、一律に租税法律主義に反するわけではない、ということをいっていましたよね。

▶ 遡及立法禁止の原則と違憲判断

このように、議論の出発点としては、そもそも税法については、遡及立法禁止の原則というものは、憲法上の要請なのかということがまず問題になるはずです。もっとも、憲法39条前段（刑法における事後法の禁止）のように明文規定がないため、**「解釈論」**になるというのが1つめの問題です。

そして、本件がそもそも遡及立法なのか、暦年途中における変更なの

第4章 遡及立法事件

89

で，そもそも遡及立法にはあたらないのではないか，という2つめの問題があります。この2つの問題があるということは，結論を合憲にしたいと考えた場合，この2つの問題を上手に理論的に説明することで憲法違反とはいえない，というロジックを構築することはできます。

地裁判決は結論としては合憲としていますが，注目すべき点もあります。それは，以下の判示です。

> ◇ **遡及立法事件第1審判決（東京地裁平成20年2月14日判決・判例タイムズ1301号210頁）**
> 改正措置法31条1項後段の規定の適用時期を平成16年1月1日以後としたことに何ら合理性がないものであれば，本件改正附則27条1項が租税法律主義に違反し，違憲となる余地があるといわざるを得ない。

「余地」ではありますが，「合理性」がなければ本件の措置は「違憲」になる可能性があることは認めているのです。しかし，3か月遡ったことについて，「何ら合理性がない」というような事態は，立法として成立している以上，ふつうはまずないでしょう。そのような合理性が何も論証できないような事態になるほど，立法技術は杜撰ではないからです（その程度の手当はしているはずだからです）。

この事案については，同種事件がありました。別の納税者の事件ですが，内容は同じ問題で，この**同種事件の第1審**（福岡地裁平成20年1月29日判決・判例タイムズ1262号172頁）**では，違憲との判断が下されました。**そのアプローチは，どのようなものであったのでしょうか。これをみると，さきほどの本件における3つの裁判所のとらえ方と違うアプローチもあることが理解できるのではないかと思います。

どういうことでしょうか。福岡地裁判決は，次のように，遡及立法禁

止の原則というものが憲法84条の内容として含まれているということを明確にいっているのです。

◇ 福岡地裁平成20年1月29日判決・判例タイムズ1262号172頁
租税法規不遡及の原則について，憲法上明文の規定はないものの，憲法84条の規定している租税法律主義は，国民に不利益を及ぼす租税法規の遡及適用を禁じていると解すべきである。なぜならば，租税法律主義は，国民の経済生活に法的安定性，予測可能性を保障することをその重要な機能とするものであるところ，国民に不利益を及ぼす遡及立法が許されるとするとこの機能が害されるからである。

本件の裁判所にはみられなかった判断がなされていますね。ただし，福岡地裁判決も，その後には次のような判示をしています。

◇ 福岡地裁平成平成20年1月29日判決・判例タイムズ1262号172頁
もっとも租税法規については，刑罰法規とは異なり，憲法上遡及適用を禁じる旨の明文の規定はないほか（憲法39条前段参照），適時適切な景気調整等の役割も期待されることにかんがみると，租税法規不遡及の原則は絶対的なものではなくて，租税の性質，遡及適用の必要性や合理性，国民に与える不利益の程度やこれに対する救済措置の内容，当該法改正についての国民への周知状況等を総合勘案し，遡及立法をしても国民の経済生活の法的安定性又は予測可能性を害しない場合には，例外的に，租税法規不遡及の原則に違反せず，個々の国民に不利益を及ぼす遡及適用を行うことも，憲法上許容されると解するのが相当である。

▶ 違憲判決

このように，福岡地裁判決は，さまざまなファクター，要素を入れているわけですが，これまでみた本件の判決よりは厳しくみていこうとい

う姿勢はみえます。福岡地裁判決は、さらに「遡及適用とは、新たに制定された法規を施行前の時点に遡って過去の行為に適用することをいうと解すべきである。」として、遡及適用の定義も明確にしています。そのうえで、「施行前である同年1月1日から同年3月31日までの建物等の譲渡について適用するのであるから、遡及適用に該当するというべきである。」と判示し、遡及適用にあたることを認定しています。

これまでみてきた本件各判決とは、明確に違うところです。そして、いまみた要素を検討したうえで、福岡地裁判決は、結論として「違憲である」といいました。

◇ **福岡地裁平成平成20年1月29日判決・判例タイムズ1262号172頁**
> <u>本件改正は、上記特例措置の適用はなく、損益通算の適用を受けられなくなった原告に適用される限りにおいて、租税法規不遡及の原則（憲法84条）に違反し、違憲無効というべきである。</u>

めったにみることができない「**違憲判決**」ですね。もっとも、この福岡地裁判決は、高裁（控訴審）で取り消されましたので（福岡高裁平成20年10月21日判決・判例時報2035号20頁）、確定判決ではありません。

まとめに入りますが、同じ事案でありながら、4つの裁判所のどの判決も、微妙にアプローチの仕方が違うものでした。税法の解釈適用ではなく、憲法論（租税立法の合憲性）が問題になった事件ですが、**憲法も含め法解釈というのは、みる人（判断する裁判官）によって、とらえ方が変わるものなのです。**

これから判決文を読むときに、いままで以上にこうした言葉の微細な違いも含めて、正確に読み取ることを心がけましょう。

column 4：租税立法の合憲性

　立法裁量という言葉がある。憲法の教科書によく出てくる用語である。最近では，その立法も「憲法に違反している」と判断され，無効になってしまうことが増えてきた。いわゆる違憲判決である。

　租税立法で，最高裁が違憲無効であると判断した例はないが，大嶋訴訟（サラリーマン税金訴訟）では，法廷意見の合憲判断とは別に，「もし実際に支出した必要経費を控除できない人がいたとすれば，それは適用違憲になる」といった補足意見も示されていた（最大判昭和60年3月27日民集39巻2号247頁）。

　この問題は，国会が動き立法措置がとられた。特定支出控除の創設である。給与所得者も一定の要件を満たし手続をとれば，実額での控除を認める。こうした制度ができたのは，結論的には国会の立法裁量が尊重され「合憲」と判断されたものの，さまざまな問題を指摘する裁判官個人の意見のあった。これが大きかったと思われる。

　大嶋訴訟で採用されたのは，合理性の基準である。立法目的に正当性があり，これを達成するための手段として定められた立法措置が著しく不合理であることが明白である場合に限り，司法はこれに「NO」をつきつける。逆にいえば，租税立法の専門技術性も考慮し，また租税法律主義も重視し，主権者である国民の代表者が国会で「改正」の有無や内容も含めて決めるべき事柄に，裁判所は原則入り込まない（無効などとはいわない）ということである。

　性別による差別のように憲法14条1項の後段列挙事由にあたる場合は別という議論もあった。近時，寡夫控除の場合のみある所得制限が性別による差別として争われた。しかし，違憲審査基準で，合憲と判断されている（東京高判令和4年1月12日税資272号順号13653）。

第5章
破産管財人源泉徴収事件

憲法に沿う解釈とは何か？

本章で学ぶポイント

　ホステス源泉徴収事件（第3章）では，所得税法が定めるホステス報酬に対する，源泉徴収の基礎控除額の計算方法（所得税法施行令322条の「計算期間の日数」の意義をめぐる法解釈）が問題になりました。

　本章で取り上げる破産管財人源泉徴収事件では，①破産管財人が破産管財人に対して支払う報酬，②破産管財人が破産会社の退職者に対して支払う退職手当等について，そもそも源泉徴収義務が生じるか否かが問題とされました。①については，所得税法204条1項2号に該当するかどうかの問題であり，②については，所得税法199条に該当するかどうかの問題であります。いずれについても，破産管財人が「支払をする者」にあたるかどうかが，争点になります。

　リーガルマインドで重要な「法的三段論法」でいうと，「法解釈」（大前提）の問題になります。①については，裁判所の判断は一致してこれを肯定しました。他方で，②については，裁判所によって，判断が分かれました（最高裁判決はこれを否定しました）。このような違いは，所得税法の解釈（法解釈）にあらわれています。

　そこで，それぞれの裁判所が，どのようなアプローチを行ったのか（どのような法的構成を採ったのか）を学ぶことになります。こうした視点は，法解釈を深く理解するためには，とても重要です。

　また，リーガルマインドで判例を読み解く際に重要な「先例拘束力」の問題も，破産管財人源泉徴収事件の最高裁判決を読む際に，学ぶことができます。過去に，源泉徴収制度が違憲ではないかが争われた事件がありました。最高裁昭和37年大法廷判決（月ヶ瀬事件）です。この最高裁大法廷判決では，合憲であることの前提とされた「支払をする者」と「支払を受ける者」との間における「特に密接な関係」が，本件においてもあるといえるかどうかが問題とされました。過去の最高裁判決（先例）が，他の類似事件でどのように影響を及ぼすのか，どのようにその射程を考えるべきなのか，という問題です。「法解釈」を学ぶにあたって，とても重要な視点です。

○ 最　高　裁　平成23年1月14日第二小法廷判決・民集65巻1号1頁
● 大阪高裁　平成20年4月25日判決・訟務月報55巻7号2611頁
● 大阪地裁　平成18年10月25日判決・判例タイムズ1225号172頁

本章のキーワード：先例拘束力

　「判例」（最高裁判決）の規範部分は，その後に生じる他の事件でも参照され，適用されることになります。これは「事実上の拘束力」だと考えるのが通説です。日本の法体系では三審制が原則として採られており，裁判をすれば最終的な判断をするのは最高裁判所（最高裁）ということになります。最高裁判所が下した判断については，後にその判断（判例）を変更する場合には，大法廷に回付して「判例変更」を行う必要があります。大法廷とは，最高裁の15人の裁判官全員で構成する法廷です（定員数は9人）。最高裁では，通常は小法廷で，5人の最高裁判事（裁判官）で審理します（定定数は3人）。

　判例変更が行われたことは過去にありますが，決して多くあることではありません。特に税法の解釈について，明確な「判例変更」が行われたことは，過去にみられません。

　下級審（地裁・高裁）の裁判官は，過去に判例がある場合，その判例の規範を適用（参照）しないで，自分で別の規範を立てて判断をすることは自由なのです。しかし，最高裁まで行けば（判例変更がないかぎり）過去の判例が適用されるということが予測できるわけです。そうであれば，最高裁で覆されることが確実である事件について，判例に反対してまで別の考え方を示すことはしない。それが下級審の裁判官の自然な考え方になるのです。

▶ **概　要**

　破産管財人というのは，破産宣告を受けた破産者がいた場合に，その破産者の財産である「破産財団」の管理処分権を持つことになる者です。**破産管財人は，破産者の財産を管理処分する重要な職責を担うため，法律の専門家である弁護士から選任されます。**

　会社（法人）であっても，個人であっても（もっとも，本件では会社が破産者ですので，会社ということにしますと），会社が破産した場合，破産宣告を受けると，会社は会社財産について，以後，自由に管理処分をすることができなくなります。破産宣告を受けた会社は，その財産を債権者に対して配当というかたちで平等に分配していくことが義務付けられ，債権者に分配をして手続が終了したら会社を清算する，というプロセスに入っていくからです。

　本章で取り上げる**破産管財人源泉徴収事件**は，このような破産法における手続のなかで生じる問題です。ただし，源泉徴収義務の有無という点で，中心となる法解釈は税法（所得税法）にありました。そこで，『租税判例百選〔第7版〕』（中里実ほか編，有斐閣，2021年）にも掲載されている，税務訴訟の判例（税務判例）です。

　最初に破産法の話をしたので，難しいと思われた読者もいるかもしれませんが，この事件の論点はシンプルです。この裁判での論点は，主として2つありました。1つめの論点は，地裁（第1審）から最高裁（上告審）まで，同じ結論で終わっています。

　破産管財人（弁護士）は，その職務をしたことに対して報酬をもらうことができるのですが，その報酬を支払うのも破産管財人です。破産者の財産である破産財団について財産管理処分権を持っているからです。破産管財人の報酬は，弁護士報酬の1つですから，報酬に対する源泉徴

収を規定した所得税法204条1項2号に該当することになります。

そうすると，破産管財人が支払を受ける報酬，これが源泉徴収されるかどうかという問題が生じます。この点については，第1審から上告審まで，いずれも，源泉徴収義務がある，破産管財人が源泉徴収をしなければいけない，という結論でした（最高裁平成23年判決）。

◇ **破産管財人源泉徴収事件上告審判決（最高裁平成23年1月14日第二小法廷判決・民集65巻1号1頁）**
……<u>弁護士である破産管財人は，その報酬につき，所得税法204条1項にいう「支払をする者」に当たり，同項2号の規定に基づき，自らの報酬の支払の際にその報酬について所得税を徴収し，これを国に納付する義務を負う</u>と解するのが相当である。

▶ 「支払をする者」

もっとも，そのロジックは，最高裁（上告審）と地裁・高裁（下級審）とでは違いました。その点についてだけ指摘をすると，**源泉徴収義務は「支払をする者」が負うと規定されています**（所得税法204条1項2号）。

◆ **所得税法204条1項2号**
居住者に対し国内において次に掲げる報酬若しくは料金，契約金又は賞金の<u>・・・・・・・・</u>支払をする者は，その支払の際，その報酬若しくは料金，契約金又は賞金について<u>所得税を徴収し，その徴収の日の属する月の翌月10日までに，これを国に納付しなければならない。</u>
（略）
二　弁護士（外国法事務弁護士を含む。），司法書士，土地家屋調査士，公認会計士，税理士，社会保険労務士，弁理士，海事代理士，測量士，建築士，不動産鑑定士，技術士その他これらに類する者で政令で定めるものの業務に関する報酬又は料金

そこで,「支払をする者」とは,だれを指すのか,ということが問題になったのです。なぜかというと,破産者とその破産者の財産である破産財団の管理処分権を持っている破産管財人という2つの法的主体が出てきてしまっているがために,それをどうとらえるべきか,という問題が生じるからです。

最高裁(上告審)は,破産管財人報酬の支払をするのは,文字どおり,支払をする破産管財人だと考えました。源泉徴収制度については,税を扱う実務家にとっては重要な制度です。それでも,法律で規定されたものですから,憲法に違反する内容であれば無効になる可能性はあります（第4章　遡及立法事件参照）。

そこで,源泉徴収制度は,そもそも憲法に違反するのではないか,ということが争われた事件がありました（月ヶ瀬事件）。最高裁の大法廷判決が下されています。

▶ 先例拘束力と「特に密接な関係」

ここで注意すべきは,過去の判例（先例）を別事件にどこまで及ぼすことができるか,という判例の先例拘束力の問題が出てくる,ということです。「先例拘束力」の問題は,本書でも触れました（第2章　生保年金二重課税事件参照）。

以下の図表が,参考になります。

図4 「判例」の事実上の拘束力（15頁参照）

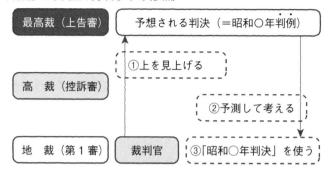

　月ヶ瀬事件では，昭和37年の大法廷判決で，源泉徴収制度は憲法違反ではない，という結論が下されていました（最高裁昭和37年2月28日大法廷判決・刑集16巻2号212頁）。

　ただ，この**最高裁昭和37年大法廷判決**では，「**支払をする者**」（支払者）と「**支払を受ける者**」（受給者）との間に，「**特に密接な関係**」があるということを，理由の1つとして挙げていました。

◇ **最高裁昭和37年2月28日大法廷判決・刑集16巻2号212頁**
……論旨は，源泉徴収義務者が一般国民に比して不平等な取扱を受けることを論難する。しかし法は，給与の支払をなす者が給与を受ける者と特に密接な関係にあつて，徴税上特別の便宜を有し，能率を挙げ得る点を考慮して，これを徴税義務者としているのである。この義務が，憲法の条項に由来し，公共の福祉の要請にかなうものであることは，すでに論旨第一について上述したとおりである。かような合理的理由ある以上これに基いて担税者と特別関係を有する徴税義務者に一般国民と異なる特別の義務を負担させたからとて，これをもつて憲法14条に違反するものということはできない。

破産管財人源泉徴収事件の最高裁判決は，この点について，次のように，月ヶ瀬事件（**最高裁昭和37年大法廷判決**）を引用して，これを参照しています。

◇ **破産管財人源泉徴収事件上告審判決（最高裁平成23年1月14日第二小法廷判決・民集65巻1号1頁）**
　　弁護士である破産管財人が支払を受ける報酬は，所得税法204条1項2号にいう弁護士の業務に関する報酬に該当するものというべきところ，同項の規定が同号所定の報酬の支払をする者に所得税の源泉徴収義務を課しているのは，当該報酬の支払をする者がこれを受ける者と特に密接な関係にあつて，徴税上特別の便宜を有し，能率を挙げ得る点を考慮したことによるものである（最高裁昭和31年（あ）第1071号同37年2月28日大法廷判決・刑集16巻2号212頁参照）。

　そのうえで，最高裁（上告審）は，破産管財人と，その破産管財人の報酬を受ける破産管財人との間に，果たして「**特に密接な関係**」があるといえるのかどうか，ということを問題にしました。結論としては，ある，ということで決着しました。
　1つめの問題，つまり破産管財人の報酬についての源泉徴収義務の有無ですが，これについては，破産管財人が支払の際の源泉徴収義務を負う，ということで結論が下されたのです。最高裁判決が述べた理由は，以下のとおりです。

◇ **破産管財人源泉徴収事件上告審判決（最高裁平成23年1月14日第二小法廷判決・民集65巻1号1頁）**
　　破産管財人の報酬は，旧破産法47条3号にいう「破産財団ノ管理，換価及配当ニ関スル費用」に含まれ（最高裁昭和40年（オ）第1467号同45年10月30日第二小法廷判決・民集24巻11号1667頁参照），破産財

> 団を責任財産として，破産管財人が，自ら行った管財業務の対価として，自らその支払をしてこれを受けるのであるから，<u>弁護士である破産管財人は，その報酬につき，所得税法204条1項にいう「支払をする者」に当たり，同項2号の規定に基づき，自らの報酬の支払の際にその報酬について所得税を徴収し，これを国に納付する義務を負うと解するのが相当である。</u>

　下線部分はさきに引用した結論部分で，この結論につながる理由が，ここで結論部分（下線部分）も含めて引用した判示です。理由についても，みておきましょう。「破産管財人が，自ら行った管財業務の対価として，自らその支払をしてこれを受けるのであるから」という傍点のところです。これは，「支払をする者」（**支払者**）と，「支払を受ける者」（**受給者**）との間に「特に密接な関係」がある，ということです。なにしろ，この場合，自分が，自分に支払うのですから。

▶ 2つ目の論点

　さて，なぜこのような話をしたかというと，次の点にあります。本章で特に取り上げたいのは，この1つめの論点（第1審から上告審まで結論が一致していた争点）というよりも，2つめの論点だからです。同じく破産管財人の源泉徴収義務の有無という論点ではありますが，その対象は異なり，退職手当等の支払について問題になりました。

　会社が，従業員や役員に退職金（所得税法上の「退職手当等」）を支払った場合，その会社は，その支払をするにあたり，源泉徴収が必要になりますよね。これは，さきほどの報酬に対する源泉徴収（所得税法204条）ではなく（204条はホステス報酬についても規定されており，ホステス源泉徴収事件（第3章）にも登場しました），退職手当等の源泉徴収義務を

規定した所得税法199条になります。

◆ **所得税法199条**
　居住者に対し国内において第30条第１項（退職所得）に規定する退職手当等（以下この章において「退職手当等」という。）の支払をする者は，その支払の際，その退職手当等について所得税を徴収し，その徴収の日の属する月の翌月10日までに，これを国に納付しなければならない。

　このような退職手当等の支払（破産管財人からなので配当）についても，破産管財人がその支払の際に，源泉徴収すべき義務が生じるのか，ということが問題になりました。つまり，破産した会社の元従業員で，退職金をもらうべきだった人に対して，破産した後に，破産管財人がこれを配当として支払う場合にも，破産管財人が源泉徴収をすべきなのかという問題です。
　この点について最高裁は，源泉徴収義務を負わないという結論を出しました。その理由として，さきほどみた月ヶ瀬事件（最高裁37年大法廷判決）が，源泉徴収制度を合憲とする判断を行う際に，上述のとおり，「特に密接な関係」があることに着目していた，という点をとらえて，次のように判示したのです。
　なお，この関係は，上述のように，破産管財人の報酬については，最高裁判決も認めました。

◇ **破産管財人源泉徴収事件上告審判決（最高裁平成23年１月14日第二小法廷判決・民集65巻１号１頁）**
　所得税法199条の規定が，退職手当等（退職手当，一時恩給その他の退職により一時に受ける給与及びこれらの性質を有する給与をいう。以

> 下同じ。）の支払をする者に所得税の源泉徴収義務を課しているのも，<u>退職手当等の支払をする者がこれを受ける者と特に密接な関係にあって，徴税上特別の便宜を有し，能率を挙げ得る点を考慮したことによるものである</u>（前掲最高裁昭和37年２月28日大法廷判決参照）。（略）
> ……破産管財人は，破産手続を適正かつ公平に遂行するために，破産者から独立した地位を与えられて，法令上定められた職務の遂行に当たる者であり，破産者が雇用していた労働者との間において，破産宣告前の雇用関係に関し直接の債権債務関係に立つものではなく，破産債権である上記雇用関係に基づく退職手当等の債権に対して配当をする場合も，これを破産手続上の職務の遂行として行うのであるから，<u>このような破産管財人と上記労働者との間に，使用者と労働者との関係に準ずるような特に密接な関係があるということはできない</u>。また，破産管財人は，破産財団の管理処分権を破産者から承継するが（旧破産法７条），破産宣告前の雇用関係に基づく退職手当等の支払に関し，その支払の際に所得税の源泉徴収をすべき者としての地位を破産者から当然に承継すると解すべき法令上の根拠は存しない。そうすると，<u>破産管財人は，上記退職手当等につき，所得税法199条にいう「支払をする者」に含まれず，破産債権である上記退職手当等の債権に対する配当の際にその退職手当等について所得税を徴収し，これを国に納付する義務を負うものではないと解するのが相当である</u>。

　ポイントは，「このような破産管財人と上記労働者との間に，使用者と労働者との関係に準ずるような特に密接な関係があるということはできない」という判示です（最初の下線部分）。つまり，破産管財人は，あくまで破産した会社の破産手続をするために選ばれた者であり，破産した会社を退職した人との間には，もともと特別な関係があったわけではない，という点をとらえて，退職手当の支払については，破産管財人に源泉徴収義務は生じない，といったのです。

▶︎ **地裁・高裁の判断**

　これに対して，地裁判決と高裁判決は，退職手当についても破産管財人が源泉徴収義務を負うという判断をしています。どのようなロジックを使ったのでしょうか。この点については，地裁（第1審），高裁（控訴審）ともにほぼ同じですので，まとめてお話します。

　地裁（第1審）の判決をみると，そもそもさきほど述べた源泉徴収義務の規定（所得税法）にある条文の文言である（ここでは所得税法199条），「**支払をする者**」とは，だれのことをいうのか，という法解釈が問題にされています。

　「支払をする者」とは，だれのことなのか，何を指すのか，という問題は，「**法的三段論法**」でいうと，法を解釈して規範を定立する，というプロセスですから，これは「法的三段論法」でいうところの大前提（法解釈）の作業にあたることになります。

図2　法的三段論法（11頁参照）

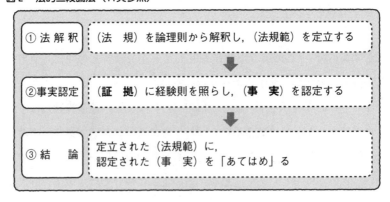

　自然に考えると，「支払をする者」というのは，文字どおり，その金

員の支払をした人のことではないか、という疑問もわくでしょう。しかし、法解釈として考えたときに、地裁（第1審）と高裁（控訴審）は、そこに少しですが、あるロジックを使いました。

地裁判決をみると、次のような判示があります。

◇ **破産管財人源泉徴収事件第1審判決（大阪地裁平成18年10月25日判決・判例タイムズ1225号172頁）**
　所得税法上、源泉徴収による所得税（以下「源泉所得税」という。）について徴収、納付の義務を負う者は、源泉徴収の対象となるべき一定の所得又は報酬、料金等の支払をする者とされている。所得税法が、一定の所得又は報酬、料金等について、その支払をする者に源泉徴収義務を課すこととした趣旨は、当該支払によって支払をする者から支払を受ける者に移転する経済的利益が課税の対象となるところ、支払をする者は、その支払によって経済的利益を移転する際に、所得税として、その利益の一部をいわば天引きしてこれを徴収し、国に納付することができ、かつ、当該税額の算定が容易であるからであると解される。<u>そうであるとすれば、支払をする者とは、当該支払に係る経済的出捐の効果の帰属主体をいうと解すべきである。</u>

第5章　破産管財人源泉徴収事件

「支払をする者とは、当該支払に係る**経済的出捐の効果の帰属主体**をいうと解すべきである」という判示ですが（下線部分）、少しわかりにくいかもしれません。結局、この事件では、本来、その退職手当等を払うべきであった者は、破産した会社になります。しかし、破産宣告を受けたため、自由に会社財産を管理処分することはできなくなりました。そのため、破産財産について管理処分権を持つべく選ばれた破産管財人が、代わりに退職手当等を支払う（厳密にいうと配当を支払う）ことになりました。

そこで，地裁判決は，高裁判決も同様なのですが，「支払をする者」は，あくまでその支払について経済的な出損の効果が帰属する主体，つまり破産者である，といったのです。破産した会社が「支払をする者」にあたる，ということです。実際の支払は，配当を通じて破産管財人が行うことになりますが，法的にみれば，この効果が帰属するのは破産会社なので，破産会社の支払といえるでしょう，ということをいったのです。

　少し，わかりにくいかもしれません。これがロジックです。ロジックというのは，言い換えれば，源泉徴収義務を認めるための理屈（法的構成）のことです。破産管財人は，破産財団の管理処分権を持っていますから，破産者が本来（破産宣告前であれば自ら）行うべきことを代行しているに過ぎません。そうであれば，支払の効果が破産者（破産会社）に帰属することを前提にしてよいという理屈です。

　こうしたロジックを使い，地裁（第1審）も高裁（控訴審）も，破産管財人に退職手当等の支払（配当）について，源泉徴収義務を認めたのです。

▶ 先例拘束力の"変化球"

　地裁と高裁は，いずれの判決も，結論的には，破産管財人の報酬についても，退職手当等の支払についても，以上のロジックを使って，源泉徴収義務はある，としたのです。

　なぜ，このようなロジックを使ったのでしょうか。最高裁（上告審）は，結局，退職手当等については，源泉徴収義務を否定しました。その理由では，「支払をする者」（支払者）と「支払を受ける者」（受給者）との間に「特に密接な関係」が必要である，という最高裁昭和37年大法廷

判決のロジックをベースにしています。そうなると,「支払をする者」が破産管財人だとしてしまうと,「特に密接な関係」が退職者との間にはないのではないか,という問題がでてきてしまうのです。

これに対して,「支払をする者」はあくまで破産者である,ということができれば,その関係性は変わります。破産者(破産した会社)と,退職手当等の支払を受けたその従業員(元従業員)との間には,従前は会社と従業員という密接な関係があったことが明らかだからです。地裁判決及び高裁判決は,このように考えたものと思われます。

このように,破産管財人事件では,「支払をする者」という条文の文言の解釈が争点になりました。そして,この法解釈にあたっては,源泉徴収制度の合憲性について判断した最高裁判決(先例)との関係が議論されました。

先例にあった「特に密接な関係」が,別の論点に参照されたことになります。こうしてみると,**「先例拘束力」が,少し変化球となってあらわれている判決**といえるでしょう。

column 5：特に密接な関係

　源泉徴収制度は，無条件で合憲とされているわけではない。月ヶ瀬事件の最高裁は合憲と結論づけたものの，法の下の平等に違反しない理由として，給与の支払者と受給者との間に「特に密接な関係」があることから，通常の支払者と異なる徴収納付の義務を税法上負わせても，それは公共の福祉として受忍すべきという論理であった（最高裁昭和37年大法廷判決）。

　しかし，破産した会社の破産管財人が，当該破産会社を退職した人に支払うべきであった退職手当を，破産債権者に対する「配当」として行う場合には，その論理が妥当しない。こう判断したのが，破産管財人源泉徴収事件の最高裁平成23年判決であった。

　いわば憲法で議論される合憲限定解釈のような発想である。合憲的に解釈できる所得税法の源泉徴収規定の適用は問題ないとして，そうでなくなる可能性のある規定の適用は，これを排除する。こうして違憲を回避したものと，評価することもできよう。

　この発想を応用すると，国内不動産を非居住者から購入した買主（居住者）が，売買代金を支払う際に生じる源泉徴収義務（所得税法161条1項5号，212条1項）にも，疑問が生じる。雇用主と従業員のような継続的関係が，不動産の売買という1回的な取引の当事者（買主と売主）の間にもあるとはいい難いはずだからである。

　住友不動産事件では，非居住者（国内に住所がなく，1年以上の居所もない）と判断することが，支払時に買主にとって困難であった場合にも，形式的に国内源泉所得として源泉徴収義務が生じるとする解釈の妥当性が問われた（東京高裁平成28年12月1日税資266号順号12942）。支払者に注意義務違反があるとして納税者の請求は棄却されたが，その解釈のあり方も含め疑問が残る。

第6章
岩瀬事件

私法上の法律関係は
どこまで重視されるのか？

> **本章で学ぶポイント**

　武富士事件（第1章）は「借用概念の解釈」の問題であると同時に，「租税回避と租税法律主義」も問題になっていた事件でした。本章で取り上げる岩瀬事件にも，後者と同じテーマが含まれています（租税回避であることが判決によって断言された事件ではありませんが，税負担の軽減を目的とした行為であったことの認定は，この処分を取り消した高裁判決においてもなされています）。

　このような意味で，リーガルマインドで重要な「法的三段論法」の「法解釈」が問題になった事件であるといえます。他方で，当事者が締結した契約が何であったのか（2本の売買契約なのか，それとも交換契約なのか）という，いっけんすると「事実認定」そのものが問題になった事件のようにみえる側面もあります。この点で，「法的三段論法」について，具体的な事例におけるとらえ方を学ぶことができます。

　また，当事者間で締結した契約（私法契約）が，税法にどのように影響を及ぼすのか，という問題も生じるため，「税法と私法」の関係についても学ぶことができます。とくに民法が規律する私法上の法律関係には，「契約自由の原則」が妥当すること，当事者間で選択された契約でも「通謀虚偽表示」である場合には無効とされること（民法94条1項），などについても触れます。

　最高裁で判決が言い渡されたものではありませんが（最高裁で不受理の決定がなされ，高裁判決が確定しています），じっくり学びましょう。

○　最　高　裁　　平成15年6月13日第二小法廷決定・税務訴訟資料253号順号9367
○　東京高裁　　平成11年6月21日判決・高民集52号26頁
●　東京地裁　　平成10年5月13日判決・判例時報1656号72頁

本章のキーワード：私法契約と契約自由の原則

「私法」は、私人と私人の関係を規律した法律です。公法のように国や地方公共団体との関係ではなく、私法は民間同士の契約やトラブルなどを対象にしています。そして、その代表は「私法の一般法」である「民法」です。

課税の場面でよく問題になるのは、民法などが規律するはずの「私法契約」を否認して課税するケースです。しかし、当事者が選択した契約（私法契約。「私法上の法形式」とも呼ばれます）を、課税庁が別の契約に引き直すことは許されません。それは、課税の対象は、あくまで「私法」が規律する契約関係等であり、私法の一般法である民法では、「私的自治の原則」の下、当事者がどのような契約を締結するかは当事者の自由と考えられているからです（契約自由の原則）。

▶ 概 要

　岩瀬事件は,「交換か売買か」とも呼ばれる,とても有名な事件です。この事件については,武富士事件(第1章)で問題になった,いわゆる「租税回避と租税法律主義」というテーマが妥当する,ということができます。武富士事件と異なり,岩瀬事件では,租税回避であることが判決で認定されているものではありませんが,税負担の軽減を図る目的の取引(通常で交換契約をすればよいところ,あえて2本の売買契約を締結した理由)であったことについては,処分を取り消して,納税者を勝訴させた東京高裁判決も,そのような事実があったと認定しています(判決は,「租税回避」とはいっていませんが)。

　租税回避とは,税負担を減少させようとする意図をもって,かつ,通常であれば行われないような行為(契約)をするものです。その具体的な目的は,課税要件の充足を免れることにあります(ただし,減免規定の要件の充足を目的とする場合もあります)。

　このような場合,課税庁としては,税負担を減少させようとする目的(租税回避の目的)があったことに着目して,当事者が締結した契約は「○○契約」であるが,通常であれば締結されるべき契約は「××契約」である,よって税法を適用するにあたっては「××契約」である,というように,税法を適用する際にのみ,私法と異なる事実を認定してよいのか,という議論があります。これを「私法上の法律構成による否認」と呼ぶことがあります。武富士事件(第1章)も,租税回避の否認をするべく,課税庁が,「住所」の概念を,民法より広げる主張(「住所」は税法独自の観点から解釈すべきとの主張)を行ったものでした。

　もちろん,そのようにできる(税法上はないものとみなせる),つまり否認できる,という法律の明文規定がある場合であれば,それは法律に

基づく課税といえますから（課税要件法定主義に反することはありませんから），法律にのっとり否認すればよいことになります。しかし，**本件では，そのような法律の明文規定，つまり明文の否認規定はありません**でした。

▶ **民法上の契約の効力**

　たとえば，同族会社の行為計算否認規定（所得税法157条1項など）であれば，法律が否認できる（「その行為又は計算にかかわらず，税務署長の認めるところにより，……金額を計算することができる」）と規定しています。そうすると，この場合は，あとはこの条文を適用できる事案であるか，という問題になります。

　しかし，そのような否認規定がないにもかかわらず，租税回避目的だから，**2本の売買契約ではなく**（私法上は2本の売買契約が有効に成立しているかもしれないけれど），**税法上は交換契約であると認定します**，という処分が行われました。

　当事者間では，売買契約が締結されていて，これは民法上有効に成立しているといえます。AさんとBさんがある不動産について，AさんからBさんに甲不動産を売るという売買契約をしている，また，別の乙不動産について，今度はBさんがAさんに売るという別の売買契約を締結している，つまり，お互いに売買しあっているのです。2つの不動産について，それぞれ売る意思と買う意思の合致はあります。

　2本の売買契約が締結されたのは，譲渡所得課税による税負担を減少させるためですが，民法（私法）上，売買契約が無効とされるような事情はありませんでした。つまり，**民法（私法）上は，「売買契約」**（民法555条）**が，有効に成立していた**ことになります。契約は，意思表示と

意思表示の合致で成立するからです。

◆ 民法555条
売買は，当事者の一方がある財産権を相手方に移転することを約し，相手方がこれに対してその代金を支払うことを約することによって，その効力を生ずる。

しかし，本来であれば2つの不動産の価額の差額を補足金として支払うことにして，わざわざ同時に2本の売買契約を締結する必要はなく，それは民法に規定がある「交換契約」（民法586条1項）を締結すればよかった，ともいえます。

◆ 民法586条1項
交換は，当事者が互いに金銭の所有権以外の財産権を移転することを約することによって，その効力を生ずる。

それにもかかわらず，当事者が交換契約にしなかった（つまり，あえて2本の売買契約にした）のは，交換契約にすると譲渡所得の課税で負担が大きくなるから（所得税額が増えるから）でした。

このような問題について，裁判所の考え方は，分かれました。結論としては，東京高裁判決は，当事者が契約した売買契約を前提に考えざるを得ないと判断し，課税庁が行った処分を取り消しました。つまり，納税者の勝訴でした。

▶ 税負担の軽減を図る目的

これは，税務実務でも重要な考え方になります。東京高裁（控訴審）

は，次のように判示しています。

◇ **岩瀬事件控訴審判決（東京高裁平成11年6月21日判決・高民集52号26頁）**
　本件取引に関しては，本件譲渡資産の譲渡及び本件取得資産の取得について各別に売買契約書が作成されており，当事者間で取り交わされた売買契約書の上では交換ではなく売買の法形式が採用されていることは，前記のとおりである。

　判決文を読むと，東京高裁は，「当事者間で取り交わされた売買契約書の上では交換ではなく売買の法形式が採用されている」という事実を明確にしていることがわかります。こうした事実を前提にすると，税法の解釈としては，どうなるのでしょうか。この点について，高裁（控訴審）は，そのあとで，次のような判示もしています。

◇ **岩瀬事件控訴審判決（東京高裁平成11年6月21日判決・高民集52号26頁）**
　これらの事実関係からすれば，亡〇ら側と〇企画との間で本件取引の法形式を選択するに当たって，より本件取引の実質に適合した法形式であるものと考えられる本件譲渡資産と本件取得資産との補足金付交換契約の法形式によることなく，本件譲渡資産及び本件取得資産の各別の売買契約とその各売買代金の相殺という法形式を採用することとしたのは，本件取引の結果，亡〇ら側に発生することとなる本件譲渡資産の譲渡による譲渡所得に対する税負担の軽減を図るためであったことが，優に推認できるものというべきである。

　このように，**東京高裁判決は，「税負担の軽減を図るため」**（傍点部分）**という目的が当事者間にあったことを指摘しています**。普通であれば，

差額については補足金を払いますよ，ということで交換契約というものが民法にもあるわけです。お互いに売買しあうのではではなく，交換契約をすればよかったはずです。それにもかかわらず，そのようにしなかったのは，譲渡所得課税の問題にあったことが明らかですね，といっているのです。これは，武富士事件（第1章）でも指摘しましたが，こうなると，課税庁（国）の立場からすると，それはけしからん，ということになるでしょう。課税の公平という問題が生じるからです。法形式は異なりますが，課税の問題を抜きにすれば，交換をしたのと実質的には同じです。同じなのに，税額が異なれば，不公平になりますよね。

▶ 「契約自由の原則」と公法の適用

東京高裁判決は，けしからん（不公平）かはともかく，だから課税すべきだ，とはいいませんでした。

では，高裁（控訴審）は，どのようにいったのでしょうか。ここは，とても重要なところです。

◇ 岩瀬事件控訴審判決（東京高裁平成11年6月21日判決・高民集52号26頁）
　しかしながら，本件取引に際して，亡○らと○企画との間でどのような法形式，どのような契約類型を採用するかは，両当事者間の自由な選択に任されていることはいうまでもないところである。

これは「契約自由の原則」のことです。私法（民法など）においては，「私的自治の原則」が妥当します。法律が契約自由の原則を超えて，例外的に乗り出し，それを違法とするような強行規定に違反しない限りは，当事者同士で納得した（合意した）ものであれば，当事者の意思を尊重

し，国はその内容（契約内容）については干渉しません，という考え方です。契約において，動機は通常問題になりません。譲渡所得の税額を軽減するという目的は，この動機に過ぎないことが，ポイントです。

図7　契約自由の原則と例外

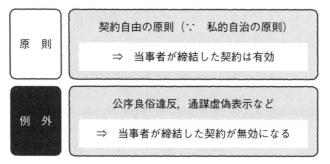

（出典：木山泰嗣『リーガルマインドのあたらしい教科書』〔大蔵財務協会，2022年〕226頁・図88）

図8　契約自由の原則

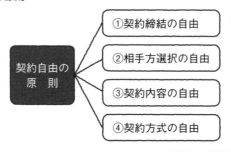

（出典：前掲書241頁・図92）

　契約自由の原則は，民法の基本知識になります。基本知識なので，東京高裁判決も，「本件取引に際して，亡〇らと〇企画との間でどのよう

な法形式，どのような契約類型を採用するかは，両当事者間の自由な選択に任されていることはいうまでもない」といっているのです。「いうまでもない」というのは，当然過ぎるということですね。

　もっとも，ここで問題とされているのは，当事者間における私法上のトラブルではなく，当事者が締結した契約を前提に適用されることになる税法（所得税法）の解釈適用であり，公法の問題です。
　そこで，東京高裁判決は，次のように続けています。

◇ **岩瀬事件控訴審判決（東京高裁平成11年6月21日判決・高民集52号26頁）**
　　確かに，本件取引の経済的な実体からすれば，本件譲渡資産と本件取得資産との補足金付交換契約という契約類型を採用した方が，その実体により適合しており直截であるという感は否めない面があるが，<u>だからといって，譲渡所得に対する税負担の軽減を図るという考慮から，より迂遠な面のある方式である本件譲渡資産及び本件取得資産の各別の売買契約とその各売買代金の相殺という法形式を採用することが許されないとすべき根拠はないものといわざるを得ない。</u>

　武富士事件（第1章）の須藤裁判官補足意見では，国民感情に配慮した指摘がありました。ここでは，そこまでストレートに「けしからん」と思われるかもしれない，とまではいっていません。「確かに，本件取引の経済的な実体からすれば，本件譲渡資産と本件取得資産との補足金付交換契約という契約類型を採用した方が，その実体により適合しており直截であるという感は否めない面がある」という，まわりくどい言い方です。同補足意見といわんとしたところは，同じでしょう。
　上述のとおり，これを税法上否認できる法律上の根拠はありません。

普通であれば、こうすべきだと、こうすべきことに沿って行えば税金が発生するはずなのに、税金を回避するために、別の法形式をとった。しかし、別の法形式をとることについて、**私法上は何も問題がない**のです。この点が、重要です。私法（民法など）で禁止されていることであれば別ですが、民法上（私法上）は、この２本の売買契約は、繰り返しになりますが、有効に成立しています。

▶ 税法と私法

そうなると、**税法というのは、そもそも、民法、商法、会社法などの「私法」によって規律されている、そして「私法」によって確定される法律関係を前提にして、そこに適用されるものなのですね**。これは「税法と私法の関係」と呼ばれるものです。

図9 税法と私法

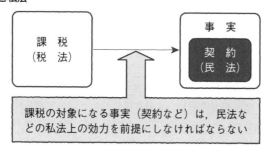

（出典：前掲書225頁・図87）

税法を適用するときに、私法関係、つまり当事者間の選択した契約、民法、商法、会社法等によって規律される法律関係によると、税金が安くなってしまうからといって、それが税法からみるとけしからんことだからといって、税法を適用するときにだけ、その有効に成立しているは

ずの私法の領域を，勝手にいじることはできないと，こういうことをいったのが，岩瀬事件の東京高裁判決なのです。

最高裁判決ではありませんが，最高裁は課税庁からの上告を不受理とする決定をしています（高裁判決を支持しています）。この判決は，こうした「税法と私法の関係」を明確にしたものとして，きわめて重要な司法判断であるといえます。

この点について，東京高裁判決は，さらに突っ込んで，次のように判示しています。

◇ **岩瀬事件控訴審判決（東京高裁平成11年6月21日判決・高民集52号26頁）**

> ……本件取引のような取引においては，むしろ補足金付交換契約の法形式が用いられるのが通常であるものとも考えられるところであり，現に，本件取引においても，当初の交渉の過程においては，交換契約の形式を取ることが予定されていたことが認められるところである（乙第8号証）。しかしながら，最終的には本件取引の法形式として売買契約の法形式が採用されるに至ったことは前記のとおりであり，そうすると，いわゆる租税法律主義の下においては，法律の根拠なしに，当事者の選択した法形式を通常用いられる法形式に引き直し，それに対応する課税要件が充足されたものとして取り扱う権限が課税庁に認められているものではないから，本件譲渡資産及び本件取得資産の各別の売買契約とその各売買代金の相殺という法形式を採用して行われた本件取引を，本件譲渡資産と本件取得資産との補足金付交換契約という法形式に引き直して，この法形式に対応した課税処分を行うことが許されないことは明かである。

判決の内容としては，ここが一番重要なところです。この問題は，ほかにも，**航空機リース事件**（名古屋高裁平成17年10月27日判決・税務訴訟資料255号順号10180）や**ファイナイト再保険事件**（東京地裁平成20年11月

27日判決・判例時報2037号22頁）などでも，裁判所が，同じような考え方を判決で示しています。少し長めですが，以下に，それぞれの判決文を引用します。

◇ **名古屋高裁平成17年10月27日判決・税務訴訟資料255号順号10180**
　　控訴人ら（注：課税庁を指します）は，課税要件における事実認定のあり方について，上記判断方法（原判決）をとることは，被控訴人らが「民法上の組合契約」の契約類型を選択したことを所与の前提とした上で，その真意を探求しており，被控訴人らが締結した契約がいかなるものであったかという通常の課税要件事実の認定場面において当然行われるべき実体ないし実質による判断を放棄するもので，当事者の締結した契約の認定のあり方を誤ったものであると主張する。しかしながら，<u>法律行為の解釈は，当事者の意思を探求するものではあるが，その意思表示は専ら表示行為を介してなされるのであるから，被控訴人らが締結した契約がいかなるものであったかを判断するに当たり，まず「民法上の契約類型を選択したこと」を前提として表示行為の解釈を行うのは当然というべき</u>である。そして，その結果，仮に，被控訴人らの達成しようとする法的ないしは経済的目的に照らして，上記契約類型の選択が著しく不合理である場合には，真実は民法上の組合契約を締結する意思ではなく，同契約は不成立であると判断される余地があるにすぎない。したがって，上記したところを前提に表示行為の解釈をしたとしても，外形的資料のみに拘泥し，実体ないし実質による判断を放棄するものではない。
　　また，控訴人らは，契約の締結に当たって，税負担を伴わないあるいは税負担が軽減されることを目的として，実体ないし実質と異なる外観ないし形式をとった場合には，当該実体ないし実質に従って課税されるべきであるのは当然であり，税負担の有無を法律行為の解釈をする際に全く考慮すべきでないという趣旨であれば，これもまた誤りであると主張する。しかしながら，いかなる法律効果を発生させるかとの効果意思と，契約締結の動機，意図などの主観的要素とは理論的には別であり（もっとも，後述するとおり，上記主観的要素は，上記効果意思を推認

させる一事情であるといえるから，その限度で法律行為の解釈において考慮することはあり得る。），控訴人らの上記主張は，これらを混同するものである。現代社会における合理的経済人の通常の行動として，仮に，租税負担を伴わないかあるいはそれが軽減されることなどを動機ないしは目的（又は，動機等の一部）として，何らかの契約を締結する場合には，その目的等がより達成可能な私法上の契約類型を選択し，その効果意思を持つことは，ごく自然なことであり，かつ，合理的なことであるといえる。そうすると，当該当事者が作出した契約等の形式について，これと異なる効果意思の存在を推認することは，上記したところと整合せず，そのように推認するとすれば，当事者の意思（私法上選択された契約類型）を離れて，その動機等の主観的要素のみに着目して課税することになり，当事者が行った法律行為を法的根拠なく否定する結果になる。

◇ **東京地裁平成20年11月27日判決・判例時報2037号22頁**

そもそも租税法は，経済活動ないし経済現象を課税の対象としているところ，経済活動ないし経済現象は，第一次的には私法によって規律されているものであり，租税法律主義の目的である法的安定性を確保するためには，課税は，原則として私法上の法律関係に即して行われるべきことになると解される。もとより，税負担を回避ないし軽減することを目的として行われる行為が，たとえば仮装行為であったり通謀虚偽表示であって，外形上存在するようにみえる意思の合致が実際には存在しないと判断されるような場合などには，その行為が不存在又は無効であることを前提として課税が行われるべきであり，そのような場合には，税負担の回避ないし軽減の効果は生じないことになる。

▶ **通謀虚偽表示の無効**

他方で，いま挙げた2つの事件の判決でも同じことがいわれているのですが，岩瀬事件の東京高裁判決は，次のような判示もしています。

◇ 岩瀬事件控訴審判決（東京高裁平成11年6月21日判決・高民集52号26頁）

<u>もっとも，本件取引における当事者間の真の合意が本件譲渡資産と本件取得資産との補足金付交換契約の合意であるのに，これを隠ぺいして，契約書の上では本件譲渡資産及び本件取得資産の各別の売買契約とその各売買代金の相殺の合意があったものと仮装したという場合であれば，本件取引で亡○らに発生した譲渡所得に対する課税を行うに当たっては，右の隠ぺいされた真の合意において採用されている契約類型を前提とした課税が行われるべきことはいうまでもないところである。</u>しかし，本件取引にあっては，亡○らの側においてもまた○企画の側においても，真実の合意としては本件譲渡資産と本件取得資産との補足金付交換契約の法形式を採用することとするのでなければ何らかの不都合が生じるといった事情は認められず，むしろ税負担の軽減を図るという観点からして，本件譲渡資産及び本件取得資産の各別の売買契約とその各売買代金の相殺という法形式を採用することの方が望ましいと考えられたことが認められるのであるから，両者において，本件取引に際して，真実の合意としては右の補足金付交換契約の法形式を採用した上で，契約書の書面上はこの真の法形式を隠ぺいするという行動を取るべき動機に乏しく，したがって，本件取引において採用された右売買契約の法形式が仮装のものであるとすることは困難なものというべきである。

何をいっているのかというと，下線部分です。「本件取引における当事者間の真の合意が本件譲渡資産と本件取得資産との補足金付交換契約の合意であるのに，これを隠ぺいして，契約書の上では本件譲渡資産及び本件取得資産の各別の売買契約とその各売買代金の相殺の合意があったものと仮装したという場合であれば」，話は別ですよ，といっています。

さきほど，税法と私法の関係について，税法は私法の契約関係を前提に適用される，といいました。私法には，民法94条1項のように「**通謀**

虚偽表示」（仮装の契約）をした場合，それは「無効」になる，との規定があります。

◆ **民法94条1項**
> 相手方と通じてした虚偽の意思表示は，無効とする。

ですから，もし，売買契約書を作ったとしても，当事者間で本当のところ（真意）は，売る意思も買う意思もなかったということであれば，それは「通謀虚偽表示」となります。

この場合，売る意思と買う意思が，表示上は一致しているため，契約は成立しています。しかし，94条が適用され，契約は無効になります。そうなれば，税法が前提にする私法上，2本の売買契約は「無効」とされますから，これを前提に課税することはできますよ，ということです。

これは，税法を適用する際に当事者の行為を否認できる，というよりも，そもそも，民法上無効な契約だったことになります。そうすると，私法上無効なものに税法を適用するとどうなるか，という「別の問題になる」と考える方が自然でしょう。

▶ **地裁判決の問題点**

これに対して，東京地裁判決（第1審）は，高裁判決（控訴審）とは，別の結論を採りました。判示部分は，ほかの争点も多くあった事件なので短いのですが，法解釈の部分については，次のように判示しています。

◇ **岩瀬事件第1審判決（東京地裁平成10年5月13日判決・判例時報1656号72頁）**
> 契約の内容は契約当事者の自由に決し得るところであるが，契約の真

> 実の内容は，当該契約における当事者の合理的意思，経過，前提事情等を総合して解釈すべきものである。

　契約自由の原則をいっているだけのようにも思えますが，「契約の真実の内容は，当該契約における当事者の合理的意思，経過，前提事情等を総合して解釈すべきものである」（下線部分）といっているので，当事者間で，真実，どのような契約内容だったのか，ということは，契約の成立に至るまでの経過や事情までみる，といっているのですね。

　つまり，「交換契約にしましょう，いや待ってくれ，それだと譲渡所得で課税されるみたいだ。じゃあ，2本の売買にしましょう」といった契約締結に至る経過までみて，本当の契約は何なのか，と考える，ということのようです。

　このような**規範（判断枠組み）**を使ったうえで，東京地裁判決は，これは交換契約であると認定し，処分を適法としました（東京高裁判決と異なり，納税者が負けました）。

　しかし，これはおかしな考え方のように思われます。なぜかというと，**契約の解釈**をするにあたり，たしかに，どのような経緯で成立したのかということが1つの事情にはなるかもしれませんが，そもそも契約というものは，現実には，最初はこういう契約にしようとしたけれど，やっぱりいろいろ考えた結果，このように別の契約を結ぶということで決められるもので，その方がむしろ自然です。**そうしたプロセスも含めて最終的に当事者が選んだ契約に効力を認める，というのが「契約自由の原則」**であるはずです。そこが，ずれているようにみえるのです。

　当事者間における意思表示は，交渉過程の問題ではなくて，契約を締結した時点の契約書にあらわれた意思で明確にされる，と考えるべきで

しょう。契約成立前には，このようなことを検討していたから，ということで，最終的に選ばなかった契約の方が正しい（＝当事者の真意である），というのは，おかしいですよね。

ただし，**民法を熟知しているはずの裁判所が，なぜこのような判決を下したのかについても，考えておく必要があります**。それは，税逃れ（**租税回避**）ということについて，裁判所は，ネガティブな感覚をもっている，ということです。「税金を逃れるためにやったのだな。ひどいな。じゃあ，許さないぞ」ということだったのではないかと思われます。国民感情としては，自然といえます。

ここに税法の適用場面でも，民法の「契約自由の原則」など，法律構成を駆使することで「課税」にもっていこう，という裁判所の考えがみてとれます（これも1つの現実です。高裁で逆転したからこそ，この事件は，重要ですよと紹介できるのです）。

いずれにせよ，現在の判例においては，高裁の判決の考え方が正しいと考えられています。さきほど挙げた2つの裁判例も同様の考え方を示しているからです。

▶ **実務における注意点**

実務の観点で最後に言及しておくと，「契約書を作っておけばよい」ということにはならない，ということです。契約書があったとしても，さきほど述べたように，仮装であれば無効になることがあるからです（民法94条1項）。

図10　通謀虚偽表示

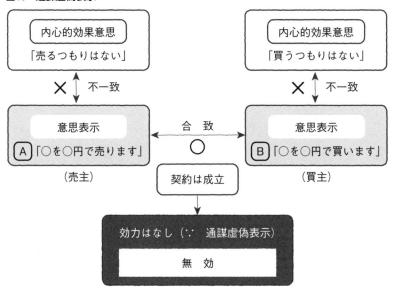

（出典：前掲書243頁・図93）

　また，その成立の経緯，過程がさまざまな資料に残っていて，税金をどうやって減らそうかということをシミュレーションしたものがたくさん残っているなどということになれば，調査の時点において，調査官（国税当局）に，ネガティブな印象を与えます。その分，課税されるリスクは高まるでしょう。このあたりは，判例の法理論を学ぶにとどめるのでなく，現実の実務でどうすべきか，という視点で考えています。

　岩瀬事件は，以上のように，地裁（第1審）と高裁（控訴審）で，結論が異なりました。では，どこで結論が分かれたのでしょうか。**それは，「法解釈」の部分，つまり売買なのか，交換なのかという認定をどのよ**

うな視点で行うべきかという「規範」(判断枠組み)の部分が,地裁(第1審)と高裁(控訴審)で異なった,ということができます。

そこで争われた事実そのものについては,違いはありません。そうすると,「見方ととらえ方の問題によって,結論が異なった事件である」ということができるでしょう。

column 6：私法上の法律構成による否認

　租税回避を否認するためには，明文規定をつくることが重要である。同族会社の行為計算否認規定の条文（法人税法132条）のあとに，組織再編成行為（同条の2），さらに通算法人（同条の3）の否認規定がある。起きやすい租税回避は，想定して対策の条文をつくる。いたちごっこであり，後追い的であると批判されても，これが王道である。租税法律主義は，税法の定める課税要件を充足したときに初めて，国民に納税義務を生じさせる仕組みだからである。

　税法の規定の適用をすり抜けることを目的にした行為でも，課税要件を充足しない行為に納税義務を生じさせることはできない。

　こうしたなかで考案されたのが，「私法上の法律構成による否認」である。法的三段論法のうち，事実認定に特別な手法を用いることで，租税回避行為であることを理由になされた行為を，税法上は「事実」と認めない。そして，なされたはずのあるべき行為を，税法上は「事実」と認めてしまう。この手法は，武富士事件の補足意見（第1章参照）でも否定された。

　もっとも，最高裁はこれまで，法廷意見として判決で明確に「私法上の法律構成による否認」を否定したこともない。フィルムリース事件では，原審（高裁）で採用された「私法上の法律構成による否認」の手法は採用せず，既存の条文（減価償却資産の損金算入の要件）の解釈適用をし，結果的に租税回避行為を封じる結論を導いた。

　こうしてみると，法的三段論法の3プロセス（法解釈→事実認定→あてはめ）のいずれも，その工夫次第で租税回避を封じる余地があることになる。限定解釈をすることで租税回避を否認するのと同じ結論を導いた「外国税額控除事件」（第7章）が話題を呼んだのも，こうした問題が本質にあるからであろう。

第7章
外国税額控除事件

濫用目的によって税額控除制度の適用は否定される？

本章で学ぶポイント

　本章で取り上げる外国税額控除事件（りそな銀行事件）では，銀行業を営む納税者が，法人税法69条が定める外国税額控除制度の適用について，形式的な要件（条文に記載されている要件）は満たしていました。それにもかかわらず，これを認めない法人税の更正処分がなされたため，これを争う裁判（取消訴訟）が提起されました。

　同種事件（別の銀行が当事者となっているもの）がほかにもあります。ある事件（最高裁平成17年12月19日第二小法廷決定（不受理）・税務訴訟資料255号順号10242，大阪高裁平成14年6月14日判決・訟務月報49巻6号1843頁，大阪地裁平成13年5月18日判決・訟務月報48巻5号1257頁）では，争点はほぼ同じでした。ただし，同種事件を最高裁は同日付けの決定（判決ではない）で処理しており，最高裁判決の検討はできません。そこで，ここでは本判決（りそな銀行事件）を取り上げます。

　本判決のあとに，別の同種事件の最高裁判決も下されていますが（最高裁平成18年2月23日第一小法廷判決・集民219号49項），本書では取り上げません。

　法的三段論法のうち，本件においても「法解釈」が問題になります。とくにここでは「限定解釈」という解釈方法も示されることになります。文理解釈，趣旨解釈（目的論的解釈）以外にも存在する解釈が登場します。具体的には，限定解釈です。限定解釈は，趣旨目的を考慮したうえで条文の適用範囲を文言以上に限定する解釈です。趣旨解釈（目的論的解釈）の1つであるということもできます。この点について，しっかり学ぶことが重要です。

　この事件でも，裁判所の判断が分かれました。最高裁は限定解釈（濫用論）を使い，形式的には適用要件を満たしているはずの外国税額控除制度の適用を認めませんでした。これに対して，下級審（控訴審，第1審）判決は，適用を認める判断をしていました。判断がどこで分かれたのかを分析することで，裁判所が法律論（法解釈）を駆使して行う「法律構成」を知ることもできます。法律構成とは，法的なアプローチ，論

理の組み立てのことです。

　憲法との関係でいうと，武富士事件（第1章）でみたところによれば，租税法律主義（憲法84条）のもとでは「文理解釈」が原則でした。これはホステス源泉徴収事件（第3章）でもみましたね。しかし，外国税額控除事件の最高裁判決は，堂々と限定解釈（濫用論）を使っています。これは果たして，租税法律主義に違反しないのでしょうか，また，他の事件との関係をどのように考えるべきなのでしょうか。こうした応用的な問題にも，言及します。

● 最　高　裁平成17年12月19日第二小法廷判決・民集59巻10号2964頁
○ 大阪高裁平成15年5月14日判決・税務訴訟資料253号順号9341
○ 大阪地裁平成13年12月14日判決・税務訴訟資料251号順号9035

本章のキーワード：税法の解釈

　一般的な「法解釈」の手法としては，①その条文の規定を文言どおりに解釈する「文理解釈」があります。②この「文理解釈」のひとつとして，その条文の規定の文言に書かれていないものについては適用されないと考える「反対解釈」もあります。他方で，③条文の規定の文言だけにこだわり過ぎるのはよくないとして，その規定ができた立法趣旨にさかのぼって解釈する「目的論的解釈」もあります（税法の解釈では，趣旨解釈と呼ばれることが多いです）。④この「目的論的解釈」には，その条文が規定した対象と似たようなものにも類推して適用をしようとする「類推解釈」があります。ほかにも，民法や法学入門の教科書をみると「勿論解釈」などさまざまな解釈手法が紹介されています。基本的には「条文の文言どおりに解釈するのか」というベクトル（①及び②）と，「条文の文言ではない立法趣旨なども考慮して解釈するのか」というベクトル（③及び④）の2つの方向性を押さえると，理解がしやすいです。

▶概 要

　外国税額控除事件では，濫用事例でも，外国税額控除の制度を使うことができるかどうかが問題になりました。

　法人税法には69条の規定があり，外国税額控除という「税額控除」の規定が定められています。「日本に本店又は主たる事務所を有する法人」のことを「内国法人」といいますが（法人税法2条3号），内国法人は，法人税法上，**無制限納税義務者**とされています（法人税法4条1項本文，5条1項）。日本国内に限らず，外国で得た収益であっても，日本の法人税の計算においては，法人の所得金額を構成する益金に算入されることになります。これを「**全世界所得課税**」といいます。

　そうすると，内国法人が外国で取引をして，外国で収益を得た場合，その外国の税法のもとで，税金を徴収されることがあります。日本の法人税法が全世界所得課税という考え方を採っている結果，このような場合，同じ収益に対して，外国でも税金を納め，かつ，日本でも日本の法人税を納めなければならなくなることがあります。しかし，この場合，同じ内国法人が，同じ取引で得た同一の収益に対して，日本と外国とで二重に課税が行われることになります。

　このようなことがないように，「**外国税額控除制度**」が定められているのです（法人税法69条）。つまり，外国税額控除制度は，内国法人が，外国で納税をした場合，その外国で納付した税額を，日本の法人税法に基づき法人税を計算する際に，その税額から控除できることを定めているのです。これは，「**国際的な二重課税**」を防止するための規定である，**と理解されています**（二重課税については，相続税または贈与税と所得税の二重課税を防止するために，「**非課税所得**」を定めた所得税法9条1項15号〔当時〕が，生保年金二重課税事件〔第2章〕に登場しました。外国税額控除

事件では，外国における税と日本における法人税の二重課税の問題を防止するために規定された，法人税法69条の規定の適用が問題になります）。

▶ 形式的な要件充足と趣旨解釈

　外国税額控除事件は，こうした法人税法に定められている外国税額控除制度を利用することを目的として作られた，少し複雑なスキームが対象になっています。

　どこが，少し複雑になっているのでしょうか。それは，外国税額控除を第三者に利用させる，そして，その利用の対価を得るというかたちをとることによって，税額控除制度を使う，そして利益を得る，という仕組みをつくっていた点です。**形式的には法人税法69条の要件は満たしているので，外国税額控除がなされるはずなのです**。しかし，関係当事者はそれを意図的に使うことで利益を得ようとしたものです（裁判所の認定）。そのような場合にまで，**法人税法69条の規定を適用してよいのか**（外国税額控除制度を適用してよいのか），**ということが問題になりました**。

　この点について，外国税額控除事件（りそな銀行事件）の最高裁（上告審）は，これを適用することはできない，ということをいいました。その理由として，最高裁判決は，以下のとおりです。まず，**法人税法69条（外国税額控除制度）の趣旨目的**について，次のように判示しました。

◇ **外国税額控除事件上告審判決（最高裁平成17年12月19日第二小法廷判決・民集59巻10号2964頁）**
　　法人税法69条の定める外国税額控除の制度は，内国法人が外国法人税を納付することになる場合に，一定の限度で，その外国法人税の額を我が国の法人税の額から控除するという制度である。これは，同一の所得に対する国際的二重課税を排斥し，かつ事業年度に対する税制の中立

<u>性を確保しようとする政策目的に基づく制度である。</u>

このように，最高裁は，外国税額控除制度（所得税法69条）は，「**政策目的に基づく制度**」である，といっています（**最高裁平成17年判決**）。税法の解釈においては，文理解釈が原則であるものの，例外的に**趣旨解釈（目的論的解釈）**が行われる場合があることは，ホステス源泉徴収事件（第3章）で学びましたよね。

外国税額控除事件では，**文理解釈（形式論の適用）**をすれば，同制度を利用できるのは明らかなのです。しかし，これを意図的に利用しようと画策をした事件であるため，**制度趣旨を考慮した**「**趣旨解釈**」（目的論的解釈）が行われる，ということです。

▶ 権利濫用の禁止と「著しい逸脱」

そのうえで，最高裁判決は，本件における事実（控訴審が認定した事実）について，次のような評価を行いました。

◇ **外国税額控除事件最高裁判決（最高裁平成17年12月19日第二小法廷判決・民集59巻10号2964頁）**
　ところが，本件取引は，全体としてみれば，本来は外国法人が負担すべきである外国法人税について我が国の銀行である被上告人が対価を得て引き受け，その負担を自己の外国税額控除の余裕枠を利用して国内で納付すべき法人税額を減らすことによって免れ，最終的に利益を得ようとするものであるということができる。これは，<u>我が国の外国税額控除制度をその本来の趣旨目的から著しく逸脱する態様で利用して納税を免れ，我が国において納付されるべき法人税額を減少させた上，この免れた税額を原資とする利益を取引関係者が享受するために，取引自体によっては外国法人税を負担すれば損失が生ずるだけであるという本件取引</u>

をあえて行うというものであって，我が国ひいては我が国の納税者の負担の下に取引関係者の利益を図るものというほかない。そうすると，本件取引に基づいて生じた所得に対する外国法人税を法人税法69条の定める外国税額控除の対象とすることは，外国税額控除制度を濫用するものであり，さらには，税負担の公平を著しく害するものとして許されないというべきである。

　最高裁判決の下線（後半部分）の傍点をみると，濫用事例である，とみられたようである，ということがわかります。
　もっとも，「濫用」だからその制度は使えない，という考え方は，税法の解釈適用としては，やや乱暴な議論であることを否めません。**権利濫用の禁止**については，私法では民法にたしかに規定があります。それでも，この権利濫用の規定（民法１条３項）ですら，ごく例外的に使われるべきものだと理解されているからです。

◆ **民法１条３項**
　３　権利の濫用は，これを許さない。

　ましてや，明文規定がない租税法関係（公法関係）において，権利濫用だから（形式的には要件を満たしているけれど），その税法の条文は適用されない，というロジックを用いるとなれば，少し乱暴といわざるを得ないでしょう。
　この最高裁判決が下されたのは，平成17年です。その後においては，平成23年に第１章で取り上げた武富士事件の最高裁判決が言い渡されています。武富士事件の最高裁平成23年判決のなかで，法廷意見ではありませんが，補足意見として，須藤正彦裁判官が，税法は侵害規範なので，

文理解釈が大事であると，拡張解釈，類推解釈は許されない，ということを述べていましたよね。その話の流れのなかでは，権利濫用とか一般法理を使うことは避けるべきである，ということがいわれていました（下記引用の傍点部分参照）。

◇ **武富士事件上告審判決（最高裁平成23年2月18日第二小法廷判決・集民236号71頁）・須藤正彦裁判官の補足意見**
……憲法30条は，国民は法律の定めるところによってのみ納税の義務を負うと規定し，同法84条は，課税の要件は法律に定められなければならないことを規定する。納税は国民に義務を課するものであるところからして，この租税法律主義の下で課税要件は明確なものでなければならず，これを規定する条文は厳格な解釈が要求されるのである。明確な根拠が認められないのに，安易に拡張解釈，類推解釈，権利濫用法理の適用などの特別の法解釈や特別の事実認定を行って，租税回避の否認をして課税することは許されないというべきである。

武富士事件の須藤裁判官の補足意見を読むと，条文上は要件を満たしているのに，権利濫用だということで，本来は適用されるはずの規定の適用を排除して課税をすることは，税法解釈として許されないと考えることが自然であるといえそうです。

他方で，本件について最高裁判決は，さきほど述べたとおり，「我が国の外国税額控除制度をその本来の趣旨目的から著しく逸脱する態様で利用して納税を免れ」と判示しています。単に，「趣旨目的」に反する利用だといっているのではありません。「趣旨目的」からの「著しい逸脱」がなされたと，強い言葉を使っています。

▶ 来料加工事件

　こうした制度の趣旨目的との関係から税法の解釈をする方法には，たとえば，別の事件ですが，**来料加工事件**における納税者の主張が挙げられます。

　タックス・ヘイブン対策税制（**外国子会社合算税制**と呼ばれることもあります）の適用にあたっては，「**適用除外要件**」が定められています（租税特別措置法66条の6第3項。現行法では**経済活動基準**）。海外の軽課税国に子会社を作って取引をすることに，経済的合理性がある場合には，租税回避を防止するという趣旨目的のためにつくられた制度を適用して，外国子会社の所得を日本の親会社の所得に合算して法人税を計算することはしないというものです。こうした場合にまで合算すると，日本企業の国際競争を阻害するおそれがあるからです。

　来料加工は，中国と香港との間で，ある種，その地方に独特なビジネス上の必要性のある取引でした。そこに経済合理性はあったのです。しかし，適用除外要件を満たすかというと，形式的には満たすと考えることが難しかったのです。つまり，形式論でみると，合算されてしまうように思われる事件でした。

　そこで，納税者は（適用除外要件を満たすとの主張も行いましたが，それだけではなかなか難しい側面があったため），租税特別措置法が定めるタックス・ヘイブン対策税制の趣旨目的からすれば，経済合理性がある行為は合算できないはずである，と主張しました。つまり，そのような，**経済合理性ある取引**については合算しないという趣旨目的からつくられた適用除外要件について，形式的には満たされていないとしても，趣旨目的の観点からみて経済合理性がある取引であるといえれば，適用除外にすべきであると，納税者は主張したのです。

しかし，裁判所はこれを認めませんでした。

◇ 東京地裁平成21年5月28日判決・税務訴訟資料259号順号11217

……租税法規は，多数の納税者間の税負担の公平を図る観点から，法的安定性の要請が強く働くから，その解釈は，原則として文理解釈によるべきであり，文理解釈によっては規定の意味内容を明らかにすることが困難な場合にはじめて，規定の趣旨・目的に照らしてその意味内容を明らかにする目的的解釈が行われるべきであって，みだりに拡張解釈や類推解釈を行うべきではないと解される。そして，前記1（1）アのとおり，措置法は，①66条の6第1項において，課税要件を明確化して課税執行面における安定性を確保しつつ，外国子会社を通じて不当に租税の負担を回避する事例に対処して税負担の実質的な公平を図ることを目的として，タックス・ヘイブン税制を定めた上で，②例外的に，同条3項において，同様に課税要件を明確化して課税執行面における安定性を確保しつつ，正常かつ合理的な経済活動につき同税制の適用を除外する趣旨で，当該特定外国子会社等が独立企業としての実体を備え，かつ，その行う主たる事業が十分な経済的合理性を有すると考えられる一定の場合について，具体的かつ明確な要件を定めて，上記①の立法目的を損なわない範囲で，限定的に同税制の適用除外を認めたものであって，同条3項の適用除外要件の定めは明確であり，文理解釈によってその意味内容を明らかにすることが可能である。これに対し，原告は，同条1項が設けられた趣旨から忖度して，措置法の条文にはない一定の要件を付加して租税法規の適用範囲を限定すべき旨主張しているが，これは，要するに，措置法の条文にはない独自の適用除外要件を創設して同条3項の適用除外の範囲を拡大すべき旨を主張するものであって，実質的には立法論の範疇に属するものといわざるを得ず，しかも，原告が主張する同条1項への付加要件，すなわち，同条3項の適用除外の範囲拡大の要件自体（我が国企業の国際競争力の低下等）が極めて不明確なものであって，それによって課税執行面における安定性を確保することは到底不可能と考えられるから，上記のとおりの租税法規の解釈の在り方に照らし，措置法66条の6の解釈論として所論を採用することはできない。

形式的に要件を満たすか満たさないか，法の解釈適用においては，あくまでそれだけをみればよい，といったのです。そうしないと，要件の適用が不明確になってしまうから，ということなのですが，たしかにそのような側面もあるかもしれません。

来料加工事件の判決は，外国税額控除事件の最高裁平成17年判決よりあとに下されています（東京地裁平成21年5月28日判決・税務訴訟資料259号順号11217，東京高裁判決平成23年8月30日判決・税務訴訟資料261号順号11739等）。これらの下級審の判決は，納税者の上告受理申立てが不受理とされる最高裁の決定により，確定しています。

▶ 最高裁判決の特殊性

武富士事件，来料加工事件という，本件よりあとの事件ですが，こうした別件の判決からすると，**この外国税額控除事件の最高裁判決は，やや特殊な部分があるといわざるを得ません**。1つは，武富士事件の関係からいうと，補足意見ではありますが，権利濫用という法理は使われるべきではないとされたものを，本件最高裁判決は使っていることです。もう1つは，趣旨目的の観点から判断して（つまり実質論を行い），形式的には要件を満たしている（本判決も，この点は否定していません）制度の適用を，排除してしまっていることです。このような2つの側面からみると，税法の解釈として一般的には認められていないようなロジックを，最高裁が使っていることがわかります。

こうした観点で考えると，1つのクエスチョンがつく最高裁判決であるともいえます。そのように考えたからか，外国税額控除事件の下級審判決（高裁判決，地裁判決）では，濫用とまではいえないとして，結論としては，外国税額控除の利用を認めている判断がなされていました。

たとえば，高裁判決は，「被控訴人〔筆者注：納税者である銀行〕が二重課税を生じさせたとの面はあるものの本件取引が外国税額控除の制度を濫用したとまでいうことはできない。」といっていたのです。

「濫用したとまでいうことはできない」というのは，逆にいえば，「濫用した」といえる場合には，外国税額控除制度は使えませんよ，といっているようにも思えます。そう考えると，高裁判決も，一般論として「権利濫用」が税法で使われることを否定しているものではないと，読むことができます。

▶ 限定解釈の許容性

これに対して，外国税額控除事件の地裁判決では，詳細な検討がなされていて，**「限定解釈」**の問題なのではないか，ということが指摘されています。

「限定解釈」は，法解釈をする際に，その条文の文言に書かれているよりも，狭く解釈をする方法です。文言どおりに読む文理解釈ではありませんので，趣旨目的を考慮したうえで，その条文の適用範囲を限定する方法です。その意味では「趣旨解釈」であり「目的論的解釈」であるともいえるでしょう。

こうした「限定解釈」についても，税務判例をリーガルマインドで読み解くためには，税法の解釈として学ばなければなりません。本書では，このあとにみる**売上原価事件**（第9章）で，法人税法における損金算入をめぐって，法人税法22条3項1号と2号とで「反対解釈」の問題も登場します。損金算入するためには**「債務の確定」**が2号では必要とされているけれど，1号には何も書かれていない，そうであれば，両者（2つの条文）を比較して**反対解釈**をすれば，記載のない1号では「債務の

確定」は不要ではないか，という議論です。**文理解釈，趣旨解釈（目的論的解釈）**のほかにも，解釈の手法としては，こうした**限定解釈，反対解釈**，というものもあるのです。

さて，限定解釈に話を戻しましょう。外国税額控除事件（本件）の地裁判決では，「課税減免規定の限定解釈の許容性」という見出しのもとで，以下のような判示がなされていました。

◇ **外国税額控除事件第1審判決（大阪地裁平成13年12月14日判決・税務訴訟資料251号順号9035）**
……租税法律主義の見地からすると，租税法規は，納税者の有利・不利にかかわらず，みだりに拡張解釈したり縮小解釈することは許されないと解される。

▶ **課税減免規定と政策的判断**

これは，さきほどみた武富士事件最高裁判決の補足意見に近い内容ですね。もっとも，この大阪地裁判決は，そのあとに続けて，次のようにも判示しています。

◇ **外国税額控除事件第1審判決（大阪地裁平成13年12月14日判決・税務訴訟資料251号順号9035）**
しかし，税額控除の規定を含む減免規定は，通常，政策的判断から設けられた規定であり，その趣旨・目的に合致しない場合を除外するとの解釈をとる余地もあり，また，これらの規定については，租税負担公平の原則から不公平の拡大を防止するため，解釈の狭義性が要請されるものということができる。したがって，租税法律主義によっても，かかる場合に課税減免規定を限定解釈をすることが全く禁止されるものではないと解するのが相当である。

この地裁判決で言及されている点が，この事件の特殊性です。つまり，法人税法69条（外国税額控除制度の規定）は，「**課税減免規定**」である，ということなのですね。課税をする規定ではなく，課税を減免するという。このような規定については，減免することについて，そもそも立法段階で，「**政策的判断**」があるはずである，ということです。その政策目的（趣旨）をきちんとみたうえで，解釈適用がなされるべきである，ということです。

　さきほどみた最高裁判決も，たしかに，法人税法69条は政策目的をもった規定である，といっていました。国際的な二重課税を防止する「**政策目的**」で定められた規定である，ということです。

　そうすると，そのような政策目的に基づく規定については，その趣旨目的に合致しないものがある場合には，限定解釈をする。条文の文言からは読みとれないとしても，趣旨目的から外れるものについては当該課税減免規定の適用を排除する。つまり，法人税法69条が適用される範囲は，こうした解釈をすることで，文理（文言）より**限定される**。こうした解釈がなされることも，税法にはあるということです。

　地裁判決をみると，次のように判示されています。

◇ **外国税額控除事件第１審判決（大阪地裁平成13年12月14日判決・税務訴訟資料251号順号9035）**
　　3　限定解釈の可能性
　　被告は，法69条1項の「納付することとなる場合」を限定解釈し，本件各取引における原告の外国源泉税の納付がこれに当たらないと主張するので，以下，前記1，2を前提に同文言の限定解釈の可能性を検討する。
　　（1）まず，同条の**文言**は，「納付することとなる場合」と一義的な規

定をしており，「納付」自体は，租税債務の弁済であり，「納付」は我が国租税法上の固有概念であるところ，我が国の租税法上は，第三者の納付も許容されており（国税通則法41条），その文言自体から，例えば，真実経済的に外国法人税を負担する者による納付に限定することはできず，解釈の幅は極めて狭いといえる。
（2）つぎに，制度趣旨の点から検討するに，前記2の事実から明らかなように，外国税額控除制度は，結局のところ，同一の所得に対する国際二重課税を排斥し，かつ，資本輸出中立性を担保しようとする極めて合理的な政策目的に基づく制度である。

　ところで，昭和63年の抜本的な改正時には立法者によって，外国税額控除枠のいわゆる彼此流用の問題（一括限度額方式の下で，我が国の実効税率を超える高率で課された外国税が，他の軽課税ないし非課税とされた国外所得から生じる控除枠を利用して控除されてしまうという問題）は認識されていた。かかる彼此流用の結果，国際二重課税の制度趣旨を超えて内国法人に税額控除の利益を与えることもあり，控除枠を創出するために，軽課税国ないし非課税国へ投資するという傾向が強まるという資本移動のゆがみが生ずることも認識されていた。

　ところが，昭和63年12月の法改正は，これを一般的に禁止することはせず，控除限度額の枠の管理を強化したり，高率部分を控除対象外国法人税に含めないとすることによって対応することを明らかにしたものであると解され，彼此流用については，その限度で許容するという割り切った立法政策を採ったものと解される。

　したがって，内国法人が控除限度枠を自らの事業活動上の能力，資源として利用することを一般的に禁ずることはできないといわなければならない。

　結局は，法人税法69条1項の文言には「納付することとなる場合」と書いてあるので，これを限定解釈できるかどうか，この点を詳細に検討しているのです。

　判決文の3（1）で，文言がどうなっているかという検討（文理解釈）

をして,「納付することとなる場合」であると, 一義的な規定をしていると,「納付」というかぎかっこを付けた表現をしています。そして,「『納付』自体は, 租税債務の弁済であり,『納付』は我が国租税法上の固有概念であるところ, 我が国の租税法上は, 第三者の納付も許容しており（国税通則法41条), その文言自体から, たとえば, 真実経済的に外国法人税を負担する者による納付に限定することはできず, 解釈の幅は極めて狭い」と判示しています。

次に判決文の3（2）では,「制度趣旨」, すなわち, 趣旨目的の観点からの検討（趣旨解釈・目的論的解釈）がされています。「彼此流用については, その限度で許容するという割り切った立法政策を採ったものと解される。したがって, 内国法人が控除限度枠を自らの事業活動場上の能力, 資源として利用することを一般的に禁ずることはできないといわなければならない」として, さらなる検討がされています。しかし, 結局のところ, 限定解釈をするということは困難であるという結論になっています。

そして最後は, その少しあとに登場する部分なのですが, 次の判示につながります。

◇ **外国税額控除事件第1審判決（大阪地裁平成13年12月14日判決・税務訴訟資料251号順号9035）**
　これらの点に鑑みるならば, <u>取引各当事者に, 税額控除の枠を利用すること以外におよそ事業目的がない場合や, それ以外の事業目的が極めて限局されたものである場合には,「納付することとなる場合」には当たらないが, それ以外の場合には「納付することとなる場合」に該当するという基準が採用されるべきである。</u>

このように，限定解釈をしてはいるのですが，限定できる範囲を，大阪地裁判決は，相当狭めているということです。ということで，第1審判決は，限定解釈を一応してはいるのですが，上述のとおり，「それ以外の場合には「納付することとなる場合」に該当するという基準が採用されるべきである」といっていたのです。

▶ あてはめ

そして，この基準（判断枠組み）に対する「あてはめ」としては，「本件において，原告が取得した利ざやは，貸付利息と預金利息の差額であり，租税回避行為に加担したことに対する報酬であるのか，許容される事業による利益であるのか，これを峻別することは困難であり，いまだ，事業目的がないと断定することはできない」と述べられています。

ここで，リーガルマインドで読み解くために重要な，「**法的三段論法**」を思い出してください。**大前提**としての（**法解釈**）によって上記基準（判断枠組み）が「**規範**」として定立され，この「**規範**」に，認定した事実（**小前提**）が「**あてはめ**」られています。

図2　法的三段論法（11頁参照）

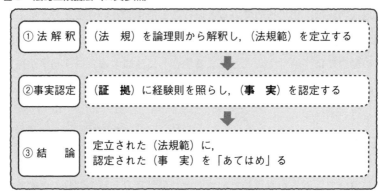

　結局，大阪地裁判決は，法人税法69条（外国税額控除制度）の適用を認めています。このように，地裁，高裁，最高裁のいずれも，「法人税法69条が，どのような場合であっても必ず適用される」という解釈を採っているものではないのです。しかし，第1審（地裁）は，適用されない場面を，きわめて狭くはしていますが，その狭いなかで限定的な解釈が判示されています。これに対して，控訴審（高裁）の場合は，濫用論について検討して，濫用とまではいえないといっています。

　以上に対して，上告審（最高裁）は，「濫用である」といっていました。ということで，外国税額控除事件では，どのような取引であったのか，という事実に対するとらえ方が問題になると同時に，**この事件も，法人税法69条の「法解釈」が問題になったのです**。

▶ 調査官解説の説明

　最後に，外国税額控除事件について，調査官解説（判例解説）に記載されているポイントを2点，紹介しておきます。

1つめは，このように最高裁判決は，外国税額控除制度を定めた法人税法69条の規定を「限定解釈」しましたが，これは租税法律主義（憲法84条）に違反しないのか，という点です。調査官解説によれば「本件取引の当事者は，外国税額控除制度の趣旨目的を十分に理解した上で，その余裕枠があることを奇貨として，本件取引を仕組んだものであり，法人税法69条1項の規定は本件取引には適用されないという限定解釈をして同規定を適用しないこととしても，憲法違反の問題を来すものではないと考えられる」と説明されています（杉原則彦「判解」最高裁判所判例解説民事篇平成17年度1004頁）。

　2つめは，条文の文言が改正された点です。この事件において適用の当否が問題になった法人税法69条の規定の文言は，事件後に法改正（法人税法の平成13年改正）がなされて，「<u>（内国法人が通常行われる取引と認められないものとして政令で定める取引に基因して生じた所得に対する外国法人税を納付することとなる場合を除く</u>。）」という文言が付け加えられました。このような改正がなされたことを重視すると，武富士事件（第1章）ではありませんが，法改正によって対応すべき問題であり，法解釈では限界がある，ということにもなりそうです。

　調査官解説をみると，「このような立法的対応は，その性質上，後手に回らざるを得ない面があり，今後も，同様の租税回避行為の出現が予想されるだけに，本判決の示した判断の重要性は，上記立法によっても失われるものではない。」という説明がされています（杉原・前掲1002頁）。

　また，続けて，同調査官解説は，「従前の法律の下においても，これを適用の対象から除外することは可能であったというべきであるが，そのような考え方に基づく処分が争われるようになったことから，立法によって明確に確認したものと考えられる。」とも説明しています（同）。

武富士事件の約6年前に下された最高裁判決ですが，両者を照らして考えると，事案が違うからというだけでは整合性がとれない「見方の違い」が微妙にあるようにも思えます。

　まず，外国税額控除事件と武富士事件は，本質的には類似した問題（論点）にみえるのにもかかわらず最高裁の結論が異なっている点について，**整合的な説明をするとすれば，前者は「課税減免規定」であり，後者は「課税規定」であった**，という違いを指摘できます。

　それ以外でと考えると，後者が租税回避であることを前提に議論されているにもかかわらず課税処分が違法と判断されているため，他には大きな違いはないようにも思えます（最高裁判決が下された年と判断した裁判官は違います）。答えがあるわけではありませんが，こういったことを考えてみることも，**法的思考力**，つまりリーガルマインドを鍛える素材になります。

column 7：創設規定と確認規定

　外国税額控除はあくまで「国際的な二重課税」を調整するための政策目的で定められた制度である。濫用目的で行われたものに適用されることなど，想定していない。これが外国税額控除事件の最高裁平成17年判決の，いわんとするところであろう。

　限定解釈であると評されているのは，法解釈によって租税回避を否認した判例と考えてしまうと，私法上の法律構成による否認が許されないと解されていることとの不均衡が，生じかねないからである。

　これまでの判例をみると，法的三段論法の3つのプロセス（法解釈→事実認定→あてはめ）のどこかで租税回避を否認する操作を加えることが，少なくとも下級審レベルでは試みられてきたようにみえる。今回は最高裁判決でもあり，正面から租税回避を否認する法解釈をしたというかたちは，とれなかったものと思われる。

　しかし，濫用目的であれば，当時の法人税法69条に明文規定がなかったにもかかわらず，その適用が排除されるという解釈の正当性には，それでもなお疑問が残るであろう。

　事件後に，濫用目的の場合には適用が除外される旨の括弧書きができた。調査官解説を読むと，これは創設規定ではなく，確認規定であるとの説明がある。この除外規定ができるまえから濫用事例にはもともと外国税額控除は認められなかったという解釈である。

　しかし，課税要件は法律で明確に定められるべきとの要請が憲法上あること（課税要件明確主義）を考えると，限定解釈には違和感が残る。この解釈が他の規定でも普通になされれば，租税法律主義は形骸化してしまう。もっとも，こうした解釈は，その後の判例をみても，基本的にはなされていないようである。

第8章
損害賠償請求権益金算入事件

不法行為の被害者であることが
権利の確定に影響を与えるか？

> **本章で学ぶポイント**

　法人税法における益金算入の時期（年度帰属）が問題になったのが，損害賠償請求権益金算入事件（日本美装事件）です。この事件は，法的三段論法のうち「法解釈」が問題になった事案であるといえます。

　具体的には，権利確定主義における「確定」の時期の問題です。会社内部での不正があり会社が不正を働いた従業員に損害賠償請求権を有していたことになるものの，当時は会社もそのことを知りませんでした。あとになって税務調査で発覚したという事案だったからです。

　この点で，事実認定の問題というよりも，認定された事実に対する「評価」の争いであるといえます。より具体的にいえば，不正があったときの事業年度に不法行為に基づく損害賠償請求権が確定していたと，法的に評価できるかということです。

　「先例拘束力」の問題も登場します。類似の事案で，確定の時期を異にする最高裁判決が過去にありました。そこで，それぞれの先例との整合性をどのようにみるべきか，という「判例の射程」の問題も検討することになります。

　地裁判決と高裁判決では，結論を異にしています。どちらの結論を採ったとしても，いっけんすると相矛盾することになりそうな過去の最高裁判決（先例）があるのです。この点を，どのように整合的にとらえていくか，という視点を，本章では学ぶことができます。

● 最　高　裁　平成21年7月10日第二小法廷決定・税務訴訟資料259号順号11243
● 東 京 高 裁　平成21年2月18日判決・訟務月報56巻5号1644頁
○ 東 京 地 裁　平成20年2月15日判決・判例タイムズ1282号103頁

> **本章のキーワード：判例の射程**
>
> 「判例の射程」の議論で検討しなければならないのは，「その規範はどの範囲まで及ぶか？」ということです。判例に「事実上の拘束力」があるといっても，関係のない事件には，その効力は及びません。
>
> 極論をすれば，明らかに「判例」が適用されるべき「同様の場面」である事件であれば，「射程の議論」を問題にする必要はありません（事案A）。逆に，明らかに「判例」が適用されない「異なる場面」である事件の場合にも，「射程の議論」を問題にする必要はありません（事案B）。
>
> これに対して，「判例」と「同様の場面」のようにもみえるけれども，「異なる場面」のようにもみえる，というものがあります（事案C）。どちらであるかわかりにくい，こういう事例が重要です。
>
> その場合には，過去に下されている最高裁判決の判断枠組み（判例）を適用（参照）するのか，あるいは適用（参照）しないのかを判断しなければならなくなります。こうして問題になるのが，「判例の射程」なのです（射程論）。

▶ 概　要

　本章で取り上げる判例の事件名は，便宜的に名前をつけたものです。この**損害賠償請求権益金算入事件**（前掲『租税判例百選〔第7版〕』〔有斐閣〕では，日本美装事件と呼ばれています）を，みていきましょう。

　この事件では，最高裁の判決は下されていません（最高裁の決定はありますが，控訴審判決を支持する不受理の決定に過ぎません）。しかし，高裁（控訴審），地裁（第1審）では，裁判所の判断が分かれました。

　どのような事案だったのでしょうか。納税者は法人です。株式会社だったのですが，税務調査を受けました。そのときに，その会社の経理部長が実は不正を行っていたことが発覚したのです。

　法人に対する税務調査で，法人内部の社員の横領等が発覚するということは，比較的よくあることです。この事案では，経理部長が，架空の外注費を計上していたのです。

　架空の外注費は，本当は，だれにも支払っていない費用です。それを支払ったかのように仮装して，法人税の申告書の計算では費用に計上し，それを損金として算入していました。しかし，実際は経理部長が，そのお金を自分のふところに入れていました。

　会社は，そのような事実は知りませんでした。**税務調査で不正経理の事実が発覚したあとは，すぐにその元経理部長に対して刑事告訴を行い，刑事裁判となりました。**元経理部長には，詐欺罪での有罪が確定しました。また，それとは別に，数年間にわたって多額の金員を会社から自分のものにしていたということで，その損害について，**会社（法人）は，民事上の損害賠償請求の訴訟を，元経理部長（懲戒解雇）に対して提起し，元経理部長に対する損害賠償請求を命ずる民事上の判決も確定しました。**

➤ **権利確定主義**

　これが法人税との関係で，どのような問題になったのでしょうか。詐欺が発覚したのは，詐欺行為からだいぶ時間が経ったあとですが，法律上は，不法行為に基づく損害賠償請求が成立することになります（民法709条）。

◆ **民法709条**
> 故意又は過失によって他人の権利又は法律上保護される利益を侵害した者は，これによって生じた損害を賠償する責任を負う。

　そして，この場合，いつ被害を知ったかということではなくて，不法行為があった時に，民法上の損害賠償請求権は発生していたことになります。そうすると，この不法行為に基づく損害賠償請求権は，実際に損害賠償金を受け取ったか否かにかかわらず，不法行為時の事業年度の益金に算入されるのではないか。通常の売上げの場合でも，代金を受け取るか否かにかかわらず，売買契約が成立して権利が確定したといえれば，法人税法上は益金に算入することになるわけです。不法行為の損害賠償請求権でも，同じではないか，いや違うのか。これは，益金の計上時期の問題であり，いわゆる「**権利確定主義**」の適用の問題です。

　今回の場合は，時間が相当程度経過していました。平成12年の毎事業年度から，不正（詐欺行為）がありました。更正処分がされたのは，平成16年なのです。それ以前の事業年度において，それぞれの事業年度ごとにですね，その事業年度に成立した**不法行為に基づく損害賠償請求権**により得られる金額を，「**益金**」として計上すべきだった。それなのに，法人がこれをしていなかった。こういう指摘を，課税庁から受けること

になったのです。

▶ 同時両建て

架空の外注費は，損金として算入されていました。しかし，損金に算入されていた架空外注費と同額を，会社（法人）が経理部長にとられていた，ということになります。

そうすると，法人に生じたことになる「**損失**」の額として，これを振り替えることになります。しかし同時に，その被害額については，不法行為時に損害賠償請求権（民法709条）が成立していました。これを法的にみれば，経理部長に対して請求することが可能であった，ということに，少なくとも事後的にみればなります。

そこで，「**同時両建て**」といいますが，不法行為があった事業年度に損害賠償請求権を益金として計上すべきだった，それにもかかわらず，していなかった，と課税庁は考えたのです。

もちろん，会社（法人）はそのような事実（被害を受けている事実）を知らなかったからこそ，損害賠償請求権としての計上をしていなかったのです。

しかし，知らないといっても，民法上は不法行為時に成立している損害賠償請求権です。法人税法上の益金算入時期（所得の年度帰属）の問題として，判例が採用している「権利確定主義」をあてはめれば，法人税法のロジックとしては，課税庁の主張のとおりになるのではないか，ということが問題になりました。

▶ 不正の主体

ここでポイントとなるのは，法人自身が不正を行っていていたのでは

なく（架空経費の計上を会社が積極的に行っていたのではなく），**法人の内部の人間である経理部長が，自らのお金にするために，法人に隠して不正を行っていた**という点です。

会社（法人）としては，その詐欺をされたお金について，被害者の立場にあります。一方で，法人税の問題としてみると，自分の会社の経理部長が不正を行ったのでしょう，ということにもなります。すでに懲戒解雇もしており，こちらも被害者なのだ，と法人はいいたいでしょう。しかし，法人税法上も，そのようなことが主張が通るのか，という問題がでてきます。

法人内部の人間なので，第三者から違法行為を受けた場合とは違う側面があります。そうすると，課税庁からすれば，内部の人間である以上，法人と一体だ，という**ロジック**を使いたくなります。

以上の論点に対して，高裁判決は，結論として，これは不正行為があったそれぞれの事業年度の益金に算入されると判断しました。不法行為が起きた，つまり詐欺があった各事業年度に，詐欺によって取られた金額相当額が損害賠償請求権として益金に計上されるべきであるとして，それをしていなかった法人に対する増額更正処分は適法であると判断したのです。

▶ 判例の射程

この事案では，判例の射程について，興味深い議論がでてきます。判例の「**先例拘束力**」の議論，「**判例の射程**」の問題です。この事件では，複数の類似した（先行する）最高裁判決があったため，それとの関係をどのようにみていくのか，ということが問題になりました。

類似する先行判例の１つめとしては，権利確定主義を判示した最高裁

平成5年11月25日第一小法廷判決・民集47巻9号5278頁(大竹貿易事件)がありました。最高裁平成5年判決は,益金に計上すべき時期の問題,タイミング(年度帰属)の問題として,権利が確定した時であるとしています。これは所得税法で採用されている権利確定主義と,基本的に同じです。この**最高裁平成5年判決**が,本件にも適用されるのか。まずは,ここからスタートですが,このこと自体は,地裁,高裁ともに,とくに判断に違いは生じませんでした。

両判決ともに,最高裁平成5年判決をベースにしながら,権利の確定があったかどうか,ということをみたのです。

◇ **損害賠償請求権益金算入事件控訴審判決(東京高裁平成21年2月18日判決・訟務月報56巻5号1644頁)**
……法人税法上,内国法人の各事業年度の所得の金額の計算上当該事業年度の益金の額に算入すべき金額は,別段の定めがあるものを除き,資本等取引以外の取引に係る収益の額とするものとされ(法人税法22条2項),当該事業年度の収益の額は,一般に公正妥当と認められる会計処理の基準に従って計算すべきものとされている(同条4項)。したがって,<u>ある収益をどの事業年度に計上すべきかは,一般に公正妥当と認められる会計処理の基準に従うべきであり,これによれば,収益は,その実現があった時,すなわち,その収入すべき権利が確定したときの属する年度の益金に計上すべきものというべきである(権利確定主義。最高裁平成5年11月25日第一小法廷判決・民集47巻9号5278頁等参照)</u>。なお,ここでいう権利の確定とは,権利の発生とは同一ではなく,権利発生後一定の事情が加わって権利実現の可能性を客観的に認識することができるようになることを意味するものと解すべきである。

◇ **損害賠償請求権益金算入事件第１審判決（東京地裁平成20年２月15日判決・判例タイムズ1282号103頁）**
　法人税法上，内国法人の各事業年度の所得の金額の計算上当該事業年度の益金の額に算入すべき金額は，別段の定めがあるものを除き，資本等取引以外の取引に係る当該事業年度の収益の額とするものとされ（22条２項），当該事業年度の収益の額は，一般に公正妥当と認められる会計処理の基準に従って計算すべきものとされている（同条４項）。したがって，<u>ある収益をどの事業年度に計上すべきかは，一般に公正妥当と認められる会計処理の基準に従うべきであり，これによれば，収益は，その実現があった時，すなわち，その収入すべき権利が確定した時の属する事業年度の益金に計上すべきものと考えられる</u>（最高裁平成５年11月25日第一小法廷判決・民集47巻９号5278頁参照）。

　ほとんどそっくりな文章ですよね。これが**先例の事実上の拘束力**です。もう１つが，**最高裁昭和43年10月17日第一小法廷判決・集民92号607頁（代取横領事件）**でした。これは，本件と似ているといえば似ているのですが，会社の代表者（代表取締役）が横領をしていた事案です。

　その場合に，会社（法人）が横領された金額相当額の損害賠償請求権を，当該法人の法人税の益金に，いつ計上すべきかが争いになりました。**最高裁昭和43年判決は，不法行為が行われた事業年度に計上すべきである，としました。**最高裁昭和43年判決は，代表者の横領事件でしたが，本件は，経理部長の詐欺事件です。大きくとらえれば，社会的な事実としては，似ていますよね。

　そこで，最高裁43年判決と同じように考えると，本件も，不法行為時の事業年度の益金に計上すべきである，ということになりそうです。

　この点については，「**判例の射程**」の問題になりますが，後述するように，地裁判決と高裁判決とで，とらえ方が異なりました。

➡ **先例との整合性の問題**

　もう1つあります。**最高裁平成4年10月29日第一小法廷判決・集民166号525頁**（**電気料金過大徴収事件**）です。電力会社が，企業から電気料を過大に徴収していた，という事案でした。電気料を過大に徴収していた，徴収されていたということを，もらっている側（電力会社）も，支払っている側（企業）も，いずれも気づかないまま，後になってその過大徴収の事実が発覚したため，電力会社は過大徴収額を返還しました。

　これについて民法上の権利関係としては，過大部分については，「法律上の原因」がないにもかかわらず，電気料を払っていたということになります。そうすると，その過大な部分について支払った企業は，これを受領した電力会社に対して，不当利得に基づく返還請求権を行使することができることになります（民法703条）。

◆ **民法703条**
　　法律上の原因なく他人の財産又は労務によって利益を受け，そのために他人に損失を及ぼした者（以下この章において「受益者」という。）は，その利益の存する限度において，これを返還する義務を負う。

　裁判所は，どのようにいったのでしょうか。過大に支払った時点では，過大であることを当事者が認識することは困難であり，発覚していなかったことから，**実際に発覚したあと，金額を返還するという合意が成立した時点の事業年度の益金に計上すべきだ**，といったのです。

　これと同じように本件を考えると，不法行為時ではなくてもよいではないか，という議論ができそうですよね。

　そうすると，**最高裁昭和43年判決**（**代取横領事件**）と同じように本件

を考えれば，不法行為のあった事業年度の益金に算入すべきである，ということになりそうです。他方で，**最高裁平成4年判決（電気料金過大徴収事件）**のように考えると，本件も発覚したのはあとなのだから，発覚したあとの事業年度の益金に算入すればよい，ということになりそうです。少なくとも，会社（法人）からすれば，そのように考えるでしょう。会社（法人）は，不正経理の事実を知らなかったからです。

　これらを踏まえると，いま挙げたそれぞれの最高裁の判決は，本件とまったく同じ事案ではありません。そこで，どこまでその先例としての射程が及ぶのか，という問題になります。

　これが「**先例拘束力**」（判例の事実上の拘束力）を前提としたうえでの，当該「**判例の射程**」の問題になります。

　事実上の拘束力の意味ですが，初学者には，さまざまなテキストの説明を読んでも，わかりにくいと感じることが多いようです。

　以下の図は，『リーガルマインドのあたらしい教科書』（木山泰嗣著，大蔵財務協会，2022年）で解説したときに用いたものです。ここに再掲しておきます。

　法的に裁判所が，最高裁判所に拘束されることはありません（ただし，差戻審の場合は別です）。しかし，その事件でも，過去の最高裁判例（先例）の射程が及ぶはずなのに，先例と異なる判断をする下級審の裁判所があれば，敗訴した当事者が最高裁まで争うでしょう。

　そのときに，どう判断されるのか。その予測を下級審の裁判官はするのです。「裁判官は上を見る」といわれるのは，こういうことです。

図4 「判例」の事実上の拘束力（15頁参照）

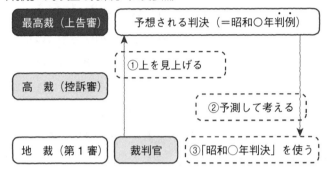

図11 判例の射程（その2）

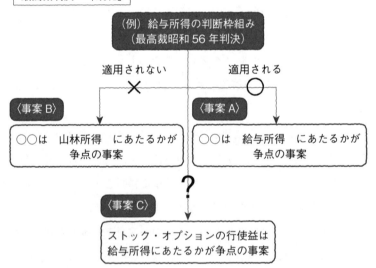

（出典：木山泰嗣『リーガルマインドのあたらしい教科書』〔大蔵財務協会，2022年〕143頁・図50）

こうして，裁判所は，最高裁の先例（判例）については，その射程が及ぶ限りは，その先例と整合性のある判断をしなければならなくなります。

　ところが，損害賠償請求権益金算入事件では，どちらの結論をとったとしても，過去の先例（最高裁判例）と，どこがどう違うのかを説明することが必要になりました。このジレンマが，単に判例の射程の問題がある事件（たとえば，生保年金二重課税事件〔第2章〕とその後の不動産譲渡二重課税事件など）以上に，この事件を複雑にしている点といえます。

　つまり，複数ある判例の射程を，すべての判例と整合的に理解しなければならない。それぞれの判例が矛盾するようにも読める。それでも，それらを整合的に整理しなければならない。こういうジレンマのある事件でした。

　「あちらを立てれば，こちらが立たず」とでもいいますか，そういうジレンマです。その意味で，学ぶべき要素の多い事件です。なぜなら，ジレンマといいましたが，裁判所は，地裁・高裁ともに，それでもスラスラと矛盾しないように，過去の判例との整合性を説明しているからです。

▶ 例外と高裁のロジック

　本件の高裁判決は，基本的には，代表取締役の横領事件である最高裁昭和43年判決（代取横領事件）をベースにしました。

　それは，高裁判決が，**権利確定主義についての一般論を述べた最高裁平成5年判決**（大竹貿易事件）の引用のあとに，次のように判示していることからわかります。

◇ 損害賠償請求権益金算入事件控訴審判決（東京高裁平成21年2月18日判決・訟務月報56巻5号1644頁）
　　また，法人税法上，内国法人の各事業年度の所得の金額の計算上当該事業年度の損金の額に算入すべき金額として，当該事業年度の損失の額で資本等取引以外の取引に係るもの（同条3項3号）が掲げられているところ，本件のような不法行為により発生した損失はこれに該当し，その額を損失が発生した年度の損金に計上すべきものと解されている（最高裁昭和43年10月17日第一小法廷判決・裁判集民事92号607頁参照）。
　　そして，本件のような不法行為による損害賠償請求権については，通常，損失が発生した時には損害賠償請求権も発生，確定しているから，これらを同時に損金と益金とに計上するのが原則であると考えられる（不法行為による損失の発生と損害賠償請求権の発生，確定はいわば表裏の関係にあるといえるのである。）。

　このように，結論（原則論）を導くにあたり，最高裁昭和43年判決を引用したのが，高裁判決です。もっとも，「原則」は，やはり同時両建てであるとしたうえで（**原則論**），例外論の余地も残しています。一般論としてではありますが，高裁判決は，次のような「**例外論**」も示しているからです。

◇ 損害賠償請求権益金算入事件控訴審判決（東京高裁平成21年2月18日判決・訟務月報56巻5号1644頁）
　　もっとも，本件のような不法行為による損害賠償請求権については，例えば加害者を知ることは困難であるとか，権利内容を把握することは困難なため，直ちには権利行使（権利の実現）を期待することができないような場合もあり得るところである。このような場合には，権利（損害賠償請求権）が法的には発生しているといえるが，未だ権利実現の可能性を客観的に認識することができるとはいえないといえるから，当該事業年度の益金に計上すべきであるとはいえないというべきである（そのような場合にまで，法的基準に拘泥して収益の帰属年度を決すること

は妥当でないのである。なお，最高裁平成4年10月29日第一小法廷判決・裁判例民事166号525頁参照）。

　少し言い回しが，わかりにくいかもしれませんね。原則は同時両建てであると，つまり，不法行為時に損害賠償請求権は益金に算入される，ということです。しかし，誰が加害者かわからない場合もあり得ます。不法行為なので契約関係があるわけではありません。権利の実現というものを，不法行為時に期待することもできない場合もあり得ます。そういう場合には，**例外的**ではありますが，別の結論を考えることもあり得るだろうと，こういう「**原則・例外**」ロジックを使っているのです。

　そのうえで，引用されたのが，さきほどの電気料金過大徴収事件，つまり，最高裁平成4年判決でした。括弧書き（下線部分）のなかで，「参照」として引用されていますよね。結論から考えると，この高裁判決とは逆のベクトルを示す判例（先例）です。しかし，参照しないわけにはいきませんので，整合性の整理として，これは**あくまで「例外」**であると，といったのです。こうしたロジックをよくみておくことが**重要**です。

　しかし，この高裁判決は，あくまで認識できたかどうかについては，当事者（法人ではなくて通常人）を基準に，権利行使を期待できたかどうかというのを客観的にみるべきだといいました。この基準が，高裁判決の大きなポイントになります。

　つまり，画一的に，すべて不法行為があった事業年度の益金に算入すべきだとはいっていなくて，もちろん例外の余地も残してはいるのです。しかし，権利行使を期待できたかどうかということについては，**当該納税者，当該法人を基準にするのではなくて**，**通常人**という，いわばフィクションとしての普通であればこうできたのではないか，というのです。

第8章　損害賠償請求権益金算入事件

ある意味，事後的にみて，もし通常人だったら，こういうふうに，きっとできたでしょう，という見方ですね。当該法人（納税者）が不正経理の事実を知らなかったというだけではダメ，ということです。

こうした高裁判決のロジックは，次の判示にあらわれています。

◇ **損害賠償請求権益金算入事件控訴審判決（東京高裁平成21年2月18日判決・訟務月報56巻5号1644頁）**
　　ただし，この判断は，税負担の公平や法的安定性の観点からして客観的にされるべきものであるから，通常人を基準にして，権利（損害賠償請求権）の存在・内容等を把握し得ず，権利行使が期待できないといえるような客観的状況にあったかどうかという観点から判断していくべきである。不法行為が行われた時点が属する事業年度当時ないし納税申告時に納税者がどういう認識でいたか（納税者の主観）は問題とすべきでない。

このように，高裁判決は，「（納税者の主観）は問題とすべきでない。」（傍点部分）といっています。

これは，この判決の重要なポイントになります。

▶ **あてはめ**

そのうえで，あてはめ，結論としては，次のように，高裁判決は判示しています。

◇ **損害賠償請求権益金算入事件控訴審判決（東京高裁平成21年2月18日判決・訟務月報56巻5号1644頁）**
　　……決算期等において，会計資料として保管されていた請求書と外注費として支払った金額とを照合すれば，容易に発覚したものである（略）。こういった点を考えると，通常人を基準とすると，本件各事業年度当時

> において，本件損害賠償請求権につき，その存在，内容等を把握できず，権利行使を期待できないような客観的状況にあったということは到底できないというべきである。

　この納税者（法人）がどうであったかといえば，経理部長が不正経理をしていたことを知らなかった。知らなかったからこそ，税務調査でわかったあとは，すぐにその経理部長を解雇して，刑事告訴までして，民事では損害賠償請求訴訟を提起している。客観的な事実から，そういえます。

　しかし，裁判所は，その法人（納税者）が本当に知らなかったかどうかではみない，ということです。視点を変え，通常人が普通にチェックすれば発覚できたのであれば，それはやはり不法行為時の損害賠償請求権を，益金として算入すべきである，といったのです。

　通常人とは，もし，その納税者ではない者が，その立場にいたら，というフィクションです。これは，認定も難しそうですが，「普通なら…」という視点を入れて，納税義務の発生を公平にみようというものなのでしょう。

　もっとも，そのように考えたとしても，そもそも債務者（加害者）である元経理部長に資力がなく，法的に回収が困難であった，という状態であれば，今度は別に「**貸倒損失**」の問題はでてきます。ということで，高裁判決は，さらに，ここでもまた「判例の射程」の問題がでてくることになるのですが，興銀事件（最高裁の平成16年12月24日第二小法廷判決・民集58巻9号2637頁）**を参照して，全額回収不能であることが客観的に明らかであるかどうか，という観点で「貸倒損失」としての損金算入を認めるかどうかを判定しますよ**，といっています。少し細かいとこ

ろかもしれませんが，高裁判決の次の判示です。

> ◇ **損害賠償請求権益金算入事件控訴審判決（東京高裁平成21年2月18日判決・訟務月報56巻5号1644頁）**
> 　ただし，損害賠償請求権がその取得当初から全額回収不能であることが客観的に明らかであるとすると，これを貸倒損失として扱い，法人税法22条3項3号にいう当該事業年度の損失の額として損金に算入することが許されるというべきである（前掲最高裁昭和43年10月17日判決。なお，最高裁平成16年12月24日第二小法廷判決・民集58巻9号2637頁参照）。また，取得当初はそういえなかったとしても，その後そうなったという場合は，その時点の属する事業年度の損金に算入することが許されるというべきである。

　ここでは，「（最高裁平成16年12月24日第二小法廷判決・民集58巻9号2637頁参照）」と判示されています。これは興銀事件（最高裁平成16年判決）で判示された**「規範」**（法解釈により定立された，金債権の貸倒損失を「損失」として損金算入を認めるための要件）を，そのまま使っています。

　これは，**「先例拘束力」**の問題です。「判例の射程」の問題として考えると，先例である**最高裁平成16年判決**（興銀事件）の判示（上記判示の下線部分の規範）が，本件にも妥当する，ということです。

▶ **判断枠組み**

　しかし，他方で，最高裁平成16年判決（興銀事件）は，旧住専の処理問題という，非常に特殊な事案でありました。どのような観点から全額回収不能かどうかをみるべきか，ということについては，他の債権者とのあつれきなどの，興銀事件に特有の考慮事情を入れた**判断枠組み**が，最高裁平成16年判決では示されていました。

◇ **最高裁平成16年12月24日第二小法廷判決・民集58巻9号2637頁**
　……そして，その全額が回収不能であることは客観的に明らかでなければならないが，そのことは，債務者の資産状況，支払能力等の債務者側の事情のみならず，債権回収に必要な労力，債権額と取立費用との比較衡量，債権回収を強行することによって生ずる他の債権者とのあつれきなどによる経営的損失等といった債権者側の事情，経済的環境等も踏まえ，社会通念に従って総合的に判断されるべきものである。

　そこで，本件の高裁判決は，その部分については，平成16年判決（興銀事件）を引用せずに，次のように判示しています。

◇ **損害賠償請求権益金算入事件控訴審判決（東京高裁平成21年2月18日判決・訟務月報56巻5号1644頁）**
　　もっとも，上記のように，貸倒損失として損金に算入するためには全額回収不能であることが客観的に明らかである必要がある（前掲最高裁平成16年12月24日判決）ところ，この全額回収不能であることが客観的に明らかであるといえるかどうかは，債務者の資産・負債の状況，支払能力，信用の状況，当該債権の額，債権者の採用した取立手段・方法，取立てに対する債務者の態度・対応等諸般の事情を総合して判断していくべきものである。

　判例がたくさん登場して，混乱してきたかもしれませんが，ここが，大事なところです。引用した判示（「判断していくべきものである。」）のあとには，さきほどのような最高裁平成16年判決の括弧書きの記載がありませんよね。細かいことではありますが，判決を読むときには重要な部分です。つまり，**最高裁平成16年判決が，先例（判例）として本件にも妥当するのは，あくまで全額回収不能であることは客観的に明らかである場合に損金算入できる，という部分に限られる**ということです。

「判例の射程」の問題は，このようにみることになります。

さて，この貸倒損失についても，本件で，東京高裁判決は，まだそれなりに財産があったといいました。つまり，全額回収不能であることが客観的には認められないとして，貸倒損失としての損金算入も認めなかったのです。

損害賠償請求権益金算入事件では，不法行為が成立した時点で損害賠償請求権が益金に算入される（原則論ですが，本件では例外にあたらず原則どおりである）としたうえで，しかし，貸倒損失があれば損金算入が認められるとしたものです。ただし，当初において貸倒れ（全額回収不能であることが客観的に明らか）ではなかったとしても，その後にそうした事態が生じた場合には，その事業年度において貸倒損失としての損金算入ができる，ということはいってはいます。

しかし，結論としては，やはり本件ではそこまで至っていないということで，損金算入は認められていない，ということですね。こうして，高裁判決は，法人税の更正処分を適法として，これを違法と判断していた原判決（地裁判決）を取り消したのです。

▶ 地裁のロジック

さて，このように更正処分を違法と判断していた地裁判決（第1審）は，どのようなものだったのでしょうか。原審（東京地裁）の判決は，納税者（会社側）を勝訴させ，処分は違法である，といいました。

そのロジックは，どのようなところにあったのでしょうか。まず，さきほどの先例の1つめとして挙げた，最高裁平成5年判決（大竹貿易事件）がありましたよね。これは，権利確定主義について一般論を述べた判決でした。高裁判決も，引用していました。地裁判決でも引用をして

いますが，そのあとが違ってきます。

　何が違うかといいますと，**高裁判決は**，さきほどみたとおり，**納税者の主観ではなくて**，あくまで**通常人**というものを基準としましたが，**地裁はそうではなくて**，**納税者**が認識していたかどうか，ということを判断の基準に使ったのです。

　その理由としては，不法行為に基づく損害賠償請求権の消滅時効は，被害者が加害者と損害の発生を知った時から起算すると，当時の民法に規定されていたからです（民法724条）。下記のように，短期消滅時効を定めた当時の民法724条には，損害及び加害者を知った時点から，3年の消滅時効をカウント（起算）する，と書かれていました。

> ◆ **民法724条（平成29年法律第44号による改正前のもの）**
> 　不法行為による損害賠償の請求権は，被害者又はその法定代理人が損害及び加害者を知った時から3年間行使しないときは，時効によって消滅する。不法行為の時から20年を経過したときも，同様とする。

　このことからすれば，不法行為において，被害者は加害者や損害の内容をすぐには知ることができない場合があるからこそ，民法は被害者が「知った時」という，いわば主観的な基準をもって起算点にする，という配慮をしているのではないかと，地裁判決は，このような考え方を応用して，法人税法上の益金算入時期についても（不法行為に基づく損害賠償請求権の計上時期についても），納税者が権利行使をできたかどうか（納税者の主観）を考慮すべきである，といったのです。**通常人**という，現実にはいない「後からみた一般人」（＝事後的にみたフィクションとしての平均人）を基準の対象にした高裁判決とは，ロジックが違います。

そして，そのことはまさに，最高裁平成4年判決（電気料金過大徴収事件）が，不当利得が発生した時点ではなく，実際に当事者が過大徴収の事実を知って返還の合意をした時点を基準にすべきである，といったことと整合的である，と地裁判決はいいました。

◇ **損害賠償請求権益金算入事件第1審判決（東京地裁平成20年2月15日判決・判例タイムズ1282号103頁）**
……一般に，詐欺等の犯罪行為によって法人の被った損害の賠償請求権についても，その法人の有する通常の金銭債権と同様に，その権利が確定した時の属する事業年度の益金に計上すべきものと考えられるが，不法行為による損害賠償請求権の場合には，その不法行為時に客観的には権利が発生するとしても，不法行為が秘密裏に行われた場合などには被害者側が損害発生や加害者を知らないことが多く，被害者側が損害発生や加害者を知らなければ，権利が発生していてもこれを直ちに行使することは事実上不可能である。この点，民法上，一般の債権の消滅時効の起算点を，権利を行使することができる時としている（166条1項）のに対し，不法行為による損害賠償請求権については，これを，被害者又はその法定代理人が損害及び加害者を知った時としている（724条）のも，上記のような不法行為による損害賠償請求権の特殊性を考慮したものと解される。このように，権利が法律上発生していても，その行使が事実上不可能であれば，これによって現実的な処分可能性のある経済的利益を客観的かつ確実に取得したとはいえないから，<u>不法行為による損害賠償請求権は，その行使が事実上可能となった時，すなわち，被害者である法人（具体的には当該法人の代表機関）が損害及び加害者を知った時に，権利が確定したものとして，その時期の属する事業年度の益金に計上すべきものと解するのが相当である</u>（最高裁平成4年10月29日第一小法廷判決・裁判集民事166号525頁参照）。

▶ **ジレンマと射程外**
しかし，このように考えると，今度は，**最高裁昭和43年（代表取締役**

の横領事件）が，不法行為時の益金に算入すべきである，と判示したこととの整合性が問題になってしまいます。これがさきほどいった「あちらを立てれば，こちらが立たず」という本件のジレンマです。

ふう。という感じでしょうか。あと少しで，この事件の検討は終わります。もう少し，みていきましょう。

この点について，地裁判決は，以下のように判示しました。

◇ **損害賠償請求権益金算入事件第1審判決（東京地裁平成20年2月15日判決・判例タイムズ1282号103頁）**
　なお，被告の援用する最高裁昭和43年10月17日第一小法廷判決の理由中には，横領行為によって法人の被った損害が，その法人の資産を減少せしめたものとして，その損害を生じた事業年度における損金を構成することは明らかであり，他面，横領者に対して法人がその被った損害に相当する金額の損害賠償請求権を取得するものである以上，それが法人の資産を増加させたものとして，同じ事業年度における益金を構成するものであることも疑いない旨を判示した部分があるが，この判示は，法人の代表者による横領行為によって当該法人が被った損害の賠償請求権の益金計上時期が争点となった事案についての判断であり，法人の代表者自身が横領行為を行った場合には，被害者である法人が損害の発生と同時に損害及び加害者を知ったものと評価することができ，これにより損害賠償請求権が確定したものとして，これを当該損害の発生と同じ事業年度の益金に計上すべきこととなるから，当裁判所の上記判断は，上記最高裁判決の判断と何ら相反するものではない。

これは，どういうことでしょうか。本件の加害者は，代表者（代表取締役）ではなく，経理部長（**従業員**）でした。これに対して，最高裁43年判決の加害者は，その法人の代表者（**代表取締役**）でした。代表者というのは，法的には，法人とほぼイコールの存在といえます。この点を

とらえて，法人の代表者自身が横領行為を行った場合には，被害者である法人が，損害の発生と同時に損害及び加害者（代表者）を知ったものと評価できるのではないかと，本件の地裁判決はいっているのです。

　代表者の行為＝法人の行為ですから，法人が被害者だといっても，同時に，代表者が加害者にもなっている，ということですね。自分（代表者）が横領した時点で，法人（＝代表者）も横領を知ったと評価できるでしょう，というロジックです。そのように考えれば，最高裁昭和43年判決という先例があるにもかかわらず，本件の結論は不法行為時ではない，という地裁判決の結論は，本件と事案が異なるから（**射程外であるから**），問題ない（**矛盾はない**），と説明したのです。これが判例の射程の問題であり，**整合性**の問題です。

　このように，本件は複数の最高裁判決との射程の問題をどのように考えるべきなのかという，少し高度な視点が必要になる事件でした。「**あちらを立てれば，こちらが立たず**」にいっけんなりそうな判例（先例）を，**自説**（その裁判所の採った結論）に照らして「**整合的な説明**」をしているのが，判断が分かれた高裁判決と地裁判決です。

　どちらの裁判所も，分の悪い先例（判例）についても，きちんと説明をしています。この点をしっかりみておくことが，リーガルマインドで**判例を読み解く**ためには，とても重要です。

column 8：権利確定主義と期間税

　権利確定主義は，期間税に生じる宿命といえる。所得税も法人税も，期間で所得を把握し税額を確定させる仕組みである。そこで，納税の有無や税額に影響を与える「年度帰属」が問題になる。納税者の恣意を防ぐべく，権利確定主義が妥当と解釈されている。

　この一般論を前提としても，法人が不法行為時に内部の不正を把握できておらず，税務調査で発覚する例は少なくない。当該従業員の隠蔽仮装行為が法人の行為と同視され，重加算税も賦課される。

　不法行為の被害者が，加害者に対して損害の回復を求める権利。それが，不法行為に基づく損害賠償請求権（民法709条）である。損害賠償請求権益金算入事件で，裁判所の判断が分かれたことは，被害者であるはずの法人が取得した損害賠償請求権の権利の確定時期を，私法上の民法の権利の発生時期になぞらえ不法行為時としてしまうことに，疑問を呈する考えがあることを意味する。

　同じような問題で，別件の裁判例では，「他の者から支払を受ける損害賠償金（略）の額は，その支払を受けるべきことが確定した日の属する事業年度の益金の額に算入するのである」としつつも，「法人がその損害賠償金の額について実際に支払を受けた日の属する事業年度の益金の額に算入している場合には，これを認める」と記載されている法人税基本通達2－1－43の「他の者」の解釈が争われた（広島地判平成25年1月15日税資263号順号12126）。裁判所は，「相手方の身元や損害の金額その他権利の内容，範囲が明らかでないことが多いという一般論の妥当する法人内部の者以外の者に限」って，例外的に現金主義の扱いを認めるもので，「他の者」に「法人内部の者は含まれない」と解釈している。

第9章
売上原価事件

同じ条項の他の号との比較が
解釈に影響する？

本章で学ぶポイント

本章では，刑事事件（法人税法違反）の判決に含まれている「法解釈」の問題を検討します。法人税法で最も重要な条文は，22条です。

このうち，損金算入の要件（原則規定）を定めた3項について，2号（費用）では「債務の確定」が条文の文言上求められているのに対し，1号（原価）では，このような規定がありません。このことから生じる，解釈論が本章で取り上げる問題です。本件では，見積り段階のものを，「売上原価」（1号）として損金算入できるかが，問題になりました。

税法解釈の方法については，これまで，武富士事件（第1章）とホステス源泉徴収事件（第3章）で「文理解釈」の重要性（原則）を指摘しました。ほかにも，「趣旨解釈」（目的論的解釈）の例として，生保年金二重課税事件（第2章）を紹介し，「限定解釈」を採用した例として，外国税額控除事件（第7章）を取り上げました。

本章で取り上げる売上原価事件は，刑事事件（刑事訴訟）の判決で，法解釈の部分について詳細な検討（判決理由）が示されているわけではありません。税法解釈の方法についての論及は，最高裁判決をみてもありません。ですが，結論からみれば，売上原価には「債務の確定」が不要であると解釈しています。この点で，1号と2号を比較したうえでの「反対解釈」を採用したものと理解することができます。

売上原価事件は，このように，条文の文言を注意深く読むこと，他の規定との比較をすることなど，法人税法の文言の読み方が問題になります。「（税法）条文の読み方」をトレーニングするためには，最適の事件といえます。判決文にはあらわれていない部分ですが，丁寧に条文の文言の読み方を解説します。じっくり学びましょう。

○ 最　高　裁　平成16年10月29日第二小法廷判決・刑集58巻7号697頁
● 東京高裁　平成12年10月20日判決・刑集58巻7号865頁
● 水戸地裁　平成11年5月31日判決・刑集58巻7号813頁

本章のキーワード：反対解釈

「法解釈」の手法としては，①その条文の規定を文言どおりに読む「文理解釈」があります。②この「文理解釈」のひとつとして，その条文の規定の文言に書かれていないものについては適用されないと読む「反対解釈」もあります。他方で，③条文の規定の文言だけにこだわり過ぎるのはよくないとして，その規定ができた立法趣旨にさかのぼって解釈する「趣旨解釈（目的論的解釈）」もあります。④この「趣旨解釈」を押し進めると，その条文が規定した対象と似たようなものにも類推して適用をしようとする「類推解釈」がされることもあります。ほかにも，民法や法学入門の教科書をみると「勿論解釈」などさまざまな解釈手法が紹介されていますが，基本的には「条文の文言どおりに解釈するのか」というベクトル（①及び②）と，「条文の文言ではない立法趣旨なども考慮して解釈するのか」というベクトル（③及び④）の２つの方向性を押さえておけば十分です。

また，これとは別の視点で，条文が規定する文言よりも拡張して解釈することを「拡張解釈」「拡大解釈」といい，逆に条文が規定する文言よりも縮小して解釈することを「縮小解釈」「限定解釈」といいます。こうした文言の伸縮は，規定の趣旨から行うことがほとんどです。趣旨解釈は，柔軟な解釈になりやすい，ということです。

そのため，一般の法令には，このようにバラエティに富んだ解釈方法があるのに，税法では，厳格な解釈（文理解釈）が原則とされているのです。

▶ 概 要

　売上原価事件は，刑事事件（脱税による法人税法違反の事件）です。税務訴訟というと，課税処分等の取消しを求める行政訴訟を指すのが一般的です。しかし，**本章で取り上げる売上原価事件，第14章で取り上げる競馬事件は，刑事事件でありながら，「税務判例」として一般的に取り上げられているもの**です。

　事件の内容は，刑事事件ですので，判決文を読んでも，これまでみた判決のように，法解釈の議論がたくさん書かれている，というものではありません。刑事訴訟の判決文として仕上がっており，どのような犯罪事実があったのかという，**「罪となるべき事実」**といわれる，刑事訴訟の判決に固有の部分に紙面が割かれている判決です。

　そのあたりには，本書のテーマからは外れます。そこで，法律の解釈（法解釈）として問題になった点に焦点をあて，この点に絞ったうえでの検討をしていくことにします。

　ここで取り上げる論点（**法解釈**）は，法人税法22条3項の解釈論としては重要です。そのため，売上原価事件は，前掲『租税判例百選〔第7版〕』（有斐閣）にも掲載されています（同書56事件）。ひとことでいえば，売上原価をいつの事業年度の損金として計上できるか（算入されるか），というタイミング（損金の年度帰属）の問題です。

　前章（第8章）の損害賠償請求権益金算入事件では，損害賠償請求権という益金をいつの事業年度に計上すべきか（算入されるか），という（益金の年度帰属の）問題でした。売上原価事件では，「損金の年度帰属」が問題になりました。

　年度帰属（タイミング）の問題は，益金の場合であれば，プラスの部分（収益）であるため，納税者からすると，後の事業年度に計上された

方が，税額計算との関係ではよいことになります。これに対して，損金の場合になると，当該事業年度の所得金額の計算においては「益金」から控除できる（マイナスできる）ものになります。納税者にしてみれば，早く計上したいと考えることになります。逆に，課税庁からすれば，この逆の発想になりますね。

売上原価事件では，売上原価について，まだ見積もった段階の事業年度で損金算入をしていたのです。このように見積りをした段階であり，まだ支払っていない費用を「損金」に算入してよいのか，ということが，具体的には問題になりました。

▶ 条文を読むということ

ここから，条文の問題に入っていきます。この売上原価事件では，特に条文をよく読むことが重要になります。リーガルマインドで判例を読み解くためには，条文を読みこなせることが必要になります。それは機械的に1つの結論だけを導くことではありません。これまで本書で扱った事件で，同じ条文の解釈なのに，裁判所により異なる見解が示されたいたことを思い出してください。

条文を読めることが必要といっても，ここにいう「読む」とは，同じ条文の文言でも「a」と読めば「A」という解釈になり得るし，逆に「b」と読めば「B」という解釈になる，というような柔軟な思考ができることが必要になります。

法学者は（基本的には）「**立法論**」をするものではありません（もちろん，政策論として論じることはあります）。そのため，法学において「**学説**」が対立するのは，つまり，同じ条文であるにもかかわらず，結論が異なる見解が生じるのは，条文の読み方（**法解釈のしかた**）の違いがあ

るからなのです（**解釈論**）。

　司法試験では，学説を覚えることよりも，具体的な事例問題を読むなかで，自分なりの一貫した見解に立脚して，条文の解釈・適用をできることが求められます。どんな説があるかを知っているかではなく，あなたはこの事例を解決するにあたり，この条文をどのように読みますか，という「**法的思考**」が問われるのです。法的思考といいましたが，この思考のベースが，まさにリーガルマインドで重要な，「**法的三段論法**」になります。

図2　法的三段論法（11頁参照）

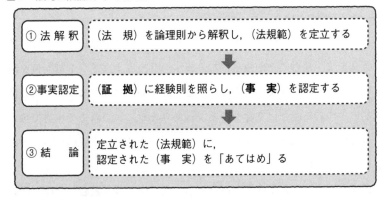

▶ **費用収益対応の原則**

　さて，本件に戻りましょう。この事件で問題になった条文は，法人税法の22条3項1号です。以下のように規定されています。

◆ **法人税法22条3項1号**
　　内国法人の各事業年度の所得の金額の計算上当該事業年度の損金の額に算入すべき金額は，別段の定めがあるものを除き，次に掲げる額とす

る。
一　当該事業年度の収益に係る売上原価，完成工事原価その他これらに準ずる原価の額
　（以下，略）

　この法人税法22条3項は，「次に掲げる額とする。」として，1号（**原価**），2号（**費用**），3号（**損失**）を規定している条文ですが，このように，1つの規定のなかで，「次に掲げる」というように規定したものは，そのあとに掲げられている複数の要素（各号）の「柱」となるため，「**柱書き**」といいます（下線部分）。法人税法22条3項柱書きは，1号から3号のどれかにあたれば，その事業年度の損金に算入できますよと，そういう規定です。この1号から3号のなかで，この事件で問題とされたのは1号（**原価**）です。

　条文をよくみてみましょう。「当該事業年度の収益に係る売上原価，完成工事原価，その他これらに準ずる原価の額」と，書いてありますね。**「費用収益対応の原則」**と呼ばれる会計の考え方（原則）があります。売上原価などの原価は，その売上（収益）に直接対応するひもづいた支出（費用）にあたるので，その売上のあった事業年度の損金に算入する，とされているのです。

▶　**債務確定主義**

　もっとも，この**条文**だけをみても，**本件**における**論点（争点）**についての**答え**は，**はっきりしません**。それは，見積りの段階でも（まだ支出はしない段階でも），その事業年度の損金として売上原価を損金算入できるか，という問題に直接関連する文言はみあたらないからです。ここで

他の条文との比較という視点を使うと，問題点が浮かび上がってきます。それは，お隣（次）にある2号（費用）の条文を参照して，読み比べてみるのです。

法人税法22条3項2号には，どのような規定になっているかというと，次のものになります。

◆ **法人税法22条3項2号**
　1～2　略
　3　内国法人の各事業年度の所得の金額の計算上当該事業年度の損金の額に算入すべき金額は，別段の定めがあるものを除き，次に掲げる額とする。
　（略）
　二　前号に掲げるもののほか，当該事業年度の販売費，一般管理費，その他の費用（償却費以外の費用で当該事業年度終了の日までに債務の確定しないものを除く。）の額

柱書きは，1号でも引用しましたが，ここでは2号をみてください。2号の内容は「当該事業年度の販売費，一般管理費，その他の費用（略）の額」とありますから，会計でいう販管費（販売費・一般管理費）のことです。人件費であるとか，広告宣伝費などが挙げられますが，この2号の本文（括弧書きやただし書がある文の「前」にある部分を「本文」といいます）には，さらに括弧書きがついています。

ここが重要なのですが，法人税法22条3項2号括弧書きをみると「（償却費以外の費用で当該事業年度の終了の日までに債務の確定しないものを除く。）」とありますね。括弧書きであるだけでもややこしいのに，括弧書きのなかに「以外の費用で……を除く」などと書いてありますから，さらにややこしくなっています。これはどういうことかというと，「費用」

については,「償却費」は除きますが, それ以外のもの(「償却費以外の費用」)については,「債務の確定」が必要である, ということをいっているのです。

どのような場合に「債務の確定」が必要なのかというと, 柱書きに戻り, 当該「費用」を当該事業年度の「損金」に算入するためには, ということです。これは,「債務の確定しないもの」は「除」かれますよ, という括弧書きの文言から読み取ることができる内容であり, ただし,「償却費以外の費用」についてとなっていますので,「償却費」という〈例外〉を除いた,「費用」(償却費以外の費用)の〈原則〉についてのルールであることがわかります。これを**「債務確定主義」**といいます。

プラスの収益である「益金」については, 損害賠償請求権益金算入事件(第8章)でみたように,**「権利の確定」**が必要でしたが(**権利確定主義**), マイナスの支出としての費用についても, 原則として, その支払について**「債務の確定」**が必要になる(債務確定主義), ということです。

「債務の確定」がないうちに, 法人の所得金額の計算において, 費用を引けてしまう(損金算入できる)のでは問題があります。法人の所得の金額を, いい加減な見積もりレベルで引いてしまい, 所得の圧縮(法人税額の減少)ができてしまうからです。そこで, 費用については「債務の確定」が, 原則として(償却費を除き)必要である, ということをいっているのです。

ここで「償却費」が除かれている(例外的に「債務の確定」が不要とされている)のは, なぜでしょうか。それは, 償却費の典型例である「減価償却資産」についてみると, 耐用年数に応じた損金算入の方法が法人税法には規定されているからです(法人税法31条)。償却費については, これについて損金算入の時期方法を定めた条文の規定による, という意

味です（他には「繰延資産」の償却もあります。法人税法32条参照）。

▶ 反対解釈

さて，ここではこの償却費についての例外は問題ではありません。原則である「債務確定主義」に注力しましょう。**債務確定主義が採用されているのは，「費用」（2号）の損金算入でした。これに対して，本件で問題となった売上原価等の「原価」（1号）については，どうでしょうか。**

ここからが条文の「比較読み」が必要になるのですが，**1号には括弧書きがないのです**。重要なところなので，もう1度みてみましょう。

◆ 法人税法22条3項2号

1～2　略
3　内国法人の各事業年度の所得の金額の計算上当該事業年度の損金の額に算入すべき金額は，別段の定めがあるものを除き，次に掲げる額とする。
一　当該事業年度の収益に係る売上原価，完成工事原価その他これらに準ずる原価の額（※）
二　前号に掲げるもののほか，当該事業年度の販売費，一般管理費，その他の費用（償却費以外の費用で当該事業年度終了の日までに債務の確定しないものを除く。）の額

2号は「その他の費用」のあとに括弧書きがありますね（下線部分）。これに対して，1号を比較してみると，（※）の部分ですが，「原価の額」のあとに，2号のような，括弧書きがありませんね。

ここで，法解釈の方法を使うことできます。2号の費用には括弧書きがあり「債務の確定」が求められているのに対して，1号の原価には括弧書きがないということは，これを（複数の条文を比較した）**反対解釈**

すれば，1号の原価については，債務の確定は不要である（2号の費用のような，債務の確定は求められていない），と読むことができませんか。

　これは「反対解釈」といいましたが，反対解釈は，条文の文言を素直に読む解釈ですから，いわば（広い意味では）「文理解釈」の1つです。そこでは，趣旨目的などの実質論の考慮は行いません。

　「(複数の条文を比較した)」といいましたが，いま比較した1号と2号は，同じ条項である法人税法22条3項の規定内にあるものです。であれば，もし1号（原価）にも「債務の確定」が必要なのだとすれば，そのお隣（次）にある2号と同じように「(債務の確定しないものを除く。)」と書いてあるはずである，といえそうですよね。それにもかかわらず，書かれていない（1号には，括弧書きがない）ということは，「債務の確定」は，売上原価については，求められていないのではないか。このように読むことができます。

▶ **通達における「債務確定基準」**

　しかし，実際には通達（法人税基本通達）では，売上原価の損金算入についても，「債務の確定」が必要であると読める規定がありました。また，これとは別に，通達ですから，「法律」ではありませんが，この2号（費用）の債務確定については，**「債務確定基準」**といわれている，3要件が定められています。

◆ **法人税基本通達2－2－12**
　　法第22条第3項第2号《損金の額に算入される販売費等》の償却費以外の費用で当該事業年度終了の日までに債務が確定しているものとは，別に定めるものを除き，次に掲げる要件の全てに該当するものとする。
（昭55年直法2－8「七」，平23年課法2－17「五」により改正）

（1）当該事業年度終了の日までに当該費用に係る債務が成立していること。
　　（2）当該事業年度終了の日までに当該債務に基づいて具体的な給付をすべき原因となる事実が発生していること。
　　（3）当該事業年度終了の日までにその金額を合理的に算定することができるものであること。

　3要件というのは，この通達に挙げられている3つの基準のことで，①「債務が成立していること」，②「具体的な給付をすべき原因となる事実が発生していること」，③「金額を合理的に算定することができるものであること」です。
　①「債務が成立している」というのは，たとえば契約が成立している，契約書がありますよということです。②「給付をすべき原因となる事実が発生している」というのは，反対給付（役務を提供する契約の場合，当該サービスを提供したことなど）をした，といったことが挙げられます。③「金額が合理的に算定することができる」というのは，具体的な金額に算定できないような段階のものを，法人の所得金額計算をする際に「損金」として控除するのは，難しい（不適切である），ということです。
　この3要件（債務確定基準）のすべてを満たしているかどうかで，2号の費用については「債務の確定」の有無を判断する，と考えられています。通達の規定ではありますが，この3要件については，裁判所も，合理的な基準なので，この基準で判定すべきであるといっているからです。以下の山口地裁の下線部分をみると「合理的な基準である」とは書かれていません。もっとも，法律ではない通達に規定された要件を適用するといっているということは，通達の規定に合理性があると判断していることがわかります。

◇ 山口地裁昭和56年11月5日判決・行集12巻11号1916頁
　原告が損金計上した右取付費用が法人税法22条3項1号，2号のいずれに該当するものであるかはともかく，そのいずれであるにしても，右取付費用は当該事業年度終了の日までに債務として確定していなければならないのであり（法人税法22条3項2号，法人税基本通達2－1－4参照），そして右債務の確定ありというるためには，当該事業年度の終了の日までに，（1）債務が成立していること，（2）当該債務に基づいて具体的な給付をすべき原因となる事実が発生していること，（3）金額を合理的に算定できること，という3つの要件を全て充たしていなければならない（法人税基本通達2－1－15（注：現行法人税基本通達2－2－12）参照）と解するのが相当である。

（注書は，筆者が記載）

　そうすると，本件で争点となっている売上原価（1号）についても，この2号（費用）と同じように，債務確定基準の3要件すべてを満たすことが必要になるのではないか，という問題が生じます（波線部分をみると「1号，2号のいずれに該当するものであるかはともかく……債務として確定していなければならない」とある判示は気になりますよね。これは古い裁判例ですが，この部分だけを読むと，本章の最高裁判決とは異なり，この山口地裁判決は，1号の売上原価についても「債務の確定」を求めることを前提にしていたように読めます）。

　しかし，さきほどみたように，売上原価を定めた1号には，条文をみても，そのようなことは何も書かれていないのです。そうであれば，2号（費用）と対比したうえでの「反対解釈」を行い，1号（原価）を損金算入するためには，「債務の確定」は必要ないと，そのように考えるのが文理（条文の文言）に忠実な解釈です。

　他方で，原価の損金算入について「債務の確定」がまったく不要であ

ると考えると，今度は，見積りをした程度のものでも，無条件に原価として損金算入できてしまう，という問題が起きてきます。これはこれで，納税者の恣意的な所得金額の減少をもたらす可能性がある，という批判がなされるでしょう。

▶ 地裁の判断

さて，問題点を整理したところで，裁判所の判断に入ります。この事件では，最高裁（上告審）からではなく，地裁・高裁（下級審）の結論から入りたいと思います。この事件の判決文は，罪となるべき事実（刑事訴訟における特有の判決文）にページが割かれており，この法的論点については，（特に地裁判決，高裁判決では）記載が少ないからです。

まず，地裁判決は，売上原価についても「債務の確定」が必要であるということを前提として判断をしています。「債務の確定」が必要であるとしても，どの程度必要になるのか，については，ほとんど書かれていません。ただ，「法的義務の成立」が必要になるところ，その成立がないという判断が，短い文章でなされているのみです。

◇ **売上原価事件第1審判決（水戸地裁平成11年5月31日判決・刑集58巻7号813頁）**
……以上のような事情を総合すれば，被告会社Nが施行することとなった本件雨水排水路改修工事は，昭和62年9月期末において，被告会社NのU市に対する法的義務として成立していたと認めることはできない。

▶ 高裁の判断

これに対して，高裁判決では，もう少し法解釈の部分についての判示がなされています。

◇ **売上原価事件控訴審判決（東京高裁平成12年10月20日判決・刑集58巻7号865頁）**

……以上の事実関係に照らすと，確かに，被告会社Xでは，本件○○物件の開発に着手した当初の段階から，U町ないしU市の下水道課の担当者らによって，本件雨水排水路の改修について種々の働きかけを受け，これが前記1（1）の行政指導としての性格を持つこと等にもかんがみ，将来本件雨水排水路の改修に関して同社が相応の関与をしなければならない事態になることを予想して，U町ないしU市の担当者らに対してもその趣旨の対応をすると共に，前記1（2）のような種々の準備をも行っていたことが認められる。しかしながら，論旨指摘の負担金を売上原価に計上することができるためには，その支払いが債務として確定していたこと，すなわち，その義務内容が客観的，一義的に明白で，費用を見積もることができる程度に特定されていたことを要すると考えられる（売上原価を計上するためには，その金額自体が確定していることは必ずしも必要ではないが，金額自体が確定していない場合には，これを見積もる必要があるところ，その見積もりが可能であるためには，上記の程度に債務が確定していることを要するものと解するのが相当である。）ところ，以上の事実関係に照らすと，本件においては，所論指摘の負担金の支払いについて，上記の意義における債務の確定を認めることはできないといわざるを得ない。

　高裁判決は，このように売上原価についても，「債務の確定」が必要なのだよ，ということをいっているのです（見積り可能な程度に，とはいっていますが）。そして，結論としても，「上記の意義における債務の確定を認めることはできないといわざるを得ない」として，損金算入を認めませんでした。

▶ **最高裁の判断**

　以上の下級審判決に対して，最高裁判決は，どのようにいったのでし

ょうか。最高裁も,「債務の確定」が必要であるかどうかといった「法解釈」は,全面的に展開してはいません。ただ,結論的には,債務の確定がない場合でも,売上原価の損金算入が認められる場合がある,ということをいいました。

そして,本件では,「債務の確定」はないことを前提に,その見積もり金額を「売上原価」として損金算入できる,という結論を示しました。

◇ **売上原価事件上告審判決(最高裁平成16年10月29日第二小法廷判決・刑集58巻7号697頁)**
……前記1の認定事実及び記録によれば,(1)U市は,都市計画法上の同意権を背景として,被告会社に対し本件改修工事を行うよう求めたものであって,被告会社は,事実上その費用を支出せざるを得ない立場に置かれていたこと,(2)同工事の内容等は,U市側の方針の変更に伴い変遷しているものの,被告会社が支出すべき費用の額は,終始第1案の工費に相当する金額であったこと,(3)被告会社は,昭和62年9月ころに建設会社にこれを見積もらせるなど,同年9月末日までの時点において既にその支出を見込んでいたこと,などが明らかである。これらの事実関係に照らすと,当期終了の日である同年9月末日において,①被告会社が近い将来に上記費用を支出することが相当程度の確実性をもって見込まれており,かつ,②同日の現況によりその金額を適正に見積もることが可能であったとみることができる。このような事情がある場合には,当該事業年度終了の日までに当該費用に係る債務が確定していないときであっても,上記の見積金額を法人税法22条3項1号にいう「当該事業年度の収益に係る売上原価」の額として当該事業年度の損金の額に算入することができると解するのが相当である。

(①,②は筆者が記載)

これが売上原価事件の**最高裁平成16年判決**です。

▶ 2つの要素

このように，最高裁（上告審）は，「債務の確定」がない段階でも，売上原価（法人税法22条3項2号）については，損金算入ができる場合がある，と判示しました。その理由（法人税法22条3項2号の法解釈）については，詳細な記述はありません。

無条件に認めたのかというと，そうではなく，上記判示にあるように（判決文に①，②と番号を付けたところをみてください），2つの要素が認められることを前提として，限定的に認めている，と理解することができます。

1つめは，「**相当程度の確実性**」です。「近い将来に上記費用を支出することが相当程度の確実性をもって見込まれて」いることを，最高裁は，損金算入が認められる「場合」の「事情」として挙げているからです。

2つめは，「**適正金額の見積り可能性**」です。最高裁は，もう1つの「事情」として，「同日の現況によりその金額を適正に見積もることは可能であったとみることができる」ことも，挙げているからです。

最高裁も，無条件に「債務の確定」なしでの売上原価の損金算入を認めたものではないのです。2要件といってよいと思いますが，**①相当程度の確実性，②適正金額の見積り可能性**，この2つがあれば，「**債務の確定**」がなくても損金算入できるといったのです。

▶ 債務確定基準との違い

この2要件は，さきほどみた2号（費用）における「債務確定基準」の3要件と比べると，緩やかになっています。「債務の確定」があるとまではいえなくてもよいけれど（その根拠はおそらく，この章で解説をしてきた「反対解釈」であると考えられます。ただし，最高裁は繰り返しにな

りますが，このような解釈論（法解釈）を判決文でほとんど論じていないのが残念です），それなりのハードル（条件）はクリアしている。こうした事実を前提に，「債務の確定」がない場合での損金算入を認めた事件だったことになります。

　売上原価事件は，条文の文言を他の規定と比較しながら，注意深く読むトレーニングの素材になりますね。

column 9：通達課税の禁止

　課税要件法定主義は，租税法律主義（憲法84条）の第1命題ともいえる，根幹を成す考え方である。国会の制定した「法律」による課税の許容は，通達による課税の禁止でもある（通達課税の禁止）。

　とはいえ，行政解釈としての通達の規定には，そのように解釈することが妥当といえるものも，もちろんある。実際の税務行政の指針となっていることを考えても，多くの規定はむしろ当然ながら，それなりの合理性を持っている。

　しかし，裁判で課税処分などの適法性が争われる場合，充足の対象になる「課税要件」は，通達から導かれるのではなく，税法（法律）の規定から解釈で導かれることになる。このような「法解釈」の作業が，法的三段論法の第1ステップである。「税法解釈の方法」が頻繁に問題になるのは，こうした理由による。

　売上原価事件の本文で解説した債務確定基準（3要件）は，法人税法には規定がなく，通達の規定から導かれていた。これには，課税要件法定主義に違反するという指摘があってもおかしくない。それでも，多くの裁判例は「債務の確定」を判断する際の基準（判断基準）として，通達の定める3要件をそのまま用いる傾向にある。

　こう考えると，法解釈で定立される法規範としての判断枠組みは，そもそも，ほとんどの税法には規定されていないことにも気づく。実際にも，本書でみるように，判断基準は「判例」によって明らかにされる。その際に，通達規定の基準に合理性があると考えた裁判所が，自らの法解釈を通達規定に合致させることは，租税法律主義に違反するものではない。このようなテクニカルにもみえる思考も，リーガルマインドで判例を読み解く際に不可欠となる。

第10章
ストック・オプション事件

判例の射程は
どう読めばよいのか？

> **本章で学ぶポイント**

　本章では，ストック・オプション訴訟のうち，本税についての争い（権利行使益が給与所得なのか，一時所得なのかと，「所得区分」〔所得の種類〕が争われたもの）について取り上げます（ストック・オプション事件）。次章（第11章）では，ストック・オプション訴訟のうち，加算税について争われた部分を「ストック・オプション加算税事件」として別に取り上げます。そのため，同事件の論点（国税通則法65条4項の「正当な理由」の解釈適用）については，本章では除外します。

　法的三段論法で考えるときに，ストック・オプション事件では何が問題となったのかをみていくことが重要です。法解釈による法規範の定立（大前提），証拠による事実の認定（小前提），両者の「あてはめ」（法の適用）という3段階の作業によって結論を導くのが，法的三段論法です。

　この事件では，給与所得と判断された最高裁判決と控訴審判決，一時所得と判断された地裁判決というように，判断が裁判所で分かれています。

　どのプロセスの違いから，裁判所の結論は分かれたのでしょうか。この点をみることが，本書で一貫して行ってきた「視点」です。ストック・オプション事件では，事実認定の違いによるものではないことは，他の章で取り上げた判例と同じですが，法解釈そのもので結論が分かれたかというと，この点でも微妙です。実際には「あてはめ」（事実に対する評価）の部分で分かれた，と考えることができます。「法の適用」部分です。

　「法的三段論法」の問題に加え，先例としての最高裁昭和56年判決（弁護士顧問料事件）をどのようにみるべきか，という「判例の射程」の問題も登場します。いっけんすると，本件の最高裁判決は「本件に適切でない」として，この判例そのものを排除しているかのようにもみえます。

　地裁判決と高裁判決をよくみながら，そして，調査官解説もひも解きながら分析していくと，この判決が「事例判断」として位置づけられている点に，ヒントをみつけることができそうです。これまでに比べて，

少し「法的」に,「高度な思考」が求められますが,わかりやすく解説します。本章も,安心してついてきてください。

- ● 最 高 裁　平成17年1月25日第三小法廷判決・民集59巻1号64頁
- ● 東京高裁　平成16年2月19日判決・高民集57巻1号1頁
- ○ 東京地裁　平成15年8月26日判決・訟務月報51巻10号2741頁

本章のキーワード：判例の射程

　税法の条文だけをみても明確に「判断枠組み」（判断基準）が規定されていない場合があります（たとえば,所得税法28条1項の給与所得など）。この場合,裁判所は条文を合理的に解釈して,判決のなかで「判断枠組み」を示します。司法の最終判断は最高裁判所（最高裁）ですので,最高裁の判決があれば,そこで示された一般的な法規範が,別の事件でも適用される可能性がでてきます（先例の事実上の拘束力）。

　別の事件でも適用されるかどうかは,その最高裁判決が前提にした事実との共通性がある場合に限られます。前提となる事実が異なる場合には「判例の射程外」として,最高裁判決の示した規範が適用されないこともあります。

　「判例」は最高裁判決があればそのまま使える,というものではなく,「射程の問題」がでてきます。微妙な問題であれば,「射程の問題」が裁判の争点になることもあります。この場合,最高裁にいくまで答えはわかりません。

　もちろん,どうみても判例の射程内だというものもあります。このあたりの判断は,むずかしいです。方法としては,調査官解説を読んだり,専門家同士で意見交換をしたりすることなどを通じて,チェックしていくとよいでしょう。

第10章　ストック・オプション事件

▶ 概要

　ストック・オプション事件は，最高裁判決から約20年経ちましたが，当時大変注目を集めた事件です。同種事件が100件近く提訴されたと報道されていたこの事件は「**戦後最大の税務訴訟**」と呼ばれるなど，同種事件の判決がでるたびに新聞に記事が載る（テレビのニュースで報道される）という状況であったくらいに，税務訴訟でありながら，一般的な関心事でもあった裁判です。

　事案としては，アメリカなど外国の親会社（マイクロソフトなどの有名なIT系の会社が多かったです）が，100％近く出資することで設立された日本法人の子会社に勤めている取締役などの役員，あるいは従業員（ストック・オプションをもらうくらいですから，役員クラスが多かったのですが，従業員のケースもありました。役員の場合は，日本子会社との間には委任関係があり，従業員の場合は，日本子会社との間に雇用関係があります）が，外国親会社の株式をあらかじめ定められた価格（これを「**権利行使価格**」といいます）で購入できる権利である「ストック・オプション」（親会社の株式購入権）を付与されたというものです。

▶ ストック・オプションの課税問題

　ストック・オプションとは，たとえば，1株100円（権利行使価格）で買うことができる権利をもらった（付与された）場合，その株式の時価が200円であるとか，300円に上昇した時でも，その権利行使価格（1株100円）で，当該株式を購入できる権利です（本件は外国親会社のストック・オプションですが，ここでは便宜的に日本円にして説明します）。

　もらった（付与された）側の役員や従業員としては，そのストック・オプションをいつ行使するかという，権利行使の時期（タイミング）を，

自分で自由に決めることができることになります。権利行使価格が1株100円のストック・オプションを付与された場合であれば，当該株式の時価が120円になった時に行使する人もいるでしょうし，もう少し待って135円になった時に行使する人もいるでしょう。行使しないのも，全くの自由です。

　逆にいえば，ストック・オプションの権利行使をするということは，その行使がされた時点（行使時）における当該株式の時価が，権利行使価格よりも高くなっている時であるのが通常です（あえて時価が権利行使価格より低いときに行使をして損をする人は，通常いません）。その差額（時価―権利行使価格）が，所得税法からみたときには，あらたな経済的価値がストック・オプションの権利行使をした者に入ってきた，ということになり，ここでの差額について「所得」を構成する，と考えることになります。

　この点については，所得税法36条の所得（収入）の年度帰属の問題であり，**「権利確定主義」**のあてはめの問題であります。理論的には，ストック・オプションを付与された時に権利が実現すると考える見解（**付与時説**），権利行使をした後に当該株式を譲渡した時点であると考える見解（**譲渡時説**）もあり得るところです。ただ，当事者間では，権利行使の時点で得られる差額（経済的利益）をもって所得が実現する（権利確定する）ということで，特に争いはありませんでした（**行使時説**）。

　このように，いつのタイミングで課税するかという所得（収入）の年度帰属も，前提として問題になります（**年度帰属の問題**）。そして，このタイミングの問題を確定したとしても，どの所得にあたるのかの問題が生じます（**所得区分の問題**）。いずれについても，所得税法の解釈（法解釈）が問題になることになります。

こうした問題が生じたのは，ストック・オプションを取得した者に対して，どのような課税をすることになるかについて，所得税法には，特に規定がなされていなかったからです。もっとも，租税特別措置法の規定には，日本の商法（当時。現行法では，会社法）に基づき発行されたストック・オプションについては，**「税制適格ストック・オプション」**といって，同法の規定（優遇税制）が定める所定の要件を満たせば（租税特別措置法29条の2），権利行使時には課税をせず，譲渡をした時に課税する，という取扱いが定められていました。また，日本で発行されたストック・オプションについては，権利行使時に課税されることを前提としている規定が，所得税法施行令84条にありました。
　そして，日本で発行されるストック・オプションについては，通常会社はこの税制適格ストック・オプションになるように制度設計をするため，本件のような外国の会社が発行したストック・オプションではなく，日本の会社が発行したストック・オプションの場合，この税制適格を満たすように設計すればよく，権利行使時に課税がされることは通常なかったのです。
　もっとも，これは平成10年前後に日本の商法改正によりストック・オプションが解禁されたことで，これに対する課税のルールを定めるべく規定されたものでした。

▶ 外国法人発行のストック・オプション

　これに対して，本件で問題になっているストック・オプションは，日本の会社が発行したストック・オプションではありません。外国法に基づいて，外国の会社が発行したストック・オプションでした。そして，こうした外国法人発行のストック・オプションについて，どのように課

税するかについての法令の規定は，全くなかったのです。この点については，次章で扱うこのストック・オプション訴訟の加算税部分について判断をした最高裁判決をみると，次のように判示しています。

◇ **ストック・オプション加算税事件上告審判決（最高裁平成18年10月24日第三小法廷判決・民集60巻8号3128頁）**
……我が国においては，平成7年法律第128号による特定新規事業実施円滑化臨時措置法の改正により特定の株式未公開会社においてストックオプション制度を導入することが可能となり，その後，平成9年法律第56号及び平成13年法律第128号による商法の改正によりすべての株式会社においてストックオプション制度を利用するための法整備が行われ，これらの法律の改正を受けて，ストックオプションに係る課税上の取扱いに関しても，租税特別措置法や所得税法施行令の改正が行われたが，<u>外国法人から付与されたストックオプションに係る課税上の取扱いに関しては，現在に至るまで法令上特別の定めは置かれていない</u>。

　このように所得税法等の法令等の規定をみても，直接の答えがみあたらない問題については，ストック・オプションが特殊であるということではなく，①年度帰属（所得税法36条の解釈適用），②所得区分（所得税法28条及び34条の解釈適用）というかたちで，所得税法（法）の解釈適用の問題として考えることになります。ちなみに，法28条は給与所得を，法34条は一時所得を定めています。

▶ 「年度帰属」の問題
　そして，①年度帰属については，上述のとおり当事者間に争いなく，原審である東京高裁判決（控訴審）においても，次のように詳細な検討がなされたうえで，権利行使時であると判示されていました。東京高裁

判決では，以下に引用した判示のとおり，最初の下線で「**権利確定主義**」による規範が先例にならい立てられています。そのうえで，あてはめがなされて，最後の下線で「結論」が示されています。

◇ **ストック・オプション事件控訴審判決（東京高裁平成16年2月19日判決・高民集57巻1号1頁）**

　……何らかの経済的利得が所得税法28条1項にいう給与所得に当たるというためには，前提として当該経済的利得が所得税法にいう「所得」すなわち担税力を増加させる経済的利得に該当するといえることが必要である。

　また，所得税法36条1項が，所得金額の計算につき，「その年分の各種所得の金額の計算上収入金額とすべき金額又は総収入金額に算入すべき金額は，別段の定めがあるものを除き，その年において収入すべき金額（金銭以外の物又は権利その他経済的な利益をもって収入する場合には，その金銭以外の物又は権利その他経済的な利益の価額）とする。」と定め，「収入した金額による」とはしていないことからすると，同法は，現実の収入がなくとも，その原因たる権利が確定的に発生した場合には，その時点で所得の実現があったものとして，課税所得を計算するという，いわゆる権利確定主義を採用しているものと解される（最高裁判所昭和49年3月8日第二小法廷判決・民集28巻2号186頁）。

　ところが，ストック・オプションは，株式の売買の一方の予約又はこれに類似する法律関係から発生した予約完結権であり，それ自体は，株式の引渡しを請求できる権利ではなく，株式譲渡契約を成立させることのできる権利にすぎないのであって，譲渡が禁止され，換価可能性もないのであるから，このようなストック・オプション自体が所得税の担税力を増加させる経済的利益たる「所得」に該当し，その付与によって被付与者に現実の収入があったとみることはできないし，その付与時に現実の収入の原因となる権利を被付与者が取得したものということもできない。

　なお，ストック・オプションについて，それ自体の理論的な価格を算出することは不可能ではないとしても，だからといって，ストック・オ

プション自体が所得税の担税力ある経済的利得に該当するということにはならないというべきである。

しかも，ストック・オプションそれ自体とその権利行使益とは，別個のものであり，付与時にストック・オプションの移転があったとすれば権利行使時に付与者から被付与者に対する権利行使益相当額の経済的利益が移転することはあり得ないとか，後者は前者が値上がりしたものであるということはできないのであって，両者の間に，前者が所得税法28条1項にいう給与所得に該当するとすれば後者が給与所得に該当しないことになるというような論理的な関係はないというべきである。(略)

……以上によれば，<u>ストック・オプションについては，権利行使益こそが現実収入として課税対象となるべきところ，所得税法36条1項が，所得金額の計算につき，権利確定主義を採用していると解されることは，前記のとおりである。そして，権利行使益は，権利行使時にその価額が確定するのであるから，権利行使時が課税の時期になるというべきである。</u>

▶ 所得区分の問題

次に問題とされたのは，②**所得区分**です。この点について，最高裁判決は，外国親会社発行のストック・オプションの権利行使によって得られた時価と権利行使価格の差額（権利行使益という経済的利益）は，「**給与所得**」（所得税法28条1項）にあたる，といいました。

最高裁が，このように「給与所得」にあたるといった論拠としては，次の判示が挙げられます。

> ◇ **ストック・オプション事件上告審判決（最高裁平成17年1月25日第三小法廷判決・民集59巻1号64頁）**
> 　前記事実関係によれば，本件ストックオプション制度に基づき付与されたストックオプションについては，被付与者の生存中は，その者のみ

> がこれを行使することができ，その権利を譲渡し，又は移転することはできないものとされているというのであり，被付与者は，これを行使することによって，初めて経済的な利益を受けることができるものとされているということができる。そうであるとすれば，B社は，上告人に対し，本件付与契約により本件ストックオプションを付与し，その約定に従って所定の権利行使価格で株式を取得させたことによって，本件権利行使益を得させたものであるということができるから，本件権利行使益は，B社から上告人に与えられた給付に当たるものというべきである。

　権利行使益とは，上述のとおり，権利行使をしたときの時価（たとえば，1株130円）と，権利行使価格（たとえば，1株100円）をみたときに，その差額（この場合，1株当たり30円）です。この差額について，所得税法では経済的な利益（あらたな経済的価値）を得たと考えることになります（上述の論点①の問題）。この利益（権利行使益）は，果たして，勤務先（正確には，勤務先の外国親会社）からもらったものであるとして「給与所得」（所得税法28条1項）にあたると考えるべきなのか，あくまで権利行使をいつ行うのか，またその行使時における市場の状況等の要因から確定するものであり，勤務先（同上）からもらったものではなく，市場から一時的に得たものとして，「**一時所得**」（所得税法34条1項）にあたると考えるべきなのか，という点が問題になりました。

　この点，一時所得の要件としては「給与所得」を含めた（他の8種類の所得にあたらないこと）という第1要件（**除外要件**）があるため，給与所得にあたる利益については，そもそも一時所得にはあたり得ないことになります。そのため，論理的な検討順序としては，まず，この権利行使益が「給与所得」にあたるのかどうかを検討すべきことになります。

　この点について，本件の原審である東京高裁判決も，次のように判示

しています。なお，給与所得と一時所得のほか「雑所得」についても言及があるのは，課税庁が予備的に（つまり，仮に「給与所得」にあたらない場合でも），「**雑所得**」に該当するとの主張も行っていたからです。

◇ **ストック・オプション事件控訴審判決（東京高裁平成16年2月19日判決・高民集57巻1号1頁）**
　……本件においては，本件権利行使益が，給与所得，一時所得又は雑所得のいずれに該当するかが問題となっているところ，所得税法34条1項は，一時所得につき，「利子所得，配当所得，不動産所得，事業所得，給与所得，退職所得，山林所得及び譲渡所得以外の所得のうち，営利を目的とする継続的行為から生じた所得以外の一時の所得で労務その他の役務又は資産の譲渡の対価としての性質を有しないものをいう。」と規定し，また，同法35条1項は，雑所得につき，「利子所得，配当所得，不動産所得，事業所得，給与所得，退職所得，山林所得，譲渡所得及び一時所得のいずれにも該当しない所得をいう。」と規定している。したがって，ある所得が一時所得又は雑所得に該当するというためには，それが給与所得に該当しないことを要することになる。
　そこで，本件権利行使益の所得区分を判断するに当たっては，まず，本件権利行使益が給与所得に該当するか否かを検討すべきである。

▶ 使用者から受ける給付

　そこで，外国親会社から発行されたストック・オプションを行使することで得られた権利行使益が「給与所得」（所得税法28条1項）に該当するか否かを，まずは検討すべきことになります。この点について，問題になった点は多岐にわたります。大きな1つとしては，「給与所得」について定義や判断枠組みを明らかにした先例として，**給与所得が問題になる裁判例ではリーディング・ケースとされてきた最高裁昭和56年4月24日第二小法廷判決・民集35巻3号672頁（弁護士顧問料事件）**で，判示

されている給与所得の要件の1つとしての「使用者から受ける給付」にあたるのか，という点があります。この最高裁昭和56年判決は，給与所得の意義について，次のように判示していたからです。

◇ 最高裁昭和56年4月24日第二小法廷判決・民集35巻3号672頁
　　事業所得とは，自己の計算と危険において独立して営まれ，営利性，有償性を有し，かつ反覆継続して遂行する意思と社会的地位とが客観的に認められる業務から生ずる所得をいい，これに対し，給与所得とは雇傭契約又はこれに類する原因に基づき使用者の指揮命令に服して提供した労務の対価として使用者から受ける給付をいう。なお，給与所得については，とりわけ，給与支給者との関係において何らかの空間的，時間的な拘束を受け，継続的ないし断続的に労務又は役務の提供があり，その対価として支給されるものであるかどうかが重視されなければならない。

　このように，最高裁昭和56年判決は，「給与所得とは雇用契約又はこれに類する原因に基づき使用者の指揮命令に服して提供した労務の対価として使用者から受ける給付をいう」と定義付けていました。そうすると，本件で問題となっている権利行使益について考えると，この利益は，果たして「使用者から受け」た「給付」といえるのか，ということが問題になります。なぜかというと，そもそも，ストック・オプションの付与を受けて行使をした納税者にとって，「使用者」は，勤務先である日本子会社に過ぎないはずであり，資本関係があるといっても，外国親会社を「使用者」とみてよいのか（法律的にはみることはできないはず），という問題がでてくるからです。
　この点については，後述しますが，もう1つは，権利行使益を給料や給与と同じようなものだと仮にとらえることができるとしても，それが

使用者から給付されたものといえるのかです。ストック・オプションを行使した者（権利行使益を得た取締役や従業員などの納税者）が，自ら，いつその行使をするか決められるものですから，そうした自らの判断によって行使したタイミングで，得られる利益（金額）が決まることになります。ストック・オプションそのものは外国親会社からもらった（付与された）のかもしれませんが，そのあとの**権利行使によって得られた経済的な利益（権利行使益）についてまで親会社からもらった（給付された）といえるのか**，という問題が生じたのです。

　この点について，最高裁判決は，ストック・オプション契約というのは，**もともとそういう契約なのだ**といいました。権利行使益をストック・オプションを付与された者（被付与者，日本子会社の役員または従業員）に得させることを，もともとの合意内容にしていた契約なのであるということです。そして，外国親会社が日本子会社の役員・従業員に同親会社のストック・オプションを付与し，権利行使価格で権利行使益をさせるということは，そういう内容を意味する契約であるということです。そうであれば**法的にみて**，これは「**給付**」**にあたると考えてよいと，最高裁は認定しました**。

▶︎　雇用契約またはこれに類する原因

　給与所得該当性を認めるため問題とされた点は，他にもありました。そうはいっても親会社ではないのか，という点です。「使用者」からの給付，ということを考えたときには，取締役・従業員と委任契約・雇用契約の関係にあるのは，あくまで日本子会社であり，外国親会社ではありません。

　いまみたように，外国親会社から権利行使益が「給付」されたと考え

第10章　ストック・オプション事件

ることができるのだとしても，そもそも，この「給付」は，給与所得のもう1つの要件である「雇用契約またはこれに類する原因に基づ」くものとはいえないのではないか，という問題です（雇用類似要件）。

「これに類する原因」とは，たとえば，**取締役と会社の関係は，会社法上は委任関係（委任契約）であるとされています（会社法330条）**。そこで，雇用関係（雇用契約）はないですが，雇用契約に類する原因にあたると考えられています。だから，会社から役員が得る報酬は「給与所得」として扱われているのです。

◆ 会社法330条
株式会社と役員及び会計監査人との関係は，委任に関する規定に従う。

いずれにしても，従業員の場合は雇用契約，取締役の場合は委任契約（雇用類似の関係）があるのは，あくまで，日本子会社との間です。

この点は，どう考えるべきでしょうか。最高裁判決は，100％の資本関係がある（この事案の場合はですが，他の同種事件でも100％ではなくてもそれに近い資本関係がありました）親会社，子会社という関係に着目します。そして，外国親会社は，**日本子会社の役員の人事権等の実権を握ってこれを支配しているとみることができる**，といったのです（**最高裁平成17年判決**）。

◇ ストック・オプション事件上告審判決（最高裁平成17年1月25日第三小法廷判決・民集59巻1号64頁）
……ところで，本件権利行使益は，上告人が代表取締役であったA社からではなく，B社から与えられたものである。しかしながら，前記事実関係によれば，B社は，A社の発行済み株式の100％を有している親会

> 社であるというのであるから，Ｂ社は，Ａ社の役員の人事権等の実権を握ってこれを支配しているものとみることができるのであって，上告人は，Ｂ社の統括の下にＡ社の代表取締役としての職務を遂行していたものということができる。そして，前記事実関係によれば，本件ストックオプション制度は，Ｂ社グループの一定の執行役員及び主要な従業員に対する精勤の動機付けとすることなどを企図して設けられているものであり，Ｂ社は，上告人が上記のとおり職務を遂行しているからこそ，本件ストックオプション制度に基づき上告人との間で本件付与契約を締結して上告人に対して本件ストックオプションを付与したものであって，本件権利行使益が上告人が上記のとおり職務を遂行したことに対する対価としての性質を有する経済的利益であることは明らかというべきである。

こういった職務を遂行していたからこそ，ストック・オプションを外国親会社が付与してくれたのでしょうということです（引用判決の下線部分参照）。

そう考えれば，やはりこれは**「労務の対価」**としての性質を有するものだといえますね，と最高裁判決は判断したのです。

▶ 事例判決としての最高裁判決

最高裁判決の文章（判決理由）は，簡潔です。本書でいままでみてきた他の事例の最高裁判決と少し違います（ただし，売上原価事件〔第９章〕は，本判決と同じで短い判決文でした）。

解説に力が入り，もしかしたら，かえって少しまわりくどくなってしまったところもあったかもしれません。しかし，**本件の最高裁判決では丁寧な法解釈**（条文の文言や昭和56年判決などをみながら，本件で問題となる給与所得の要件のひとつひとつを明らかにする作業）**が行われていません**。

そのため，この最高裁判決は，「**事例判決**」（事例判断）である，といわれています。

どういうことでしょうか。「**法的三段論法**」とは，まず，①**法律の条文の文言の意味を解釈することで，「規範」を定立するのでした（法解釈）**。このようにして法解釈によって定立された規範に，②証拠に基づき認定された事実（事実認定）を，「あてはめ」（適用し）て，③結論を出すのが，法的三段論法でしたね。

図2　法的三段論法（11頁参照）

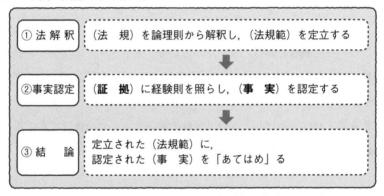

しかし，この最高裁判決の判決文をみても，どこにも，こうした「法解釈」，「規範定立」といったものは書かれていないのです。最高裁は，給与所得とはどういうものであるか，どのような基準で判定すべきか，といったことを，何も述べていないのです。

そこには，ただ事実が書かれてあるだけです。最高裁判決ですから，記載されている事実そのものは，原審（原判決）である東京高裁判決により認定されていたものです。そして，「～ということであるから，給

付にあたるといえる」,「～ということであるから，対価としての性質を有する」といったようなかたちで,「あてはめ」だけがなされているのです。

　こうした最高裁の判決手法は,「**事例判断**」と呼ばれます。過去にある先例（最高裁判決）などに照らして，その事案（事実関係）の「あてはめ」だけを行う。そして，その事例についての判断のみを行う。つまり,**他の事件にも妥当するような，一般論としての法解釈は行っていない**のです。

　本件の最高裁判決が読みにくいのは，こうした「事例判断」の判決になっているからです。さらにいえば，**この事例に「あてはめ」られた「規範」が，最高裁昭和56年判決の規範であるのかどうかすら，はっきりしません**。この点が，この最高裁判決をわかりにくくしている要因だと思います。

▶　最高裁昭和56年判決と「射程外」

　給与所得について「先例」と考えられてきた最高裁昭和56年判決については，次のような判示があるのみです。

◇ **ストック・オプション事件上告審判決（最高裁平成17年1月25日第三小法廷判決・民集59巻1号64頁）**
……そうであるとすれば，本件権利行使益は，雇用契約又はこれに類する原因に基づき提供された非独立的な労務の対価として給付されたものとして，所得税法28条1項所定の給与所得に当たるというべきである。<u>所論引用の判例は本件に適切でない。</u>

　「所論引用の判例は本件に適切でない」（下線部分）という短い一文が

ありますが，この部分だけです。ここにある「**所論引用の判例**」**とは，最高裁昭和56年判決を指しています**。そのまえにある文章では「本件権利行使益は，雇用契約又はこれに類する原因に基づき提供された非独立的な労務の対価として給付されたものとして，所得税法28条1項所定の給与所得に当たる」とあります。このうち，「雇用契約又はこれに類する原因に基づき提供された非独立的な労務の対価として給付されたもの」という部分は，最高裁昭和56年判決が判示した給与所得の要件を要約したものということはできそうです（ただし「非独立的な」という表現は，最高裁昭和56年判決にはありませんでした）。

　さきほど，「この事例に『あてはめ』られた『規範』が，最高裁昭和56年判決の規範であるのかどうかすら，はっきりしません。」といったのは，この部分を読むと，ある程度解消するかと思います。それでも「はっきりし」ないのは，「非独立的な」という言葉が付加されているからでしょう。また，いま取り上げているように「所論引用の判例は本件に適切でない」といわれてしまっているからです。

　もっとも，この「本件に適切でない」の意味については，最高裁の調査官解説を読むと，説明が書かれています。

　調査官は，裁判官のなかでも非常に優秀な人たちが，一定期間，最高裁判決の下調べをするために勤めるものです。15人しかいない最高裁の裁判官を下支えしている優秀な判事です。この人たちが，後に東京地裁の行政部の部総括判事になることが多いです（のちに，最高裁判事になる人もいます）。

　さて，本件最高裁判決の調査官解説によれば，これは最高裁昭和56年判決の時間的，空間的拘束が必要であるというような部分であるとか，そういった，同判決が示した給与所得の定義そのものが適切でないとい

っているわけではなく，一部分だけが適切でないといっていることがわかります。その意味では，その一部分については，最高裁昭和56年判決の射程外（判例の射程外）である，と判示された最高裁判決であると読むことができます。

一方で，繰り返しになりますが，この最高裁判決は，「事例判断」になっています。「雇用契約またはこれに類する原因に基づき提供された非独立的な労務の対価として給付されたものとして，所得税法28条1項所定の給与所得に当たる」という判示がありました。このように，射程外とした「一部分」を除き，最高裁昭和56年判決（先例）が示した給与所得の要件を基本的には前提にして，その「あてはめ」を行った判決といえます。

除かれた「一部分」（射程外とされた部分）というのは，こういうことです。つまり，最高裁昭和56年判決は，あくまで弁護士の顧問料が給与所得か事業所得かが争われた事案です。本件のように，親会社と子会社が分かれているとか，もらったものも安く購入できた差額（利益）になっている，ということではない事案でした。弁護士が顧問先から支払を受けた顧問料の所得区分，という単純な事例だったのです。

このように事案が異なる以上，最高裁昭和56年判決の規範をそのまま使うことはできない，ということをいったのです。最高裁判決には何も書かれていませんが（さきほどの1文のみですが），調査官解説を読むと，次のように説明されています。つまり，**最高裁判決は，この点を「射程外」**（適切でない）**と考えていた**ことがわかります。

◇ 増田稔「判解」『最高裁判所判例解説 民事篇 平成17年度（上）』（法曹会）52－53頁

　論旨は，この判例（筆者注，最高裁昭和56年判決）を用いて，給与所得に該当するためには当該給付の主体が使用者でなければならないと主張し，本件権利行使益が給与所得に該当することとした原審の判断は，上記判例に違反するというのである。

　しかしながら，上記最二小判（筆者注，最高裁昭和56年判決。以下同じ。）は，弁護士の顧問料収入が事業所得又は給与所得のいずれに該当するのかが争点となった事案において，その所得区分に関する「判断の一応の基準として」と断った上で，上記のとおり説示しているものにすぎず，給与所得の意義ないし要件につき一般法理を述べたものではない。上記最二小判の事案においては，労務提供の相手方と経済的利益の給付者は一致しており，給与所得該当性の判断において労務提供の相手方と経済的利益の給付者が一致しなければならないのかどうかは争点となっていなかったものである。上記最二小判は，労務提供の相手方と給付者のかい離の問題については，何らの判断もしていないものと解するのが相当であろう。

　本判決が，上記最二小判を引用して判例違反をいう論旨について，「所論引用の判例は本件に適切でない。」として論旨を排斥しているのは，以上のような考え方によるものと思われる。

▶ 同種事件における先例的価値

　本最高裁判決が「事例判断」であることについても，調査官解説には，次のような説明があります。

◇ 増田稔「判解」『最高裁判所判例解説 民事篇 平成17年度（上）』（法曹会）54頁

　本判決は，外国法人である親会社から日本法人である子会社の従業員等に付与されたストックオプションの権利行使益の所得税法上の所得区分について，最高裁として給与所得に当たるとの初めての判断をしたも

のである。本判決は事例判断の形式を採っているが、各社のストックオプション制度は基本的な点において大差のないものと思われるから、本判決は同種事案との関係でも先例的価値を有するものと考えられる(略)。

形式(かたち)は「事例判断」であるものの、同種事件において「先例的価値」があるといっています。このことは、先例性の高い判例のみを登載する公式判例集である「民集」に、本件最高裁判決が登載されていることも知ったうえで読むことが重要です。

先例的価値の部分については、「先例拘束力」の問題も出てきます。この点は、本章の最後に、簡単に触れたいと思います。

▶ 高裁・地裁の法的三段論法のプロセス

このように、「事例判断」としての「あてはめ」を行った最高裁判決でしたが、東京高裁判決(控訴審)では、「法解釈→事実認定→あてはめ」という、「法的三段論法」のプロセスを全て検討されています。

◇ ストック・オプション事件控訴審判決(東京高裁平成16年2月19日判決・高民集57巻1号1頁)
……所得税法28条1項は、「給与所得とは、俸給、給料、賃金、歳費及び賞与並びにこれらの性質を有する給与(以下この条において「給与等」という。)に係る所得をいう。」と規定しており、具体的に列挙された俸給等のほかに、「これらの性質を有する給与」をその名称にかかわらず給与所得に含め、課税上、同一の取扱いをすることとしている。そして、列挙された俸給等は、通常、雇用契約又はこれに類する原因に基づき使用者の指揮命令に服して提供した労務の対価として使用者から受ける給付をいうものであることや、事業所得等他の所得分類との相違点等も勘案すると、最高裁昭和56年判決が判示するとおり、給与所得

とは，雇用契約又はこれに類する原因に基づき使用者の指揮命令に服して提供した労務の対価として使用者から受ける給付をいうものと解すべきであり，ある給付が給与所得に該当するか否かの判断に当たっては，給与支給者との関係において何らかの空間的，時間的な拘束を受け，継続的ないし断続的に労務又は役務の提供があり，その対価として支給されるものであるかどうかが重視されなければならない。

　高裁判決（控訴審）では，このように給与所得の意義・判断枠組みを示した先例である最高裁昭和56年判決の「**規範**」をそのまま示したうえで（**法解釈**），認定した事実に「**あてはめ**」を行っています。最高裁より詳細なあてはめと検討がなされていますが，結論は最高裁と同じです。
　これに対して，第１審である東京地裁は，結論は「一時所得」である，ということで，納税者を勝訴させる判決を書いていました。第１審判決も，給与所得とは何であるのかということについては，やはり昭和56年判決の給与所得の規範を示したうえで，これに「あてはめ」をして，結論を導いています。この点では，地裁も高裁も同じです。

◇ **ストック・オプション事件第１審判決（東京地裁平成15年８月26日判決・訟務月報51巻10号2741頁）**
　……所得税法28条１項に規定する給与所得，すなわち「俸給，給料，賃金，歳費及び賞与並びにこれらの性質を有する給与にかかる所得」とは，雇用契約又はこれに類する原因に基づき使用者の指揮命令に服して提供した労務の対価として使用者から受ける給付をいうものであり，給与所得に該当するか否かの判断に当たっては，給与支給者との関係において何らかの空間的，時間的な拘束を受け，継続的ないし断続的に労務又は役務の提供があり，その対価として支給されるものであるかが重視されるべきであると解される（前掲最高裁判所昭和56年４月24日第二小法廷判決）。

> そこで，上記のような考え方に沿って，本件権利行使益が，雇用契約又はこれに類する原因に基づき使用者の指揮命令に服して提供した労務の対価として使用者から受ける給付に当たるか否かを具体的に検討することとする。

このように，地裁判決も高裁判決も，給与所得の定義については同じく過去の先例である最高裁昭和56年判決を使っています。

これは，復習にもなりますが，「先例拘束力」の問題ですね。**先例としての最高裁昭和56年判決のレイシオ・デシデンダイ（主論）部分が，同じく給与所得該当性が問題になった本件でも「規範」として使われているのは，先例の「事実上の拘束力」が働いたということです。**

▶ 「あてはめ」における違い

しかし，「あてはめ」の部分，つまり，この要件（規範）を満たすかどうかを具体的に事例に即して検討する部分では，地裁判決では，高裁判決と異なり，給与所得の要件を満たさないとしました。その理由としては，次のように判示されていました。

◇ **東京地裁平成15年8月26日判決・訟務月報51巻10号2741頁**
……そこで，ストック・オプションの権利を行使する者は，このように，株価が多様な要因に基づいて変動することを前提として，株価の動向を予測しながら，自らの判断において，権利行使の時期を選択し，実行するのが一般的であると考えられる。そのため，仮に付与会社から同一内容のストック・オプションを与えられたとしても，これを行使して得られる現実の権利行使益は，これを行使する者ごとに異なるものであり，個々の具体的な権利行使益発生の有無及び享受する権利行使益の額は，前述のとおりの多様な諸要因によってその時々に形成された株式の時価及び行使者自身の判断による権利行使の時期という，多分に偶発的，一

時的な要因によって定まるものである。
　……したがって，原告に生じた本件権利行使益は，それがＡ社から付与された本件ストック・オプションを行使して得られたものであったとしても，その具体的な経済的利益の額が上記のような諸要因によって形成された株式の時価の変動と原告自身の権利行使の時期に関する判断とに大きく基因するものであることを捨象し，これをもってＡ社から原告に対して与えられた経済的利益であると評価することは，相当でないというべきである。

　最高裁判決は，事実に対する「評価」（あてはめの内容）については，権利行使益（時価と権利行使価格の差額）は，あくまで米国の親会社（外国親会社）が与えたものとしてみてよいという判断をしました。といっても，実際には，権利行使益は差額に過ぎません。つまり，外国親会社が日本子会社の役員（被付与者）に「与えた」ものではないのです。しかし，そのように評価できるのではないかということで（さきほどみたように「給付」にあたると法的には評価することで），「給与所得」にもっていきました。
　これに対して，第１審である東京地裁は，「いや，そうではない」という見方（評価）をしたのです。これは「あてはめ」における違い，ということもできます。
　また，同時に「労務の対価」という観点からみても，第１審である東京地裁判決は，親会社，子会社という関係があるからといって，それを実質的にみて同じであると「評価」することは，法的にであれ，難しいのではないか，ということをいっています。

◇ 東京地裁平成15年８月26日判決・訟務月報51巻10号2741頁
　……一方，原告は，親会社におけるストック・オプション制度に基づき，

原告と親会社との間で締結されたストック・オプション付与契約により，本件ストック・オプションの付与を受けたものであるところ，本件プラン（略）の内容に照らせば，原告が子会社等に一定期間勤務することが本件ストック・オプションに係る権利行使の条件とされているものと認められる。

　しかしながら，このような条件は，被付与者である従業員等に対して子会社等に勤続するインセンティブを与え，もって優秀な人材を確保する趣旨から付されたものと解され，それによって，親会社との間で何らかの空間的，時間的拘束に服することや継続的ないし断続的な労務の提供を義務付けるものとは解されない。

　他に，原告が親会社との関係で，子会社への労務の提供が義務付けられていたことを認めるに足りる証拠はない。

……また，親会社が子会社に対する経営支配を通じて子会社の労働力を利用し，子会社従業員等の勤労の成果を得る関係にあるとしても，原告の子会社に対する労務の提供は，原告と子会社との契約に基づくものであり，また，上記の労務の提供とアメリカ合衆国の企業である親会社の業績との関連が著しく間接的で希薄なことからすれば，原告の子会社に対する労務の提供をもって，親会社に対する労務の提供と同視することも相当とはいえない。

……ちなみに，親会社・子会社という関係が存在することのみをもって，直ちに親会社による子会社従業員等への権利行使益の供与が，実質的に子会社がその従業員等に対して支払うべき報酬の一部であるということも困難である。

　そして，<u>本件の証拠によっても，子会社と親会社の間において，子会社従業員の報酬の一部として親会社が権利行使益相当額の経済的損失を負担する旨合意したり，子会社従業員の報酬の一部を親会社がストック・オプションにより補填する旨合意したりするなど，親会社が供与した本件権利行使益について，原告の勤務に対して子会社が支払うべき報酬の一部を実質的に親会社が支払ったものと評価できるような事情を認めることはできない。</u>

　外国親会社からストック・オプションをもらっても，それによって外

国の親会社に労務を提供するという義務が生じるわけではないのであれば，親会社に対して労務の提供をしているということはできない，ということですね。

その他の理由についても，東京地裁判決では，いろいろと挙げられているのですが，本書ではこれ以上の深入りをしません。いずれにしても，以上のような理由から，権利行使益は給与所得にはあたらず，一時所得にあたるという判決を下したのが，地裁判決（第1審）です。

▶ まとめ

　この判決は，ストック・オプションの所得区分は，何であるのかということを考えると，さまざまな考え方があります。同じ結論を採るにしても，やはりさまざまなアプローチがある事件でした。

　判決文の読み方，そして考え方を，もう一度整理しておきましょう。給与所得か一時所得かという問題ですから，まず，給与所得とは何かということ，その定義，判断基準，要件，規範を明らかにする必要です。この点は，1審も控訴審も異なりませんでした。ただし，その給与所得の要件を満たすかどうかという「あてはめ」の部分，特に認定された事実に対する「評価」の仕方で，結論が分かれました。

　これは，事実認定が異なったということではありません。認定された事実は，基本的には大きく変わるものではありません。認定された事実を前提に，どのように「評価」するかという，「あてはめ」の部分，要件に対する検討の部分で，見方の違い（評価の方法）による差がでた，という判決なのです。

　最後に後述するといっていた，本判決の先例性（最高裁昭和56年判決の先例性ではありません）について，簡単に触れておきます。

「事例判断」のかたち（形式）をとっており，ふつうにみると先例性が薄いようにもみえるこの最高裁判決は，実際には，同種事案が多数あるなかで（冒頭にも述べたように100件近くありました），司法の統一的判断として，最高裁が言い渡した最高裁判決です。

　この最高裁判決が下されたことで，他の同種事案について所得区分を争っていた事案は，最高裁では不受理決定となり，判決の言渡しもされていません。下級審（高裁，地裁）でも，本判決をなぞるかたちで，ほぼ同じ文言の判決文が記載され「給与所得」との判断になっています。

　前掲の調査官解説にも「本判決は，ストックオプションを付与した外国法人が被付与者の勤務する会社の発行済み株式の100％を有していた事案についてされたものであるが，外国法人の株式保有率が100パーセントを下回る場合であっても，当該外国法人が被付与者の勤務する会社を実質的に支配していると見ることができる限りにおいては，本判決の射程は及ぶものと解される。」と説明されています。

　「先例拘束力」 の問題であり，**「判例の射程」** の問題でありますが，このあとに，同種事件（ストック・オプション訴訟）で「射程外である」との判決がなされた例はありません。

column10：給与所得の判断基準

　給与所得の定義は，所得税法にあるようでない。28条１項をみると，例示列挙がされたのちに，「これらの性質を有する給与」という抽象的な括りがあるからである。この点から，最高裁判例が示す法規範としての「給与所得の要件」の読み取りが重要になる。

　先例は，最高裁昭和56年判決である。ストック・オプション事件の最高裁平成17年判決もあわせ参照した基準を提示する判例があらわれる。48億債務免除源泉徴収事件（第16章）の最高裁平成27年判決である。「自己の計算又は危険において独立して行われる業務等から生ずるものではなく，雇用契約又はこれに類する原因に基づき提供した労務又は役務の対価として受ける給付」と判示されている（最判平成27年10月８日判タ1419号72頁）。

　その後も，下級審で給与所得が争われる裁判例は続く。ホステス報酬について，事業所得であることに当事者間に争いのなかったホステス源泉徴収事件（第３章）と異なり，課税庁が給与所得であると主張した事例もある。納税者は事業所得と主張したが，給与所得と判断された。そこでは，「雇用契約又はこれに類する原因に基づき使用者の指揮命令に服して提供した労務の対価として使用者から受ける給付」とされ，最高裁昭和56年判決が引用されている（東京地判令和２年９月１日税資270号順号13443参照）。

　これに対して，ストック・オプション事件や48億債務免除源泉徴収事件では，非独立要件が強調され，最高裁昭和56年判決はそのまま用いられていない。違いが生じた理由を考えると，従業員ではない役員（理事長も含む）が得た「経済的な利益」について給与所得該当性が争われた特殊性があるのかもしれない。

第11章
ストック・オプション加算税事件

どのような場合に「正当な理由」は認められるのか？

本章で学ぶポイント

　本章では，ストック・オプション訴訟の加算税部分の争点（「正当な理由」が認められるか）を中心に，課税の経緯の不当性から主張された信義則違反の争点も含めて検討を行います。ストック・オプション訴訟のうち，この部分を「ストック・オプション加算税事件」と，本書では呼びます。

　何れの論点も，法的三段論法にいう「法解釈」と「あてはめ」の部分が判決にくっきりとあらわれてきます。シンプルなわかりやすい論点で，法的三段論法をしっかりと復習することができます。

　法解釈には，条文の文言の意味（「正当な理由」とは何か）を明らかにする作業のほか，どのような場合にそれが適用されるか（どのような場合に「正当な理由」が認められるのか，どのような場合に明文にない信義則違反が認められるのか）といった，「規範」や「判断枠組み」（判断基準）を明らかにする作業も含まれます。

　この作業は，一般論として抽象的に行われます。規範や判断枠組みというものは，それが使われるべき事案においては等しく機能する抽象的なルールだからです。

　これに対して，定立された「規範」（判断枠組みなど）に対する「あてはめ」の作業では，その事案における具体的な検討が行われます。

　法の解釈と適用について，この観点から，しっかりと確認をできるわかりやすい事件です。

○　最　高　裁　　平成18年10月24日第三小法廷判決・民集60巻 8 号3128頁
●　東京高裁　　平成16年10月 7 日判決・税務訴訟資料254号順号9771
○　東京地裁　　平成15年 8 月26日判決・税務訴訟資料253号順号9413

> **本章のキーワード：法的三段論法（規範とあてはめ）**
>
> 　法解釈によって定立した規範に，証拠によって認定された事実をあてはめることで，結論を導くのが法的三段論法です。このうち，司法試験（論文試験）でも重要になるのが「規範」と「あてはめ」であると，いわれています。
>
> 　法的な論述をするうえで，欠かすことのできない部分です。どのような基準で判定すべきかについて，裁判所は「規範」を立てます。しかし，規範定立は，抽象論になります。次に，認定された事実をこの「規範」に適用する作業を，裁判所はします。これを，「あてはめ」といいます。あてはめは，具体論になっています。

▶ 概 要

　本章も，ストック・オプション訴訟です。前章の最初に述べたように，ストック・オプション訴訟には，本税（給与所得か一時所得かなど）の争いのほかに，加算税の争いもありました。それは，**仮に給与所得であるとしても，過少な申告をしたことについて「正当な理由」**（国税通則法65条4項）**が認められ，過少申告加算税の賦課決定処分については違法になるのではないか**，というものです。

　この論点については，前章のストック・オプション事件（最高裁平成17年判決）とは別に，同種事件で，平成18年に最高裁判決が言い渡されています（最高裁平成18年10月24日第三小法廷判決・民集60巻8号3128頁）。そこで，この**「最高裁平成18年判決」**の事案を，本章では，事件名を**「ストック・オプション加算税事件」**と呼び，独立して扱います。

　前章でみた事件（**ストック・オプション事件**）では，外国親会社が発行したストック・オプションの権利行使で得た利益が，「給与所得」にあたるか，それとも「一時所得」にあたるか，という所得区分についての判断がなされ，「給与所得」であるという判決が下されていました（**最高裁平成17年判決**）。結論としては，この最高裁平成17年判決によって，外国親会社から日本子会社の役員や従業員が付与されたストック・オプションを権利行使することで得た利益（**権利行使益**）は，給与所得にあたるということで確定しました。

　この結果は，一時的・偶発的な所得であることから担税力に配慮して**「2分の1課税」**とされている一時所得（所得税法34条1項，22条2項2号）（納税者の主張）と比べて，税額がほぼ倍になる「給与所得」での決着となったことを意味します。納税者にとっては不利益な法解釈がなされ，最高裁で確定したことになります。

▶ **当局の見解**

　そもそも，なぜこのような問題が起きたのでしょうか。それは，こういったストック・オプションの所得区分については，前章でもみたように，法令上の規定がないだけでなく，もともとは東京国税局（課税庁，国税庁といってもよいかもしれません）も，一時所得にあたると考えていたからです。

　実際に，本書の刊行元でもある大蔵財務協会が発行している『回答事例による所得税質疑応答事例集』では，平成10年版からは「給与所得である」と結論が変わりましたが，それよりまえに刊行されたものでは「一時所得である」と説明されていたのです。

　この本は，事例形式で「Q」があって，それに対して「A」という回答があるのですが，「一時所得にあたる」との「A」が，平成10年版よりもまえの版（平成6年版まで）では書かれていたのです。そしてこれを書いた方は，東京国税局の権限のある人で，その肩書きも書籍のなかに示されていました。

　そういうと，この方々が悪いかのように思われるかもしれませんが，そうではありません。これは，当時の当局の見解だったからです。こうした書籍の説明があっただけではありません。**各税務署においても，納税者から相談を受けた際には「これは一時所得ですよ」という指導をしていたという事実もありました。**

　このことは裁判のなかで，当初はその真偽も争われていたのですが，途中で課税庁も事実を認めました。判決文の中でも，そのような事実があったことが確認されています。以下の判示をみてください。

◇ストック・オプション加算税事件上告審判決（最高裁平成18年10月24日第三小法廷判決・民集60巻8号3128頁）
> ……東京国税局直税部長が監修し，同局所得税課長が編者となり，財団法人大蔵財務協会が発行した「回答事例による所得税質疑応答集」昭和60年版においては，外国法人である親会社から日本法人である子会社の従業員等に付与されたストックオプションの権利行使益については，ストックオプションが給与等に代えて付与されたと認められるとき以外は一時所得として課税されることになるという趣旨の記述がされ，平成6年版までの「回答事例による所得税質疑応答集」においても同旨の記述がされていた。課税実務においても，平成9年分の所得税の確定申告がされる時期ころまでは，上記権利行使益を一時所得として申告することが容認されていた。
> しかしながら，我が国においてストックオプションに関する法整備が行われるに伴い，課税庁において，ストックオプションの権利行使益は一時所得ではなく給与所得であるとの共通認識が形成され，平成10年分の所得税の確定申告の時期以降は，上記権利行使益を給与所得とする統一的な取扱いがされるに至った。平成10年7月に発行された「回答事例による所得税質疑応答集」平成10年版においても，外国法人である親会社から付与されたストックオプションの権利行使益は給与所得として課税されることになる旨の記述がされた。しかし，そのころに至っても，外国法人である親会社から付与されたストックオプションの権利行使益の課税上の取扱いが所得税基本通達その他の通達において明記されることはなく，これが明記されたのは，平成14年6月24日付け課個2―5ほかによる所得税基本通達23～35共―6の改正によってであった。

このように最高裁平成18年判決は，課税庁が従来は一時所得にあたるという見解（**一時所得説**）を採っていたものの，平成10年分の確定申告期以降には，給与所得にあたるという見解（**給与所得説**）に変更した，という事実を認めています。

▶ 商法改正

いずれにしても，変更されたのは，「平成10年ころ」ということです。この平成10年ころというのは，前章でも触れましたが，日本の商法（現行会社法）が改正されて，ストック・オプションが我が国でも解禁された時期なのです。つまり，商法改正により日本でもストック・オプションの発行が認められたことに伴い，租税特別措置法など，所得税法の取扱いについての手当てを法整備する必要が生じたときだったのですね。

日本法（当時の商法）に基づき，日本の会社が発行したストック・オプションについてですが，これらについて，課税庁は，まずその所得区分を検討しました。そして，これは，インセンティブ報酬であることには変わらないのではないか，と考えます。そこで，給与所得であると判断しました。この考え方に基づき，発行したのが外国親会社である場合も，日本の商法に基づくストック・オプションの課税と平仄を合わせなければならないと（おそらく）考え，見解を変更したものと思われます。

わたしは，このストック・オプション訴訟で，訴訟の途中からですが，代理人を担当していた事務所に入所しました。そして，入所１年目の途中から主任として，納税者側の訴訟代理人を担当しました。

裁判のなかで，このあたりをいろいろ攻めていったときに，国の側から出てきた書面（準備書面）には，「これまでは不勉強だった」というようなことが書かれているのを発見しました。ストック・オプションについては，日本には当時は存在していなかったので，どのようなものであるかについて，課税庁側も認識に乏しかった。それで「不勉強」で（間違えて）一時所得と判断してしまっていた，というのです。

そして，よくよく勉強してみたら，これは給与所得であるということが分かったので，平成10年ころからは，給与所得であるとの見解で統一

したのである。というようなことが、裁判所に提出された書面に書かれていました。それよりまえの書面をみると、そもそも一時所得という見解など採用していないとの主張でしたから、裁判というのは真実を明らかにすべき場として「機能」することがある、ということがいえます（もちろん、それなりの証拠が裁判所に提出されたからこそ、なのですが）。

こういった課税の経緯からすると、そもそも当局（課税庁）は、それまでは一時所得説を採用していたのに、法改正も、通達改正もすることなく、見解を変えるだけで、過去に遡って追徴課税をしてよいのかという点が問題になります（本税だけでなく、過少申告加算税が賦課され、延滞税の納付も求められていたからです）。

課税庁の対応が、このようなことでよいのか、という問題意識がそこには芽生えますよね。だからこそ、税務訴訟が100件近く起きたわけです。この点については、所得税法の解釈としては給与所得であることが正しいのだとしても、**信義則**に違反するので、課税処分は取り消されるべきである、との考え方が、理論的にはあり得ます（**信義則違反説**）。しかし、**信義則の適用については、最高裁昭和62年判決が非常に厳しい要件を立てていました**（最高裁昭和62年10月30日第三小法廷判決・集民152号93頁。**青色申告承認事件**）。この判例の高い壁から、**信義則違反の主張は認められませんでした**。

給与所得が正しい法解釈であるとなると、仮に「**公的見解の表示**」があったといえたとしても、給与所得と一時所得の本税の差額については、本来納付すべき税額ということになり、信義則が認められるための「**経済的不利益**」という要件を充足できなかったのです。

同種事件の多くでは、所得税質疑応答事例などの記載では「私的見解」に過ぎないとの判断でした。しかし、後で引用する本件（加算税事

件)の高裁判決は,「公的見解の表示」を認めるかのような認定をしています。

◇ **ストック・オプション事件控訴審判決（東京高裁平成16年2月19日判決・高民集57巻1号1頁）**
…本件権利行使益が給与所得に該当することは,前記のとおりであるところ,租税法規が納税者に平等,公平に適用されなければならないことにかんがみると,本件各更正処分が信義則に反するとして,これを取り消すためには,このような租税法規の適用における納税者間の平等,公平という要請を犠牲にしてもなお,被控訴人の信頼利益等を保護すべきであるというような特段の事情の存在が必要であるというべきである。そして,このような特別の事情が存在するか否かの判断に当たっては,税務官庁が納税者に対し信頼の対象となる公的見解を表示したことにより,納税者がその表示を信頼し,その信頼に基づいて行動したところ,後にその表示に反する課税処分が行われ,そのために納税者が経済的不利益を受けることになったかどうか,また,納税者がその表示を信頼しその信頼に基づいて行動したことについて納税者の責めに帰すべき事由がないかどうかという点を考慮しなければならないものというべきである（前掲最高裁判所昭和62年10月30日第三小法廷判決参照）。
　これを本件についてみると,被控訴人は,課税庁の見解を信頼し,公的見解に従って,本件権利行使益を一時所得として申告し,納税資金を算出して事業を行ってきた旨を主張するのみであって,所得税におけるストック・オプションについての過去の取扱いを知っていたが故に本件付与契約を締結したり,本件ストック・オプションを行使するなどの行動に出て所得を得たというような,信頼に基づいて行動したが故に本件の事態に至ったというような特別な事情が存在することはうかがわれない。他方,被控訴人の保護を優先して,本件権利行使益を一時所得として取り扱った場合には,法に従った場合に徴収されるべき多額の所得税を徴収しないこととなる上,平成10年以降正当な取扱いへの統一がされた後に権利行使益を給与所得として申告し,あるいは納税した者との間に法の適用について著しい不平等を生ずることになり,かえって正義

に反する事態が生ずるといわざるを得ない。
　そうすると，本件各更正処分については，前記の平等，公平な租税法規の適用の要件を犠牲にしても，なお，被控訴人の信頼利益を保護すべき特段の事情は存しないものというべきである。

▶ 正当な理由

　そうなると，本税は仕方がない，給与所得として課税されることは甘受せざるをえない，しかし，ペナルティ（行政制裁）としての過少申告加算税まで賦課する必要があるのかという問題が，次にでてくることになります。この点について，納税者は，予備的な主張をしていました。給与所得か一時所得かという点については一時所得であると主張し（**主位的主張**），しかし，仮に給与所得にあたるとされる場合でも「正当な理由」（国税通則法65条4項）があるので，過少申告加算税については賦課されるべきではない，という主張（**予備的主張**）でした。

　「正当な理由」とは何かというと，**国税通則法65条4項**（当時。現行法65条5項1号）に，過少申告加算税は，過少な申告をしたことについて「正当な理由」がある場合は賦課されない，との規定があったからです。

◆ 国税通則法65条1項，4項（当時の規定）
　第65条　期限内申告書（還付請求申告書を含む。第3項において同じ。）が提出された場合（期限後申告書が提出された場合において，次条第1項ただし書又は第6項の規定の適用があるときを含む。）において，修正申告書の提出又は更正があつたときは，当該納税者に対し，その修正申告又は更正に基づき第35条第2項（期限後申告等による納付）の規定により納付すべき税額に100分の10の割合を乗じて計算した金額に相当する過少申告加算税を課する。

(略)
4　第1項又は第2項に規定する納付すべき税額の計算の基礎となつた事実のうちにその修正申告又は更正前の税額（還付金の額に相当する税額を含む。）の計算の基礎とされていなかつたことについて<u>正当な理由があると認められるものがある場合には，これらの項に規定する納付すべき税額からその正当な理由があると認められる事実に基づく税額として政令で定めるところにより計算した金額を控除して，これらの項の規定を適用する。</u>

　過少な申告をしたことについて「正当な理由」があることを，納税者の側で立証することができれば，過少申告加算税の部分については勝てる（賦課決定処分が違法と判断され取り消される），ということになります。
　「正当な理由」があることの「**立証責任**」は，納税者にあることについては注意が必要です。過少申告があれば，原則として賦課される加算税を，例外的に賦課しないでよい場合が，「正当な理由」のある場合だからです。

▶ 規範の定立

　過少申告加算税の趣旨目的と，「正当な理由」の判断基準について，最高裁平成18年判決は，次のように判示しています。

◇ ストック・オプション加算税事件上告審判決（最高裁平成18年10月24日第三小法廷判決・民集60巻8号3128頁）

　　過少申告加算税は，過少申告による納税義務違反の事実があれば，原則としてその違反者に対して課されるものであり，これによって，当初から適正に申告し納税した納税者との間の客観的不公平の実質的な是正を図るとともに，過少申告による納税義務違反の発生を防止し，適正な申告納税の実現を図り，もって納税の実を挙げようとする行政上の措置

である。この趣旨に照らせば，過少申告があっても例外的に過少申告加算税が課されない場合として国税通則法65条４項が定めた「正当な理由があると認められる」場合とは，真に納税者の責めに帰することのできない客観的な事情があり，上記のような過少申告加算税の趣旨に照らしてもなお納税者に過少申告加算税を賦課することが不当又は酷になる場合をいうものと解するのが相当である（最高裁平成17年（行ヒ）第９号同18年４月20日第一小法廷判決・民集60巻４号1611頁，最高裁平成16年（行ヒ）第86号，第87号同18年４月25日第三小法廷判決・民集60巻４号1728頁参照）。

　このように最高裁判決は，国税通則法65条４項の「**正当な理由**」があると認められる場合について，「『正当な理由があると認められる』場合とは，真に納税者の責めに帰することのできない客観的な事情があり，上記のような過少申告加算税の趣旨に照らしてもなお納税者に過少申告加算税を賦課することが**不当又は酷**になる場合をいうものと解するのが相当である」と判示し（引用判決文の下線部分参照），「**規範**」を定立しました。

　これは，法的三段論法の「法解釈」の基本ですね。いろいろ書かれていますが，短くみると，「不当又は酷になる場合」であれば「正当な理由」がある，ということを規範で定立していることが読み取れます（**不当・酷税**）。

　もっとも，この「**規範**」には先例があり，上記判示でも引用されているように，**過去の判例（レイシオ・デシデンダイ）が踏襲されている部分**です（先例拘束力）。

▶ **あてはめ**

　こうして定立された「**規範**」のあとに、「前記事実関係等によれば……」ということで、「**あてはめ**」が行われています。すっきりとした論理が展開されています。

　法的三段論法のあとが、読み取りやすい判決文といえるでしょう。

◇ **ストック・オプション加算税事件上告審判決（最高裁平成18年10月24日第三小法廷判決・民集60巻8号3128頁）**
　　前記事実関係等によれば、外国法人である親会社から日本法人である子会社の従業員等に付与されたストックオプションに係る課税上の取扱いに関しては、現在に至るまで法令上特別の定めは置かれていないところ、課税庁においては、上記ストックオプションの権利行使益の所得税法上の所得区分に関して、かつてはこれを一時所得として取り扱い、課税庁の職員が監修等をした公刊物でもその旨の見解が述べられていたが、平成10年分の所得税の確定申告の時期以降、その取扱いを変更し、給与所得として統一的に取り扱うようになったものである。この所得区分に関する所得税法の解釈問題については、一時所得とする見解にも相応の論拠があり、最高裁平成16年（行ヒ）第141号同17年1月25日第三小法廷判決・民集59巻1号64頁によってこれを給与所得とする当審の判断が示されるまでは、下級審の裁判例においてその判断が分かれていたのである。<u>このような問題について、課税庁が従来の取扱いを変更しようとする場合には、法令の改正によることが望ましく、仮に法令の改正によらないとしても、通達を発するなどして変更後の取扱いを納税者に周知させ、これが定着するよう必要な措置を講ずべきものである。</u>ところが、前記事実関係等によれば、課税庁は、上記のとおり課税上の取扱いを変更したにもかかわらず、その変更をした時点では通達によりこれを明示することなく、平成14年6月の所得税基本通達の改正によって初めて変更後の取扱いを通達に明記したというのである。そうであるとすれば、少なくともそれまでの間は、納税者において、外国法人である親会社から日本法人である子会社の従業員等に付与されたストックオ

> プションの権利行使益が一時所得に当たるものと解し，その見解に従って上記権利行使益を一時所得として申告したとしても，それには無理からぬ面があり，それをもって納税者の主観的な事情に基づく単なる法律解釈の誤りにすぎないものということはできない。
> 　以上のような事情の下においては，上告人が平成11年分の所得税の確定申告をする前に同8年分ないし同10年分の所得税についてストックオプションの権利行使益が給与所得に当たるとして増額更正を受けていたことを考慮しても，上記確定申告において，上告人が本件権利行使益を一時所得として申告し，本件権利行使益が給与所得に当たるものとしては税額の計算の基礎とされていなかったことについて，真に上告人の責めに帰することのできない客観的な事情があり，過少申告加算税の趣旨に照らしてもなお上告人に過少申告加算税を賦課することは不当又は酷になるというのが相当であるから，国税通則法65条4項にいう「正当な理由」があるものというべきである。

　あてはめのところでは，いろいろな事実（原審が認定した事実）が挙げられています。最高裁は，「課税庁が従来の取扱いを変更しようとする場合には，法令の改正によることが望ましく，仮に法令の改正によらないとしても，通達を発するなどして変更後の取扱いを納税者に周知させ，これが定着するよう必要な措置を講ずべきものである」といっています（引用判決文の最初の下線部分参照）。

　通達が改正されたのは平成14年6月のことだったのですが，この訴訟で問題になった加算税は，その通達改正より前の時期の年分の所得税でした。

　そこで，これは単なる法解釈の誤りとはいえない，といっているのです。このような経緯に照らせば，「不当又は酷である」といえる，つまり，一時所得で申告をした納税者に「正当な理由がある」ということで，過少申告加算税の賦課決定処分を取り消したのが，最高裁平成18年判決

です。

▶ 補足説明

　補足になりますが，加算税の賦課決定処分が取り消されたといっても，取り消された部分は，あくまで平成11年分以降です。課税庁が給与所得への見解を変更したあとに，なお一時所得として申告をした納税者に賦課された過少申告加算税の適否が争われたからです（ただし，上述のとおり，平成14年6月の通達改正前の部分でした）。

　それよりまえのものについては，もっとおかしな加算税ということになると思います。課税庁側も一時所得説を採っていた当時の年分について，あとから見解を変更したからという理由で，過去に遡って加算税を賦課するのは，さすがに不合理であることがわかりやすいと思うからです。実際に，この部分は訴訟が地裁に係属していた最中に，課税庁が職権で取り消していました。

　ここは（遡って賦課した，過少申告加算税の賦課決定処分については），さすがに勝てないぞ，と課税庁側も考えたものと思われます。

　最高裁判決で取り上げられたのは，こうした見解変更前の年分について遡って賦課された過少申告加算税ではなく，見解を変更したあとに，それでもなお一時所得で申告した納税者に，賦課されていた過少申告加算税なのです。

　そう考えると，納税者も課税庁の見解が給与所得に変わったことは知っていたのではないかとの議論にもなりますよね。

　しかし，最高裁は，見解変更について通達改正をしていなかった点を強調し，平成14年6月の通達改正前に，従前の課税庁の見解に基づき一時所得として申告した納税者についても，「正当な理由」があるといえ

ると判断したのです。

　ストック・オプション加算税事件は、このような経緯をみると、少し特殊な事案であったともいえます。その後にも、同じように「正当な理由」が争われた事案として、航空機リースを使った民法上の任意組合の組合員の所得が争われた事案がありました（航空機リース通達変更事件）。

　この事件でも、旧通達から新通達への解釈変更の点に重きを置き、同じように「正当な理由」を認める、最高裁判決が言い渡されています（最高裁平成27年6月12日第二小法廷判決・民集69巻4号1121頁）。

　最高裁平成27年判決のなかでは、本判決が先例として引用されています。この点で、最高裁平成18年判決は、先例拘束力が他の事案にも及んだ例といえます。

▶ **信義則の論点**

　最後に、ストック・オプション加算税事件の高裁（控訴審）では、給与所得と判断したうえで、信義則の論点についても、詳細な検討をしていました。

　しかし、結局、信義則違反は認められませんでした。以下の判示です。

◇ **ストック・オプション加算税事件控訴審判決（東京高裁平成16年10月7日判決・税務訴訟資料254号順号39771）**
……そこで、本件において、納税者にとって信頼の対象となる公的見解の表示がされたか否かについて検討すると、（略）平成9年分所得税の確定申告期（平成10年2月ないし3月）ころまで、一時所得としての申告が容認されていたこと、平成7年11月に、特定新規事業実施円滑化臨時措置法の改正により、我が国において初めてストック・オプション制度が導入され、平成9年に、経済構造改革の一環としてストック・オプションを一般的に導入する旨の閣議決定がされた後、同制度が商法

改正により本格的に導入されるに伴い，課税庁において，権利行使益が一時所得ではなく，給与所得であるとの共通の認識が形成され，平成10年分所得税の確定申告期以降，給与所得とする統一的な取扱いがされるに至ったこと，そこで，平成8年版（同年6月発行）「回答事例による所得税質疑応答集」では，平成6年版までの前記の記載が削除され，平成10年版（平成10年7月発行）では，外国親会社から付与されたストック・オプションの権利行使益について，給与所得として課税される旨記載されるに至り，財団法人大蔵財務協会発行の国税速報（同年10月26日号）にも同旨の見解が発表されたことが認められ，控訴人にあっても，このような一時所得から給与所得への記載内容の変更は，その当時の課税庁の認識を反映したものであることを自認している。

　<u>上記の認定事実，とりわけ，当時の課税状況等と併せて，「回答事例による所得税質疑応答集」及び週刊税務通信に，これらが私的な出版物ではあっても，国税庁職員が顕名で，あるいは客観的に税務を担当する者によるものと認めうる方法で，課税実務が解説され，もって当時の課税庁の認識を反映し，あるいはその意向を受けたものと客観的に認められ，これらの記述が，課税庁の課税行政の内容を国民に周知させる上で，補完的な意味を有するとともに国民に対して指針的なものとして一定の影響力を持ち，国民にとっても，そこに示された内容について，一定の信頼を置くものと推認しうることに照らせば，外国親会社から付与されたストック・オプションの権利行使益について，一時所得として課税される扱いについて，平成10年ころ以前には，国民の信頼を保護すべき程度にまで課税庁による公的見解の表示があったのと同様の状態にあったとみることができる。</u>（略）

……さらに，被控訴人は，ストック・オプションの権利行使益が一時所得に該当するとの税務署の職員からの回答を受けたことにより，予想外の経済的不利益を被ったと主張するが，<u>課税庁の方針に変更があったとはいえ，本来の所得区分に認定された上，本来あるべき課税がされたにすぎないのであるから，結局，被控訴人の上記主張は，本来納付しなければならないはずの所得税を払わなければならなくなったことが不利益であると主張するにすぎない。</u>

納税者側では，この時点では「正当な理由」があることの主張を行っていなかったため，その有無についての判断は，あまりなされていません。もっとも，「正当な理由があることに関しては，その主張はないが，念のため全証拠をみてもこれを認め得るものはなく，かえって，前記の信義則に係る事情を通してみれば，過少の申告はやむを得なかったとは到底いえないことを付言しておく」との判示があり，職権での判断はなされていました。

　「正当な理由」があるというのであれば，主張・立証責任を負う納税者の側で主張をしなければ，裁判所でその判断をする必要は本来的にはないはずです。もちろん，主張立証責任を負わない当事者からでも主張立証があれば判断が必要になります。ただし，主張立証責任を負わない課税庁側からも，正当な理由はないという主張立証は特にされていませんでした。こうして，判決理由はほとんど示されていませんが，「正当な理由はない」との判断が一応されました。

　これに対して，地裁（第1審）では，そもそも一時所得にあたるとの結論で納税者の全面勝訴でした。本税が違法であれば，加算税も当然ながら違法になります。ここでは「正当な理由」があるかを裁判所が判断する必要はありませんでした。

　こういう経緯をたどったため，「正当な理由」の論点は，この事件では最高裁判決で初めて詳細に述べられたのです。

column11:「正当な理由」の分水嶺

　加算税は，法定期限までに適正に申告・納付をしなかった納税者に対する「行政上の措置」である。当初から適正に申告した納税者とそうではない納税者との間の公平を考慮すれば，「あとから修正申告をすれば別によいだろう」という考えが，納税者にわき起きることを封ずる必要がある。

　こうして過少な申告をした納税者には，原則として過少申告加算税が賦課される。現在の国税通則法では，更正されることを予期しないで修正申告をした納税者に対する加算税の減免措置もある。つまり，自発的な修正申告を奨励するためのグラデーションとしての立法措置も，加算税ではとられている。そうすると，加算税が賦課されるべき場合と，賦課されるべきでない場合とがあることになる。

　区別を担う1つが，「正当な理由」である。ストック・オプション加算税事件のあとにも，航空機リース通達変更事件（最高裁平成27年判決）のほか，養老保険事件（第15章），消費税課税仕入れ用途区分事件（最判令和5年3月6日民集77巻3号440頁）などでも「正当な理由」の有無が争われ，最高裁が判断をしている。

　このうち納税者の主張どおり「正当な理由」が最高裁で認められたのは，ストック・オプション加算税事件（最高裁平成18年判決）と航空機リース通達変更事件（最高裁平成27年判決）のみである。

　一方で，下級審では「正当な理由」を認めるものもあった。最終的に「正当な理由」を認められる分水嶺は，どこにあるのか。これを探求することが，重要になる。鍵を握るのは，判例を分析すると，課税庁側の落度（責められるべき事情）の有無である。不当・酷の判断も判例の集積によって，細かく整理されてくるであろう。

第12章
りんご生産組合事件

所得区分の判断は
どのように行うべきか？

本章で学ぶポイント

　同じ事実認定であっても，法解釈により「結論」が異なる場合があります。このことは，本書でこれまで取り上げてきたさまざまな事件から明らかになりました。少なくとも，感覚としてはわかるようになってきたのではないかと思います。

　本章で取り上げるりんご生産組合事件も，事実は同じなのですが，その事実に対するとらえ方（ものの見方）の違いにより，納税者と課税庁の主張が分かれました。同時に，裁判所の判断としても，同じ事実に対する「もののみかた」が異なったために，地裁決と高裁で異なる結果になりました。

　りんご生産組合事件では，同じ事実（認定事実）であるとしても，税法の解釈及び適用のしかたによって，結論が異なる場合があることを学び，法的三段論法を深く理解することができます。

　これは，法解釈として「住所」のとらえ方（判断枠組み）が異なったことで，法の適用（あてはめ）に違いが生じることになった武富士事件（第1章）と，類似する部分もあります。法的三段論法でいうと，「あてはめ」（法の適用）における「評価」の手法の違いが，本件では結論を分けた，といえるからです。

　具体的にいえば，民法上の組合員が当該組合から得たお金であるという「法的性質」や「契約関係」といった形式論を重視して「評価」をすれば，これは事業所得にあたる，ということになります（地裁判決）。

　これに対して，そうだとしても，そのお金を得た原因の内実（実質）をみると，それはりんご生産活動（労務活動）に従事して労務を提供したことで得られたものであると，みることもできます。この場合，給与所得にあたる，ということにもなります（高裁判決）。後者の「もののみかた」は，労務提供の対価として得たものであるという，「実質論」を重視した「評価」であるといえます。

　このように「あてはめ」における，「評価」の方法（もののみかた）についても，裁判所ごとに判断が分かれることを知り，その分岐点を探る

ことが，りんご生産組合事件で学ぶことができるポイントになります。

○ 最　高　裁　　平成13年7月13日第二小法廷判決・訟務月報48巻7号1831頁
● 仙台高裁　　平成11年10月27日判決・訟務月報46巻9号3700頁
○ 盛岡地裁　　平成11年4月16日判決・判例タイムズ1026号157頁

本章のキーワード：形式論と実質論

　法的思考（リーガルマインド）には，2つの観点から考える方法がいくつかあります。「二項対立の視点」です。

　二項対立の視点は，ものごとを1つの観点から眺めるのではなく，2つの角度から考察することで，立体的に論点が浮かび上がってくる思考技術です。そのひとつに「形式論と実質論」という視点があります。法解釈は条文の文言がまずもってベースになりますが，これは条文の文言という「形式」のとらえ方が重要になります。他方で，その条文にはその規定が定められた立法趣旨（趣旨目的）が必ずあります。そうした趣旨からみた結論の妥当性という「実質」についても，分析が求められる場合があります。

　条文の解釈において「形式論と実質論」といった場合，前者は条文の文言から読み取れるかという「許容性」の問題になり，後者は条文の文言から離れて価値判断としてどう考えるべきかという「必要性」の問題になることが多いです。

▶ **概 要**

　第1部も，残りの3章（第12章，第13章，第14章）になりました。基本的に共通する部分は，前章までにみてきました。そこで，これまでよりも少しスピードを上げて，1つ1つの判決の検討は短くしていきます。基本的には，これまでみてきた「もののみかた」と「ものの考え方」で，このあとの判決は検討できるからです。

　りんご生産組合事件は，地裁（第1審），高裁（控訴審），最高裁（上告審）と，裁判所ごとに判断が分かれました。**納税者は，りんご生産組合から組合員が得た労務費は「給与所得」（所得税法28条1項）にあたると主張し，課税庁は「事業所得」（所得税法27条1項）にあたると主張しました。**

　地裁（第1審）では，給与所得であるということで納税者が勝訴し，高裁（控訴審）では事業所得であるということで課税庁が勝訴しました。これに対して，最高裁（上告審）では，給与所得であると判断し，納税者が勝訴しました。

　どのような内容の事件であったのか，簡単にみておきましょう。事件の内容は，次のようなものでした。

　民法上の任意組合である，りんご生産組合の，構成員である組合員が，原告（被控訴人，上告人）です。その組合員である納税者（原告，被控訴人，上告人）は，りんご生産作業に従事し，働いたことで当該組合から得た対価を，「労務費」として組合からもらっていました。**働いたことに対する対価として使用者からもらったお金は，通常は「給与所得」にあたります**（最高裁昭和56年判決参照。同判決〔**弁護士顧問料事件**〕は，ストック・オプション事件〔第10章〕でみましたね）。しかし，りんご生産組合事件の特殊な点は，働いたことの対価としてもらった労務費ではある

ものの，もらった人がその組合の組合員であったという点です。

　通常，組合員が組合から分配金をもらうと，これは組合事業によって得た所得ということで，事業所得になります。法的な形式や性質，法的な納税者の立場だけでみると，「これは事業所得ではないか」ということになります。

　ただ，仕事の内容をみてみると，組合員ではない他の作業員と，実際にやっていること（業務の内容）は，基本的に同じでした。タイムカードを押して，その働いた時間に対応してもらった時給制の給与だったということですから，内実をみれば給与所得ということになりそうです。他方で，組合員が組合からもらったものである，という点に重きをおいてみると，やはり事業所得ではないかと，こういう問題が起きました。民法上の組合は，組合員が「出資をして共同の事業を営むこと」を合意することで，成立する契約だからです（民法667条1項）。その利益である分配金は，当然に事業所得になる。これが課税庁の主張でした。

▶ 最高裁のあてはめ

　この点について最高裁は，こういった民法上の組合から組合員が得た利益の所得区分をどのように判定すべきかについて，法解釈を行い，その判断枠組みを**「規範」**として定立しました。最高裁平成13年判決は，給与所得の意義や判断枠組みを示した最高裁昭和56年判決を前提にしているとは考えられますが，以下の規範を示すのみで，最高裁昭和56年判決には触れていません。

◇ りんご生産組合事件上告審判決（最高裁平成13年7月13日第二小法廷判決・訟務月報48巻7号1831頁）
　民法上の組合の組合員が組合の事業に従事したことにつき組合から金員の支払を受けた場合，当該支払が組合の事業から生じた利益の分配に該当するのか，所得税法28条1項の給与所得に係る給与等の支払に該当するのかは，当該支払の原因となった法律関係についての組合及び組合員の意思ないし認識，当該労務の提供や支払の具体的態様等を考察して客観的，実質的に判断すべきものであって，組合員に対する金員の支払であるからといって当該支払が当然に利益の分配に該当することになるものではない。また，当該支払に係る組合院の収入が給与等該当するとすることが直ちに組合と組合員との間に矛盾した法律関係の成立を認めることになるものでもない。

　組合から組合員がお金をもらったということだけで，事業所得になるのではありません。お互いがどういう認識で，どういうものの対価として支払われたものだったのかを，客観的にですが，実質的なところまで踏み込んでみるべきである。こういう考え方です。組合員であるという，契約関係などの形式的なところだけをみるのではなくて，中身をきちんとみてみましょうということですね。
　このように，所得区分の判断を，名目や契約などの形式にとらわれず，所得を得た原因や得た所得の性質を実質的にみる考え方は，所得区分が設けられた所得税法の趣旨にも合致します。同じ所得でも，原因や性質によって，個人の納税力は異なるため，実質的な公平を図るべく，10種類の所得が設けられたと理解されているからです。
　そのあとに「これを本件についてみると」ということで「あてはめ」に入っていくのですが，以下の判示のとおり，結局，これは他の作業員がやっていることと同じですね，ということで，給与所得にあたると判

断されました。

◇ **りんご生産組合事件上告審判決（最高裁平成13年7月13日第二小法廷判決・訟務月報48巻7号1831頁）**
　これを本件についてみると，本件組合から上告人ら専従者に支払われた労務費は，雇用関係にあることが明らかな一般作業員に対する労務費と同じく，作業時間を基礎として日給制でその金額が決定されており，一般作業員との日給の額の差も作業量，熟練度の違い等を考慮したものであり，その支払の方法も，一般作業員に対するのと同じく，原則として毎月所定の給料日に現金を手渡す方法が採られていたというのである。他方で，組合員に対する出資口数に応じた現金配当は平成3年度に一度行われたことがあるにすぎない。これらのことからすれば，本件組合及びその組合員は，専従者に対する上記労務費の支払を雇用関係に基づくものと認識していたことがうかがわれ，専従者に対する労務費は，本件組合の利益の有無ないしその多寡とは無関係に決定され，支払われていたとみるのが相当である。また，上告人ら専従者は，一般作業員と同じく，管理者の作業指示に従って作業に従事し，作業時間がタイムカードによって記録され，その作業内容も一般作業員と基本的に異なるところはなく，違いがあるとしてもそれは熟練度等の差によるものであったというのであるから，上告人ら専従者は，一般作業員と同じ立場で，本件組合の管理者の指揮命令に服して労務を提供していたとみることができる。さらに，本件組合の目的であるりんご生産事業について，設立当初は各組合員がその出資口数に応じて出役する責任出役義務制が採られていたのが，雇用労力を用いる方が合理的であるとの認識に基づき，管理者，専従者及び一般作業員が生産作業を行う形態に改められた経緯等にもかんがみると，責任出役義務制が廃止された後は，組合員である専従者の労務の提供も，一般作業員のそれと同様のものと扱われたと評価することができる。
　これらの事実関係からすれば，上告人ら専従者が一般作業員とは異なり組合員の中から本件組合の総会において選任され，りんご生産作業においては管理者と一般作業員との間にあって管理者を補助する立場にあ

ったことや，本件組合の設立当初においては責任出役義務制が採られていたことなどを考慮しても，上告人が本件組合から労務費として支払を受けた本件収入をもって労務出資をした組合員に対する組合の利益の分配であるとみるのは困難というほかなく，本件収入に係る所得は給与所得に該当すると解するのが相当である。

　少し長めに引用しましたが，最高裁判決は，「上告人が本件組合から労務費として支払を受けた本件収入をもって労務出資をした組合員に対する組合の利益の分配であるとみるのは困難というほかなく，本件収入に係る所得は給与所得に該当する」といっています。

▶ **高裁のアプローチ**
　これに対して，原審である仙台高裁は，全く違うアプローチをとっていました。このあたりがこの事件の面白いところで，法解釈の部分がそもそも違っているのです。以下のとおりです。

◇ **りんご生産組合事件控訴審判決（仙台高裁平成11年10月27日判決・訟務月報46巻9号3700頁）**
　本件組合は，民法上の組合であり，各組合員が出資して共同の事業を営むことを合意して成立する組合員の結合体であり（民法667条1項），組合の事業により獲得された利益や損失は，理念的には組合財産を構成するものの，組合には法人格が存しないことから，組合財産は組合自体には帰属せず，総組合員の共有（合有）となり（民法668条），債権債務も総組合員の共有（準共有）になるもの（民法677条）と解される。したがって，このような組合の法的構造に照らせば，組合の事業活動の成果たる所得に対する課税は，法人税の対象として組合に課せられるものではなく，組合員の出資等に応じて各組合員の所得に分解されて帰属し所得税の課税対象となるものと解するのが相当である。

ここまでは，民法上の組合に対する課税は法人税なのか所得税なのかということを，民法上組合契約の性質（「**組合の法的構造**」）からいっているもので，一般論にあたる部分です。この点については，特に争いのあるものではありません。いわゆる「**パス・スルー課税**」（組合から得た利益については構成員が得た利益として，構成員に課税すること）の法解釈を示した部分になりますので，内容は重要です。

　そのあとの判示を，みていきましょう。

◇ **りんご生産組合事件控訴審判決（仙台高裁平成11年10月27日判決・訟務月報46巻9号3700頁）**
　そして，<u>組合員が組合から組合員の立場で受け取る収入は，給与，賞与などの名目で受け取るものであっても，これらの所得は当該組合の事業から生じた事業所得であるという性質が変わるものではないから，これを給与所得と解すべきではなく，組合の事業から生じた所得全体の各組合員の出資等に応じて配分した各組合員個人の事業所得と解すべきものである。</u>

　ここが仙台高裁の，最高裁と全く異なる点です。組合から組合員が得た所得については，その内容や名目がどうであれ，これは事業所得にあたると解すべきである，ということです。これが，控訴審の行った法解釈になります。なお，最高裁も名目にとらわれない考え方ですが，本件では「労務費」という名目で支払われていたので，高裁は，名目を否定しようとしたのです。名目ではみないといいながら，組合契約に基づき，組合から組合員が得た金員という法的な形式は重複しています。

　これに対して最高裁は，実質的な中身をみてどの所得にあたるかを判断しましょう，といっています。ここで結論が変わってくることになり

ます。つまり，りんご生産組合事件は，法解釈によって定立された規範（所得区分の判定方法について示された判断枠組み）によって結論が異なった事件である，ということができます。

▶ 地裁のあてはめ

これに対して，第1審は，最高裁判決と同じように，給与所得であると判断していました。盛岡地裁は，最高裁判決とはまた少し違う書きぶりをしています。本件の最高裁が，**最高裁昭和56年判決（弁護士顧問料事件）** に触れなかったのと異なり，最高裁昭和56年判決を参照し，まず事業所得とはこういうものをいう，給与所得とはこういうものをいう，といった法解釈をしています。

こうして定立された事業所得と給与所得の要件についての規範（最高裁昭和56年判決）にあてはめをして，給与所得にあたるといっていました。以下のとおりです。

◇ **りんご生産組合事件第1審判決（盛岡地裁平成11年4月16日判決・判例タイムズ1026号157頁）**
「 所得税法上の事業所得（同法27条1項）とは，自己の計算と危険において独立して営まれ，営利性，有償性を有し，かつ反復継続して遂行する意思と社会的地位とが客観的に認められる業務から生ずる所得をいい，これに対し，給与所得（同法28条1項）とは，雇用契約又はこれに類する原因に基づき使用者の指揮命令に服して提供した労務の対価として使用者から受ける給付をいうが，とりわけ，給与所得については，給与支給者との関係においては何らかの空間的，時間的な拘束を受け，継続的ないし断続的に労務又は役務の提供があり，その対価として支給されるものであるかどうかが重視されなければならず，当該所得がこれらのうちのいずれに該当するかは，その業務ないし労務の具体的態様に

応じて，その法的性格を判断すべきものと解するのが相当であるところ（最高裁昭和52年（行ツ）第12号昭和56年4月24日第二小法廷判決，民集35巻3号672頁参照），（略）」

あてはめとしては，以下のようなことが判示されています。

◇ **りんご生産組合事件第1審判決（盛岡地裁平成11年4月16日判決・判例タイムズ1026号157頁）**
……その仕事の内容において，非組合員がほとんどを占める他の作業員と大差なく，Aの指示を受けてりんご生産作業に従事し，毎日の労働時間をタイムカードによって管理される等の拘束を受け，専従者として継続的に労務を提供し，また一日当たりの定額の日給を基本とする対価の支払を受け，その対価における一般作業員との差は仕事の熟練度に着目したものに過ぎず，その労賃は組合全体の所得とは何らの関係もなく，専ら労働時間により定められていたものであって，原告の右収入には，なんら自己の計算と危険という要素が入り込む余地はなく，単なる労働の対価としての意味を有するに過ぎないものであるから（以下，略）

▶ まとめ

まとめましょう。地裁判決は，最高裁昭和56年判決の給与所得の判断枠組みをベースにしながらこれに「あてはめ」をして，給与所得であるといったのに対し，高裁判決は，最高裁昭和56年判決ではなくて，そもそも組合から組合員が得たものは事業所得である，という法解釈をしたことになります。

本件の最高裁は，最高裁昭和56年判決の先例には触れてはいません。一方で，民法上の組合から組合員が得たものがどの所得にあたるか，ということについては，こういう基準で判定しますよという「**判断枠組み**」（規範）を明らかにしてから，あてはめを行っています。この点で，

最高裁平成13年判決は，触れはしないものの，最高裁昭和56年判決が示した給与所得と事業所得の要件及びその区別を前提に，より踏み込んだ「組合から組合員が得た金員の所得区分の判断」の規範を定立した点に，意義があったといえます。

column12：判断基準の複雑化傾向

　給与所得の一般的な判断基準には触れることなく，民法上の組合から組合員が得た金員の所得区分の判断基準を提示したのが，りんご生産組合事件の最高裁平成13年判決である。

　判断基準に挙げられる「要素」は，抽象的で読み流してしまいがちであろう。しかし，そこにこめられた言葉は，「あてはめ」の結果下される結論（法の適用）に大きな影響を与える。

　所得区分の判断が，納税者の主観で決められては困る。自分で給与所得だと思っていたことを理由に給与所得が認められるのであれば，所得税額は納税者の思い通りになる。こうして「客観的」な判断が求められることになるが，「実質的」にみることも，最高裁平成13年判決は盛り込んだ。組合契約は共同事業を目的とするから，組合から組合員が得た金員は，契約の形式に着目すれば，「事業所得」のベクトルにいく。この否定は，所得区分の判断が名目ではなく実態（内容）でみるべきと解されていることに整合する。

　このように，判例が法解釈によって示す判断基準に使われる言葉には，重要な意味がこめられている。意識できると，先例拘束力を持つことになる最高裁判例の判断基準の読み方は，分析的になる。

　租税回避の否認規定の不当性要件について判示されたヤフー事件（最判平成28年2月29日民集70巻2号242頁）やユニバーサルミュージック事件（最判令和4年4月21日民集76巻4号480頁）の判断枠組みは，複雑でもある。近年は「判断基準の複雑化傾向」が顕著な税務判例である（木山泰嗣「判例の変遷にみる税法の解釈適用」青山法学論集62巻2号〔2020年〕1頁参照）。これを読みこなす力を，身につけたい。

第13章
医学論文事件

課税要件をとらえて
的確なあてはめを行うには？

> **本章で学ぶポイント**

　医学論文事件（萬有製薬事件）も，裁判所の判断（結論）が分かれた事件です。この事件の特徴は，「課税要件」のとらえ方が裁判所により異なった点にあります。

　租税法律主義（憲法84条）のもとでは，課税をするためには，その要件を法律で明確に定めることが求められます（課税要件法定主義，課税要件明確主義）。この要件のことを，「課税要件」といいます。課税要件は，これが充足されることによって，納税義務の発生という「法律効果」（効果）を生む「法律要件」（要件）です。

　リーガルマインドを使って法的に税法をとらえるためには，「課税要件」が何であるかを意識することが極めて重要になります。その「課税要件」は，上記の租税法律主義によれば，法律（その税法）に書かれているはずです。本件でいえば，製薬会社が負担した支出が「交際費等」に該当するかが問題になりました。そうすると，「交際費等」を定めた租税特別措置法の規定をみれば，「交際費等」として課税される場合の「課税要件」は，その条文に明確に書かれているはずです。

　しかし，実際にはこれまでみてきた事件からも明らかなように，課税要件を把握するためには，多くの場合「法解釈」が必要になります。法的三段論法ですね。大前提としての「法解釈」は，法律の条文を「解釈」することで，「規範」を定立する作業（プロセス）でした。条文の文言の意味を明らかにする作業です。ここにいう「規範」とは，本件で考えると，「課税要件」の内容ということができます。

　交際費等における課税要件が何であるかについて，裁判所の判断が分かれました。地裁判決は2要件でみるといい，高裁判決は3要件が必要であると「解釈」したのです。その違いが結論に影響を与えたかというと，必ずしもそうともいい切れない部分はあるのですが（あてはめで結論が異なることになったからです），まずは，課税要件と法解釈の関係をみることが重要です。

　同時に，課税要件を充足しているかの「あてはめ」を行う際にも，裁

判所により判断が分かれました。こうした細かなディテールの違いにも気づけるように，判決文を読むことが重要です。その力をつけるためにも，ぜひ，この章をじっくり読んでください。「神は細部に宿る」といわれます。細部の違いに注目することは，税務判例を読みこなせるようになるために，最後の最後にとくに重要な視点になります。

○ 東京高裁　平成15年9月9日判決・高民集56巻3号1頁
● 東京地裁　平成14年9月13日判決・税務訴訟資料252号順号9189

本章のキーワード：課税要件

　課税要件とは，これが満たされると納税義務という「法律効果」が発生することになる，「法律要件」のことです。民法では要件（法律要件）と効果（法律効果）を学ぶことが重要ですが，税法では効果の部分である納税義務の発生そのものは，通常は論点になりません。そこで，どのような場合に納税義務（効果）が発生するのか，という要件の部分が重要になります。これを「課税要件」というのです。

　課税要件は，憲法84条の租税法律主義の下では，法律で明確に定められるべきことが求められます（課税要件法定主義，課税要件明確主義）。どの税目にも共通している「課税要件」としては，一般的に，①納税義務者，②課税物件，③課税物件の人的帰属，④課税標準，⑤税率が挙げられます。税務判例では，本来，法律で明確に定められているはずの課税要件について，法解釈によって要件の数や内容が明確に示されることになります。

第13章　医学論文事件

▶ 概 要

　医学論文事件（萬有製薬事件）は，高裁（控訴審）の結論と地裁（第1審）の結論が分かれた事案です。高裁は納税者が勝訴し，地裁は課税庁が勝訴した事件でした（高裁で確定）。

　事案の概要は，製薬会社である納税者（原告，控訴人）が，医学研究者，医師などの研究者が英語による医学論文を書く際に，英文として正しいかなどのさまざまな添削サービスを製薬会社が提供していました。

　しかし，実際に医師からもらうお金（添削料）と，実際に発注した会社に製薬会社が支払う金額との差額をみると完全な赤字になっていたのです。つまり，法人にとっては，じつは収入より支出の方が多い状態になっていた，という事案でした。

　その差額がどれくらいあったのかというと，判決文によれば，平成6年3月期は1億4513万6839円，平成7年3月期は1億1169万0336円，平成8年3月期は1億7506万1634円です。この3事業年度で，5億円を超える差額を負担していたことになります。

　製薬会社である納税者（法人）は，これを寄附金として処理していたのですが，課税庁は交際費等にあたると主張しました。寄附金というと損金不算入のイメージがあると思いますが，大企業でしたので，法人税法上の寄附金損金算入限度額が多く（法人税法37条1項，同法施行令73条1項），課税に影響はありませんでした。

　経緯や事案だけをみると，寄附金に該当するイメージがわくような事件です。しかし，寄附金だと考えると，課税の問題が出てきません。「であれば，交際費として課税しよう」ということでおそらくなされた課税処分について，課税庁は，交際費等にあたるとして行った法人税の更正処分は適法であるとの主張を行いました。交際費等については法人

税法ではなく，租税特別措置法の条文で規定されています。

　交際費等にあたるとなれば損金不算入ができなくなることになります。この事件で特に争いになったのは「交際費の要件」でした（正確には，後でみるように「交際費等の要件」です）。これは**「課税要件」**が何であるかの問題になります。

▶ 高裁判示における課税要件

　高裁判決は，この点について，次のように判示しました。

> ◇ **医学論文事件控訴審判決（東京高裁平成15年9月9日判決・高民集56巻3号1頁）**
>
> 　措置法61条の4第3項は，同法61条の4第1項に規定する「交際費等」の意義について，「交際費，接待費，機密費その他の費用で，法人が，その得意先，仕入先その他事業に関係のある者等に対する接待，供応，慰安，贈答その他これらに類する行為のために支出するもの（専ら従業員の慰安のために行われる運動会，演芸会，旅行等のために通常要する費用その他政令で定める費用を除く。）をいう。」と規定している。
> 　<u>上記のような法文の規定や，「交際費等」が一般的に支出の相手方及び目的に照らして，取引関係の相手方との親睦を密にして取引関係の円滑な進行を図るために支出するものと理解されていることからすれば，当該支出が「交際費等」に該当するというためには，①「支出の相手方」が事業に関係ある者等であり，②「支出の目的」が事業関係者等との間の親睦の度を密にして取引関係の円滑な進行を図ることであるとともに，③「行為の形態」が接待，供応，慰安，贈答その他これらに類する行為であること，の三要件を満たすことが必要であると解される。</u>

　このように，東京高裁は，租税特別措置法の規定（条文）を引用して，

「交際費等」にあたるための要件，つまり**課税要件**を，3つに分けて示しました。

①の要件は，支出の相手方が事業関係者であるかどうかです（相手方要件）。②の要件は，支出の目的が事業関係者等との親睦を密にして取引関係を円滑に進めることであるかどうかです（目的要件）。さらにこの2つの要件にとどまらず，3つめの要件として，③行為の形態が，いわゆる交際費と呼ばれるような，接待，供応，慰安，贈答といったものに類するような行為でなければいけないという（行為要件），3要件を高裁は定立しました。

法的三段論法でいうと，これは法解釈の部分ですね。条文の要件を解釈することで**規範（要件）**を定立し，そのあとに定立したそれぞれの要件を満たしているかどうかの「あてはめ」をした，ということです。

高裁判決は，製薬会社にとって，医師などは事業に関係がある者といえるようにもみえますが，①の相手方要件については断言をせず，判断を保留しました。以下の判示です。

◇ **医学論文事件控訴審判決（東京高裁平成15年9月9日判決・高民集56巻3号1頁）**

　　控訴人は，主として医家向医薬品の製造，販売を事業内容とする株式会社である。医師は医業を独占し（医師法17条），患者に対する薬剤の処方や投与は医業に含まれるから（医師法22条），医師は，控訴人のような製薬会社にとって，措置法61条の4第3項にいう「事業に関係のある者」に該当するというべきである。

　　そして，本件英文添削の依頼者の中には，研修医や大学院生などのほか，医療に携わらない基礎医学の講師や海外からの留学生も含まれていたことは，上記……認定のとおりであるけれども，他方，大学の医学部やその付属病院の教授，助教授等，控訴人の直接の取引先である医療機

> 関の中枢的地位にあり，医薬品の購入や処方権限を有する者も含まれていたことからすれば，全体としてみて，その依頼者である研究者らが，上記「事業に関係のある者」に該当する可能性は否定できない。
> 　もっとも，本件の主たる問題点は，本件英文添削の差額負担の支出の目的及びその行為形態が「接待，供応，慰安，贈答その他これらに類する行為」に当たるか否かであると考えられるので，上記の点の最終的判断はひとまずおいて，さらに判断を進めることとする。

　しかし，②の目的要件については，「研究者あるいはその属する医療機関との取引関係の円滑にするという意図，目的はあったとしても，それが主たる動機であったとは認め難い」といいました。では，これがどういう目的なのかというと，高裁判決は，そのあとで，「このように本件英文添削は，若手の研究者らの研究発表を支援する目的で始まったものであ」る，といいました。つまり，若手研究者，医師たちの研究を支援する目的であって，取引関係の円滑な進行をはかる，いわゆる接待のような目的ではないので，②の要件は満たさないと説明したのです。

　ここでもう1つ言及すべきことは，法解釈の問題として，後述するように，地裁判決は「2要件」を立てたのに対し（「2要件説」を採用），高裁判決は，このように「3要件」を立てました（「3要件説」を採用）。こうして，法解釈の部分でも判断が異なっているのですが，同時に「あてはめ」での目的要件の認定についても，地裁判決と高裁判決で結論が異なっている，ということです。

　目的要件はいずれの判決文も必要としているのですが，高裁判決は「満たさない」といい，地裁判決は後述するように「満たす」といっています。これは事実認定の違いなのでしょうか。この点について判決をよく読んでみると，認定された事実そのものは，基本的に同じなのです。

しかし，認定された事実をどのように評価するかという「あてはめ」の部分，事実に対する評価（法の適用）の部分で差異がでています。

さきほど紹介したように，各事業年度の差額は毎年１億円以上になっていました。それだけをみると高額だと思えますが，高裁判決は，この点について，次のようにいっています。

◇ **医学論文事件控訴審判決（東京高裁平成15年９月９日判決・高民集56巻３号１頁）**
　<u>上記の差額は，本件各事業年度の各期において１億円以上の額に達し，もっとも多い年では１億7500万円余りになっており，それ自体をみれば，相当に高額なものである。しかし，それは年間数千件に及ぶ英語添削の差額負担の合計であり，１件当たりの負担額は決して大きなものではない</u>。いずれにせよ，<u>控訴人の各期の事業年度の申告所得額の１パーセント未満の金額であり（略），控訴人の事業収支全体の中では，必ずしも大きな額とはいえない</u>。したがって，このような費用を負担していたからといって，それが特定の意図に基づくものと推認できるものではない。

　１億円というところだけみると，たしかに大きな金額かもしれない。しかし，大企業です。当該法人にとっての所得の金額からいえば，１％未満でした。英文の添削は年間に数千件も行っているといいます。そうであれば，１件あたりの支出としてみても大きな額とはいえない，という指摘ですね。あとは，医療に関わらない基礎医学の講師や海外からの留学生なども含まれるといった要素などもみたうえで，目的要件の認定がなされています。

　高裁判決の特徴として，さきほどの③行為の形態も必要であるとの３要件説の採用を挙げました。この行為要件のあてはめとしても，高裁判決は，次のようにいっています。

◇ **医学論文事件控訴審判決（東京高裁平成15年9月9日判決・高民集56巻3号1頁）**
　<u>本件英文添削の差額負担によるサービスは，研究者らが海外の医学雑誌等に発表する原稿の英文表現等を添削し，指導するというものであって，学問上の成果，貢献に対する寄与である。</u>
　このような行為は，通常の接待，供応，慰安，贈答などとは異なり，それ自体が直接相手方の歓心を買えるというような性質の行為ではなく，上記のような欲望の充足と明らかに異質の面を持つことが否定できず，むしろ<u>学術奨励</u>という意味合いが強いと考えられる。

　本件の添削サービスは，「学術奨励」ということなので，接待とは違う。よって，交際費等にはあたらない，ということですね。要件②と③を満たさないということで，交際費等の該当性を否定し課税処分を取り消しました。これが，医学論文事件の高裁判決でした。

▶ **地裁判決の相違**

　これに対して，地裁判決は，結論は交際費等にあたる，つまり処分は適法であるとして，課税庁を勝訴させていました。

　どこが違ったのかといいますと，さきほども触れたとおり，交際費等にあたるための要件，つまり，課税要件として地裁が立てた規範は2要件でした。

◇ **医学論文事件第1審判決（東京地裁平成14年9月13日判決・税務訴訟資料252号順号9189）**
　当該支出が「交際費等」に該当するか否かを判断するには，支出が「事業に関係ある者」のためにするものであるか否か，及び，支出の目的が接待等を意図するものであるか否かが検討されるべきこととなる。

高裁判決のように，①や②といった，要件の番号は振られていませんが，この判断枠組みを分解すると，支出が事業に関係ある者のためにするものであるかという**「支出の相手方」**を1つ目の要件（相手方要件）として立てて，2つめの要件として**「支出の目的」**（目的要件）を挙げています。つまり，地裁は，この2要件だけで判断していることがわかります。高裁が挙げたような「行為の形態」という要件（行為要件）を地裁は立てていなかったのです。ここが，まず違います。実際のあてはめとして，①相手方要件は高裁が保留したのに対して，地裁はこれを認めています。そして，②目的要件の目的の認定部分も，地裁と高裁で異なっています。**認定された事実は同じなのですが，評価が違う**。そのため**「あてはめ」が異なった**，ということです。

　さて，地裁判決は，どのようにいったのでしょうか。さらにみてみましょう。

◇ **医学論文事件第1審判決（東京地裁平成14年9月13日判決・税務訴訟資料252号順号9189）**
　……仮に本件英文添削を実施するに当たり，原告が，医学研究者の援助という目的を有していたとしても，原告が本件各事業年度において本件英文添削を実施するために支出した本件負担額が，1億1169万0336円ないし1億7506万1634円にも及んでいること，本件英文添削を引き受ける対象者が，医学研究者一般を対象としたものではなく，実際上，原告の取引先である大学の附属病院，これらの附属病院を有する医科系大学及び総合大学の医学部又はその他の医療機関に所属する研究者のみに限られていたことにかんがみれば，専らこのような目的だけのために本件英文添削を行ったものと認めることは困難であり，前記認定のとおり，原告に，取引先との間における医薬品の販売に係る取引関係を円滑に進行することを目的とする意図は存したことは，否定できないというべきである。

同じ事実に対する判断なのに，見方（もののみかた）が違いますよね。何を主とみて，何を従とみるのか。同じ数字を注目したとしても，大きいと評価したり，いや全体でみれば小さいと評価したりと，もののみかた（評価の方法）が違います。

　このように，**認定された事実は同じでも，評価が違う。何に重きを置くかということによって，評価が変わってくるのです。このように，何に重きを置くかによってあてはめが変わってくるのも，裁判の特徴です。**

　法的三段論法といっても，法解釈が違うということもあります。法解釈によって導かれた規範が同じであったとしても，あてはめのところで違う評価がされることで結論が変わることもあります。

▶ まとめ

　本件が少しわかりにくいところは，規範そのものが2要件と3要件と分かれていたので，そこだけが違うとみられがちなところです。その違いは，たしかに大きいです。ただ，目的要件については，地裁も高裁も必要だといっています。実際に本件で目的があったかなかったのかについて，「あてはめ」の部分で判断が異なっているのです。これも，医学論文事件の1つの特徴であるといえます。

　高裁判決は，交際費等の要件について，2要件ではなく3要件であるという規範を立てました。「先例拘束力」というのは，通常は最高裁が下した判例にかかわる問題です。しかし，この事件のあとに交際費が問題になった他の事件では，**この東京高裁が示した3要件を基準にして判断するものがあらわれています**（東京地裁平成22年11月5日判決・税資260号順号11548）。

　最高裁判決ではありませんので，先例としての事実上の拘束力すらな

いはずのものではあるのですが，この判決には説得力があったということでしょう。それは，3要件説が，条文の文言に忠実な解釈をしているからです（column13参照）。

column13：3要件説の根拠

　医学論文事件で注目されがちなのは，交際費等の3要件説と2要件説の対立である。両者の法解釈の違いも裁判所で分かれたが，結論に影響を与えたのは「法の適用」（あてはめ）であった。事件の本質は，医師等が製薬会社の差額負担を認識していなかったことにある。差額の利益を受けている認識のない行為が交際費等にあたるのか，という論点が生じる。この点で，さらに議論ができよう。

　交際費等の「課税要件」が3要件説でほぼ決着したようにもみえるのは，条文の文言に忠実な解釈だからであろう。具体的には，①「得意先、仕入先その他事業に関係のある者等に対する」が相手方要件，②「接待等……のために支出」が目的要件，③「接待、供応、慰安、贈答その他これらに類する行為」が行為要件になる。

　交際費等の解釈論を判示するものは，その後も最高裁判決は現れていない。一方で，レクリエーション費用として交際費等の損金不算入規定が除外されるかが争われたものがある（感謝の集い事件）。納税者の請求が認容された同事件では，交際費等に該当するかは議論がされないまま，除外要件のあてはめがされている。

　「専ら従業員の慰安のために行われる運動会，演芸会，旅行等のために通常要する費用」が，交際費等から除外される（租税特別措置法61条の4第3項。除外要件）。この該当性の判断は，「法人の規模や事業状況等を踏まえた上で，当該行事の目的，参加者の構成（……従業員の全員参加を予定したものか否か），開催頻度，規模及び内容，効果，参加者一人当たりの費用額等」の総合考慮によりなされた（福岡地判平成29年4月25日税資267号順号13015）。下級審の裁判例ではあるが，基準の要素が詳細である。

第14章
競馬事件

通達の示した解釈は
常に正しいといえるのか？

> **本章で学ぶポイント**

第 1 部の最後に取り上げる競馬事件では，裁判所の判断が分かれていません。刑事事件でも行政事件でもともに，同じ結論が下されました。その意味では，これまでの章と異なり，どこが異なったのかという視点は，この事件を考える際には，基本的に不要です。

それにもかかわらず，競馬事件を取り上げたのは，税務判例においてポイントになりやすい視点が豊富に含まれた事件だからです。

法的三段論法で考えると，法の解釈適用が問題になりますが，同じ事実（認定事実）があるなかで，一時所得（所得税法34条1項）の判断枠組み（基準）と，そのあてはめによって，結論が異なる可能性があります。

納税者（被告人）は，一時所得にあたらず雑所得（所得税法35条1項）にあたると主張し，課税庁（検察官）は，一時所得にあたると主張しました。検察官の主張の根拠としては，所得税基本通達の規定がありました。通達には，競馬の馬券の払戻金は一時所得に該当すると規定されていたからです（所得税基本通達34－1(2)）。この意味で，税法解釈の方法について，租税法律主義と通達との関係も問題になる事件です。

争点は，外れ馬券の購入代金を所得金額において控除できるか，というものでした。この結論を導くために，まず，①所得区分（一時所得か雑所得か）が問題になり，次に，②いずれの所得にあたるにせよ，外れ馬券の購入代金についても経費控除が認められるか（一時所得であれば「その収入を得るために支出した金額」にあたるか〔所得税法34条2項〕，雑所得であれば必要経費〔所得税法37条1項〕にあたるか）が，問題になります。

こうした複数の税法条文の解釈適用の積み重ねにより，結論が変わる可能性のある事件を，第 1 部の最後にみておくことで，争点が複数ある場合でも，基本的には，法的三段論法をひとつひとつ積み重ねることになることを，学ぶこともできます。

さらに，同種事件（本件を大阪事件と呼ぶのに対し，同種事件を札幌事件と呼びます）では，本件（大阪事件）と同じ判断枠組みが使われながらも（先例拘束力），事案が異なるということ（判例の射程外であるということ）

で，あてはめで異なる結論が，第1審では導かれました。これは「先例拘束力」の問題であり，「判例の射程」の議論でもあります。

○ 最 高 裁　平成27年3月10日第三小法廷判決・刑集69巻2号434頁
○ 大阪高裁　平成26年5月9日判決・判例タイムズ1411号245頁
○ 大阪地裁　平成25年5月23日判決・刑集69巻2号470頁

本章のキーワード：租税法律主義と通達

租税法律主義が要請している具体的な内容は，①課税要件法定主義，②課税要件明確主義，③合法性の原則，④手続的保障原則，⑤納税者の権利保護の5つであるといわれています。なかでも時に重要なのは，①と②です。

①は，課税要件は「法律」で定めなければならないという意味で（課税要件法定主義），したがって「通達」で課税することは許されません（通達課税の禁止）。

これに対して②は，課税要件が法律で定められていたとしても，それだけでは足りず，条文の文言から明確に読み取れるものでなければならない，という意味です（課税要件明確主義）。

▶ 概要

　新聞等でも話題を呼んだ，大阪の会社員の**競馬事件**です。多額の利益がありながら無申告であったため所得税法違反で起訴され，刑事事件と行政事件の双方が裁判になりました。本件は，その刑事事件です。本件の競馬所得については，最高裁判決で決着をみています。ただし，その後もさまざまな納税者が，競馬所得を争う裁判を起こしています。

　この事件は刑事事件ですが，実質としては，所得税法の解釈適用がメインの争いになりました。この点で，税務判例の1つとして位置付けることができます。結論は有罪でも，法解釈では被告人の主張が認められているのです。

　概要は，会社員が，自分のパソコンで自動的に馬券を購入できるソフトを使用し，インターネットで長期間にわたって多数回の馬券を購入していた，という事案でした。

　どれくらいの利益を得ていたかというと，平成19年に1億円，平成20年に2600万円，平成21年に1300万円ほどです（ただし，外れ馬券の購入費用を控除できないとする検察官の主張によれば，平成19年が3億円超，平成20年が6億円超，平成21年が3億円超の総所得金額があるとされました）。事実としては，1日当たり数百万から数千万円，1年当たり10億円前後の馬券を購入し続けていたこが，判決文には記載されています。

　もちろん，競馬ですから，当たったり外れたりするのです。ただ，この自動計算ソフトを使うと，ほぼ確実に利益が生じていました。その金額も，普通の会社員が働いてもなかなか得られないような利益が毎年でていたことになります。

▶ 争 点

　争点になったのは，結局，この競馬所得が一時所得なのか雑所得なのかという点です。真の争点は，「外れ馬券の購入費用を経費として控除できるか」という点にありました。

　所得金額を計算するにあたっては，一時所得であるとすれば，総収入金額から「その収入を得るために支出した金額」を引くことができます（所得税法34条2項）。なお，当選した馬券の購入費用については引ける，ということについては争いがありませんでした。雑所得にあたると考えた場合でも，総収入金額から必要経費を控除することができます（所得税法35条2項2号）。**勝った馬券の購入費用が必要経費として引ける点については，争いがありませんでした。一方で，外れ馬券の購入費用については，得られた収入に対して支出した金額をみた場合，直接には対応していないのではないか**，とみることもできます。

　そのような場合でも，雑所得に当たれば必要経費は所得税法37条1項に規定があって，いわゆる売上原価のような，収入と費用が個別に対応しているようなもの（**直接対応**）だけでなくて，人件費とか広告宣伝費といったような個別の対応はないもの（**間接対応**）も，その期間に支払っていれば（厳密にいうと債務の確定があれば，ということになりますが），引くことはできるとなっています。

　そこで，雑所得に該当するとなれば，直接の対応があるにせよないにせよ，外れ馬券についての購入代金は控除できることになると考えられます。これに対して，一時所得の場合，直接性というものが求められていますので，「その収入を得るために支出した金額」に「直接の対応関係」がないと引くことができないと考えられています（ただし，一時所得でも，一体となった馬券購入では，外れ馬券の購入代金の控除が認められ

てよいとの見解もあります）。そうすると，外れ馬券の購入代金の控除は認められないのではないか。こういう問題になったのです。

　ここで問題になるのは，馬券の払戻金で得た所得については，所得税基本通達34―1（2）という規定があり，この通達の規定のなかで一時所得の具体例として挙げられていたことです。行政解釈ではありますが，この通達の規定によれば，馬券の払戻金は一時所得であると解釈されています。そうすると，外れ馬券の購入代金は控除できない，ということになりそうです。

　ただし，これは一般的な馬券（いわゆる娯楽や趣味でやっているもの）の払戻金については一時所得に当たるということです（この点については，争いがありませんでした）。本件は，金額をみても期間をみても回数をみても，ものすごい量であって，多額の利益を得ています。こういったものまで，一時的・偶発的な所得といわれる一時所得といえるのか，という問題が起きたのです。もし，一時所得に当たらないとなれば，雑所得に落ちていくでしょうから，今度は，さきほどのように雑所得の必要経費控除の問題も出てきます。

　通達は，当然ながら法律ではありません。**租税法律主義（憲法84条）のもとでは，通達に一時所得と書いてあったとしても，それは法の解釈をする際には，無関係であると裁判所はいっています**（ただし，解釈の「参考」になり得ることは，裁判所も一般的には認める傾向にあります）。

▶ 最高裁の判断

　本件の最高裁判決は，通達との関係については特に触れず，一時所得にあたるかどうかということについて，法の解釈・適用を行い，一時所得にあたるための要件の該当性を判断しました。一時所得を定めた所得

税法34条1項には,「営利を目的とする継続的行為から生じた所得以外の一時の所得」という要件（**非継続要件**）がありますので,「**営利を目的とする継続的行為**」, つまり, 継続性（厳密には, **営利性**と**継続性**。詳細は, 後述します）があると, 一時所得にはならないのです。

これを本件で, どのようにみるべきかについて, 最高裁判決は, 法解釈を行って規範を立てました。一時所得と雑所得を区別（判断）する際の, メルクマールにもなるものです。この点について最高裁は, 次のように判示しました。

◇ **競馬事件上告審判決（最高裁平成27年3月10日第三小法廷判決・刑集69巻2号434頁）**
　所得税法上, 営利を目的とする継続的行為から生じた所得は, 一時所得ではなく雑所得に区分されるところ, 営利を目的とする継続的行為から生じた所得であるか否かは, 文理に照らし, 行為の期間, 回数, 頻度その他の態様, 利益発生の規模, 期間, その他の状況等を総合考慮して判断するのが相当である。

本件は, 長期間にわたって多数回, 頻繁に馬券を買って, 多額の利益を恒常的に上げていた事案です。そこで, こうした一連の馬券購入行為を一体の経済活動としてみれば「継続性」があるとし, 一時所得ではなく雑所得にあたると, 最高裁は判断したのです。

必要経費の問題については, 最高裁判決は,「外れ馬券を含む全ての馬券の購入代金の費用が当たり馬券の払戻金という収入に対応するということができ」る, といっています。こうした一連の行為を全体的にとらえることで, 当たり馬券の払戻金という収入と, 外れ馬券の購入代金の費用も対応しているといえると, 最高裁は考えたのです。

1つの「事業」というわけではないですが，外れ馬券も含めて，まとめたお金を投じ続けて，それによって全体としてお金が入ってくるということです。このような観点から，最高裁は外れ馬券の購入費用を控除できる，と判断しました。

▶ 高裁・地裁の示した理由

　競馬事件では，裁判所の判断が分かれませんでした。高裁，地裁とも同じ結論です。ただし，理由については，違うところもありました。

　高裁判決は，最高裁判決と基本的には同じです。「当たり馬券だけではなく外れ馬券を含めた全馬券の購入費用……が，所得計算の基礎となった払戻金を得るために『直接に要した費用』（所得税法37条1項）に当たり，必要経費として控除される（所得税法35条2項2号）と解するのが相当である。」と判示しており，馬券の払戻金の収入に外れ馬券の購入代金も対応する，という理解に立っています。

　これに対して，地裁判決は，そのようには判断していませんでした。結論は同じなのですが，理由が違ったのです。

　必要経費の該当性については，「外れ馬券を含めた全馬券の購入費用は，当たり馬券による払戻金を得るための投下資本に当たる」として，「外れ馬券の購入費用と払戻金との間には費用収益の対応関係がある」としました。もっとも，「外れ馬券の購入費用は，特定の当たり馬券の払戻金と対応関係にあるというものではない」として，「その他これらの所得を生ずべき業務について生じた費用の額」としての必要経費に該当すると判示していました。

　つまり，地裁判決は，外れ馬券の購入代金を，**直接対応**（個別対応。所得税法37条1項前段）ではなく，**間接対応**（一般対応，期間対応。所得

税法37条1項後段）の必要経費として認めていたのです。

　結論的には，いずれも必要経費であることが認められているのですが，その理由（適用条文。前段か後段かの違いですが）は違いました。

　この点について，高裁判決は，原判決（地裁判決）に対して，次のように疑問を呈しています。

> ◇ **競馬事件控訴審判決（大阪高裁26年5月9日判決・判例タイムズ1411号245頁）**
> 　原判決は，外れ馬券の購入費用等は，特定の当たり馬券と対応関係にないことを理由に，同法37条1項の「直接に要した費用」ではなく「その他これらの所得を生ずべき業務について生じた費用」に該当するとしたが，被告人の本件馬券購入行為を一連の行為ととらえて全体的に見た場合に，特定の当たり馬券と対応関係があるかどうかを論ずる必要はない。

　全体的にとらえるのか，個別にとらえるのかどうかで，もののみかた（評価）が変わってくる，ということですね。

▶ 法律と通達の関係

　通達（所得税基本通達34―1（2））との関係については，最高裁判決では触れられていません。

　高裁判決と地裁判決は，この点についても判示をしています。たとえば，高裁判決では，次のように判示がされていました。

◇ 競馬事件控訴審判決（大阪高裁平成26年5月9日判決・判例タイムズ1411号245頁）
　なお，所得税基本通達34―1は，競馬の馬券の払戻金等は一時所得に該当すると例示しているが，行政解釈にすぎないこと，そして，同通達の発出当時，被告人がしたような馬券購入行為が想定されていなかったこと，所得税基本通達の前文の趣旨に照らしても，個々の具体的事案に妥当する判断が求められるというべきである。

　高裁判決では，上記のとおり，通達は「法律」ではなく，あくまで行政解釈である，ということが述べられています。また，所得税基本通達34－1（2）の規定ができた当時は，本件のような，ここまでの大量の馬券購入行為というものは，パソコンやネットもない時代ですから，およそ想定されていなかった，という点の指摘もあります。
　法律と通達の関係については，地裁判決でも，次のように判示されていました。

◇ 競馬事件第1審判決（大阪地裁平成25年5月23日判決・刑集69巻2号470頁）
　所得税基本通達34―1は一時所得の例示として競馬の払戻金，競輪の車券の払戻金等を上げているが，通達は行政機関の長が，所管の書記官および職員に対して行う命令ないし示達であり国家行政組織法14条2項国民に対する拘束力を有する法規範ではない。したがって通達の定めは裁判所の行う法解釈に際し，当該法令について行政による解釈としてその参考とはなりうるが，それ以上の影響力をもつものではない。このことは租税行政が通達のもとで統一的，画一的に運用されていること，そのため国民が納税義務の有無等を判断する上でも，重要な指針となっていると考えられることを踏まえても何ら変わるものではない。また，上記所得税基本通達が発出された当時，本件馬券購入行為のような形態の馬券購入はそもそも想定されていなかったものと考えられる

通達は，国民に対する拘束力はもたない，ということをいっています。競馬事件以外の**他の裁判例でも，通達は，「国民に対する拘束力はない」**であるとか，「**裁判官に対する拘束力はない**」，あくまで行政庁内部の長官から下の人間に対する命令である，ということが確認されていますので，これは新しい判断ではありません。しかし，**税法の解釈を考えるうえでは，租税法律主義（課税要件法定主義）の根本的な理解として，通達との関係を正確に知ることは重要です。**

　さらに，地裁判決は，続けて次のように判示しています。

◇ **競馬事件第１審判決（大阪地裁平成25年５月23日判決・刑集69巻２号470頁）**
　　所得税基本通達においても，その前文には「……この通達の具体的な適用に当たっては，法令の規定の趣旨，制度の背景のみならず条理，社会通念をも勘案しつつ，個々の具体的事案に妥当する処理を図るよう努められたい。」と規定されている。すなわち，本件馬券購入行為の払戻金に係る所得についても，その具体的な馬券購入方法等を考慮することなく，上記通達の例示を根拠として画一的にこれを一時所得として処理することは，必ずしも上記通達前文の趣旨に沿うものとはいえないのであって，具体的事案の内容等を検討した上で実質的にそれに見合った所得分類を判断することが求められているというべきである。

　通達の規定のなかにも，画一的な判断をするのではなく，個々の事案をよくみて決めましょう，ということが書かれていますよと。そういうことを，地裁判決は言及しているのです。

　租税法律主義（憲法84条）は，きわめて重要な考え方です。課税要件は，法律で明確に定められなければならず（**課税要件法定主義，課税要件明確主義**），通達を根拠に課税するということは許されません（**通達課税**

の禁止)。参考にされることはあるとしても，通達の規定が，国民や裁判所を拘束するような法規範たり得ないということは，当然のことです。これまでも，そのように考えられてきたのです。

しかし，今回の事件で，競馬の馬券の払戻金が一時所得に当たると通達に明確に規定されていたので，わかりやすいかたちで，「通達の規定は，やはり課税の根拠にはなりませんね」ということが明らかにされたことになります。

▶ 大阪事件の結論

もう1点みておくべきことがあります。それは「判例の射程」です。

問題状況を整理しておきましょう。この競馬事件については，本件（大阪事件）のほかにも同種の事件があります。大阪事件（本件）は，本章で取り上げた刑事事件の最高裁判決（最高裁平成27年判決）で確定し，決着がつきました。

同じ被告人（納税者）に対する行政処分の取消訴訟についても，この最高裁平成27年判決後に，課税庁から職権での処分取消しに基づき還付がなされます。

そのため，訴えの利益がなくなったとして，行政訴訟の方の高裁では却下判決が下され，これにより確定しました。次のとおりです。

◇ **大阪高裁平成27年5月29日判決・税務訴訟資料265号順号12673**
　……|税務署長が平成27年3月18日付けで，控訴人が当審において主張するとおりの内容の本件各減額更正等処分をしたことが認められる。このことからすると，本件各処分のうち原判決主文第2，3項で取り消すべきものとされた部分は，本件各減額更正処分によって処分行政庁自らの手で取り消され，その効力を失ったことが明らかである。そうす

ると，本件控訴により当審の審理判断の対象となった処分はその効力を失っており，被控訴人にはその取消しを求める訴えの利益がなくなったものというべきである。
　よって，上記訴えは不適法として却下すべきである。

▶ 札幌事件

　これに対して，本件（**大阪事件**）とは別に，競馬所得について一時所得であるとして納税者に対する行政処分がなされて，その取消しを求める行政訴訟が起きたものがありました。特にみておくべきなのが，札幌の公務員の事例です（**札幌事件**）。

　札幌事件では，本件の最高裁判決（**最高裁平成27年判決**）のあとに，東京地裁で第1審の判断が下されました。そして，次のように，大阪事件に匹敵するような特殊事情はないから，原則どおり一時所得に該当する（外れ馬券の控除はできない）という判断がされました。

◇ **札幌事件第1審判決（東京地裁平成27年5月14日判決・判例時報2319号14頁）**
　　別件最高裁判決がその理由中で説示するとおり，営利を目的とする継続的行為から生じた所得であるか否かは，行為の期間，回数，頻度その他の態様，利益発生の規模，期間その他の状況等の事情を総合考慮して判断するものであるから，これらの事情が異なれば結論が異なるのが当然であるところ，原告は，別件当事者と同等以上の金額の馬券を購入し，同等以上の利益を得ていたものの，原告の具体的な馬券の購入履歴等が保存されていないため，原告が具体的にどのように馬券を購入していたかは明らかでなく，原告が別件当事者のように馬券を機械的，網羅的に購入していたとまでは認めることができないという本件の事実関係及び証拠関係の下では，原告による一連の馬券の購入が一体の経済的活動の

実態を有するとまでは認めることができず,本件競馬所得が営利を目的とする継続的行為から生じた所得には該当するものということはできない。

➡ **判例の射程**

このような判示を読む際にポイントになるのが,「**判例の射程**」です。つまり,競馬所得でも例外的に雑所得になる場合について判断された,**先例である大阪事件の最高裁平成27年判決の射程は,どこまで及ぶのか**ということです。

より具体的にいえば,なぜ,札幌事件の場合には射程が及ばず,事案が異なると判断されてしまったのか,ということです。これは最高裁平成27年判決の「先例拘束力」「判例の射程」という問題になります。

札幌事件の第1審判決は,大阪事件の最高裁平成27年判決がでたあとに下されています。そうすると,最高裁平成27年判決の規範部分(レイシオ・デシデンダイ)については,別事件にも事実上の拘束力が及ぶことになるはずです。

こうして札幌事件の第1審判決でも,規範部分については同じ判断枠組みが採用されていました。もっとも,よくみると,少し違う部分もあったのです。

これは判決文を対比してみると,わかります。

◇ **競馬事件(大阪事件)上告審判決(最高裁平成27年3月10日第三小法廷判決・刑集69巻2号434頁)**

……営利を目的とする継続的行為から生じた所得は,一時所得ではなく雑所得に区分されるところ,<u>営利を目的とする継続的行為から生じた所</u>

得であるか否かは，文理に照らし，行為の期間，回数，頻度その他の態様，利益発生の規模，期間その他の状況等の事情を総合考慮して判断するのが相当である。

◇ **札幌事件第1審判決（東京地裁平成27年5月14日判決・判例時報2319号14頁）**
……営利を目的とする継続的行為から生じた所得は，一時所得ではなく雑所得に該当するところ，営利を目的とする継続的行為から生じた所得であるか否かは，<u>当該行為ないし所得の性質を踏まえた上で</u>，行為の期間，回数，頻度その他の態様，利益発生の規模，期間その他の状況等の事情を総合考慮して判断するのが相当である（別件最高裁判決参照）。

札幌事件第1審判決の下線部分が，大阪事件の最高裁平成27年判決にはなかった部分です。「当該行為ないし所得の性質を踏まえた上で」という部分ですね。

このように若干修正されてしまった規範部分については，控訴審で修正され，上告審でも大阪事件と全く同じ規範が採用されました。

◇ **札幌事件控訴審判決（東京高裁平成28年4月21日判決・判例時報2319号10頁）**
……「営利を目的とする継続的行為から生じた所得」であるか否かは，文理に照らし，行為の期間，回数，頻度その他の態様，利益発生の規模，期間その他の状況等の事情を総合考慮して判断するのが相当であり，馬券の的中による払戻金に係る所得の本来的な性質が一時的，偶発的な所得であるとの一事から「営利を目的とする継続的行為から生じた所得」には当たらないと解釈すべきではないものと解される（別件最高裁判決参照）。

このように，札幌事件の控訴審判決は，第1審判決が「所得の性質を踏まえ」ることを最高裁平成27年判決の判断基準（規範）に書き加えていた部分について，これを削除しました。

そして，「所得の本来的な性質が一時的，偶発的な所得であるとの一事から『営利を目的とする継続的行為から生じた所得』には当たらないと解釈すべきではない」として，所得の本来的な性質を踏まえることが妥当でないことを明記しています。たとえば，「競馬所得なら，一時所得」のような決めつけはよくない，ということだと思われます。所得区分は，名目で判断されるものではないからです（**第12章**のりんご生産組合事件の最高裁平成13年判決を参照）。

これを踏まえて，札幌事件の上告審判決（**最高裁平成29年判決**）でも，次のように判示されました。

◇ **札幌事件上告審判決（最高裁平成29年12月15日第二小法廷判決・民集71巻10号2235頁）**
　……営利を目的とする継続的行為から生じた所得であるか否かは，文理に照らし，行為の期間，回数，頻度その他の態様，利益発生の規模，期間その他の状況等の事情を総合考慮して判断するのが相当である（最高裁平成26年（あ）第948号同27年3月10日第三小法廷判決・刑集69巻2号434頁参照）。

文末の括弧書きに，大阪事件の最高裁平成27年判決が明示的に参照されており，判例の事実上の拘束力が効いています。そして，あてはめ部分について，**大阪事件（最高裁平成27年判決）**に匹敵するような特殊事情はないとした札幌事件第1審判決は，結局，控訴審で覆され，上告審でも控訴審と同様の判断がされました。

札幌事件では，大阪事件との判例の射程をめぐり，下級審で判断が分かれました。上告審では判例の射程が及ぶこと，つまり，大阪事件と同様に札幌事件でも雑所得にあたることが判断されたのです。
　あてはめの部分は少し長めになりますが，以下にそのまま引用します。

> ◇ **札幌事件上告審判決（最高裁平成29年12月15日第二小法廷判決・民集71巻10号2235頁）**
> 　これを本件についてみると，被上告人は，予想の確度の高低と予想が的中した際の配当率の大小の組合せにより定めた購入パターンに従って馬券を購入することとし，偶然性の影響を減殺するために，年間を通じてほぼ全てのレースで馬券を購入することを目標として，年間を通じての収支で利益が得られるように工夫しながら，6年間にわたり，1節当たり数百万円から数千万円，1年当たり合計3億円から21億円程度となる多数の馬券を購入し続けたというのである。このような被上告人の馬券購入の期間，回数，頻度その他の態様に照らせば，被上告人の上記の一連の行為は，継続的行為といえるものである。
> 　そして，被上告人は，上記6年間のいずれの年についても年間を通じての収支で利益を得ていた上，その金額も，少ない年で約1800万円，多い年では約2億円に及んでいたというのであるから，上記のような馬券購入の態様に加え，このような利益発生の規模，期間その他の状況等に鑑みると，被上告人は回収率が総体として100％を超えるように馬券を選別して購入し続けてきたといえるのであって，そのような被上告人の上記の一連の行為は，客観的にみて営利を目的とするものであったということができる。
> 　以上によれば，本件所得は，営利を目的とする継続的行為から生じた所得として，所得税法35条1項にいう雑所得に当たると解するのが相当である。

▶ **営利性の判断枠組み**

　このように，札幌事件の上告審のあてはめでは，まず「**継続的行為**」

に該当することを認定してから，次にそのような一連の行為が「営利を目的とするもの」であることが認定されています。

「**営利を目的とする継続的行為**」は，これを分解すると，①**行為の継続性**（＝継続的行為該当性。継続性）と，②**目的の営利性**（＝営利目的該当性。営利性）の２つの要素があるからです。

さきほどみた規範部分をみても，①行為の期間，回数，頻度その他の態様と，②利益発生の規模，期間その他の状況等の事情，つまり，大別して，①行為と②利益の２つを総合考慮することが示されていました。①は「行為」の継続性をみる判断基準といえ，②は「目的」の営利性（利益を追求する行為といえるか）をみる判断基準といえます。判決を読むと，これらを踏まえた「あてはめ」がされています。

ちなみに，②の営利性については，２つの最高裁の判決文を読んでも明確な記載はありませんが，調査官解説には，次のような説明がされています。

◇ **調査官解説（楡井英夫「判解」最高裁判所判例解説刑事篇平成27年度108－109頁）**

　「継続的行為」という文言に照らせば，「行為の期間，回数，頻度その他の態様」が考慮要素となるのは当然のことと思われる。また，「営利を目的とする（行為）」は，行為者が主観的に利益を上げる目的を有していただけであれば通常は容易に認定されて一時所得と雑所得とを区分する要件としては機能しないため，主観的な動機を有するだけでは足りないと解すべきであろう。他方で，営利を目的とする行為について客観的にみて利益が上がる行為にまで限定すると，利益が上がると確実にいえる場合は相当に限られるから，過度の限定となる。したがって，客観的にみて利益が上がると期待し得る行為であれば，営利を目的とする行為として肯定されるように思われる。本判決が，行為の態様と並んで，

<u>「利益発生の規模，期間その他の状況」を挙げているのは，客観的にみて利益が上がると期待し得る行為であるか否かを判断するための考慮要素としているものと解することができよう。</u>

この説明から，「営利を目的とする……行為」といえるか，つまり，行為に「営利……目的」（**営利性**）があるといえるかについては，3つの考え方があり得ることになります。第1に「行為者が主観的に利益を上げる目的を有していただけ」で営利性を認める見解（**主観説**），第2に「営利を目的とする行為について客観的にみて利益が上がる行為に……限定」して営利性を認める見解（**客観的利益限定説**），第3に「客観的にみて利益が上がると期待し得る行為」があれば営利性を認める見解です（**客観的期待説**）。

このうち，**調査官解説**では，「客観的にみて利益が上がると期待し得る行為」とする見解（**客観的期待説**）が妥当であるとされています。したがって，最高裁判決も基本的には（判決文には明示されていませんが），この考え方を前提にあてはめをしていると考えられます（なお，見解の名称は，筆者がつけました）。

▶ スポーツ・ベット事件

営利性については，海外のスポーツの試合の賭け（スポーツ・ベット）の所得区分が争われた事例で，次のように判断され，一時所得と判断したものもあらわれています（**スポーツ・ベット事件**）。

◇ **東京高裁令和3年8月25日判決・税務訴訟資料271号順号13597**
控訴人は，……本件ベットは暦年ベースでみれば赤字であったが，月ベースでみれば相当の割合の月においては黒字であり，平成27年は赤

字の月も多くみられるものの，平成24年から平成26年までは，収支が，黒字12か月，赤字14か月と，黒字の月と赤字の月はほぼ拮抗していた旨主張するが，……スポーツの試合を対象とした賭けから得られる利益が本来的に偶発的，単発的な性質を有するものである以上，短期的な収支が黒字となることは通常あり得るところであり，特に，上記のとおり平均的な回収率が97％を超えるものであったことに照らせば，賭けの方法について特段の工夫をしなくても，収支を月単位で見たときに黒字となる月が相当割合を占めることは可能であるといえるのであるから，控訴人が主張する上記事情は，客観的にみて利益が上がると期待し得る状況であったことを根拠付けるものとはいえない。

　このようなあてはめにおける控訴審の判断は，第１審で営利性について，次のような考え方が示されたものを受けたものでした。

◇ **東京地裁令和２年10月15日判決・税務訴訟資料270号順号13464**
　　一般に，スポーツの試合の結果は，チームの強さや選手の能力のほか，試合当日の天候，チームの状態，出場選手の体調・調子，対戦チームとの相性，試合中のアクシデント，監督の采配及び審判の判定等の諸状況による影響を受けるため，多分に不確定で不確実な要素に左右されるものであるから，スポーツの試合の結果に関して賭けが的中するか否かについては，偶然の要素が強く働く。すなわち，スポーツの試合を対象とした賭けから得られる利益は，本来的に偶発的，単発的な性質を有するものであり，それゆえに，継続的かつ確実に利益を上げることが困難なものといえる。そして，賭けの参加者がこのような賭けを大量かつ継続的に行ったとしても，それだけでは，偶発的，単発的な利益が積み重ねられるにすぎないから，これをもって直ちに「営利を目的とする継続的行為」に当たると解することはできない。
　　もっとも，賭けの参加者において，単に賭けを大量かつ継続的に行うにとどまらず，例えば，回収率が総体として100％を超え，年間を通じての収支で利益が得られるなど，継続的かつ確実に利益を上げることが

> できると客観的に評価し得る状況に至った場合には，もはや，偶発的，単発的な利益の積み重ねにとどまるものではなく，利益の獲得を目指した目的的行為の性質を有するものとして，「営利を目的とする継続的行為」に当たるというべきである。

東京地裁令和2年判決は，判断枠組みとまでいえるほど詳細ではないものの，「**継続的かつ確実に利益を上げることができると客観的に評価し得る状況に至った場合**」という規範を示しており，営利性（営利目的該当性）の判断枠組みとして参考になるでしょう。

➡ 大阪事件と札幌事件の違い

大阪事件と札幌事件の事案は大量の馬券を購入して多額の利益を得た競馬所得の事案である点では類似していました。他方で，違いもありました。それは，大阪事件が自動購入ソフトを利用していたのに対して，札幌事件では自動購入ソフトの利用はなくその都度自分で判断をしていた点です。

しかし，自動購入ソフトの利用をしてはいないとしても，独自の判断で回収率100％を超える利益を得続けていたのが，札幌事件です。また，実際に得ていた利益でみると，むしろ札幌事件の方が多かったのです。

次の表を，みてみましょう。

【大阪事件と札幌事件の事実関係】

	大阪事件	札幌事件
期間	平成19年〜21年（3年）	平成17年〜22年（6年）
購入額	1日数百万〜数千万円 年間10億円	1節数百万〜数千万円 年間3〜21億円
利益	平成19年分：1億円 平成20年分：2600万円 平成21年分：1300万円	平成17年分：1800万円 平成18年分：5800万円 平成19年分：1億2000万円 平成20年分：1億円 平成21年分：2億円 平成22年分：5500万円

　上記の図表は，**札幌事件の調査官解説**（三宅知三郎「判解」最高裁判所判例解説民事篇平成29年度）772頁にある両事件の対照表の一部を整理したものです。一時所得の非継続要件の判断基準として示された「規範」のうち，どの要素にどの事実が対応するかが明確にわかるので，参考になると思います。こうした**情報も得られるため，調査官解説を読むことは必須であり，重要**です。

▶ **2回に及んだ通達改正**

　競馬所得をめぐる混乱は，平成27年に本件（大阪事件）の最高裁判決が出たあとになされた通達改正（**平成27年改正**）にも，あらわれました。
　次のような改正がされ，あくまで例外的に競馬所得でも雑所得にあたるのは，あたかも大阪事件と全く同じような自動購入ソフト利用があることが必須であるかのような行政解釈が示されていたからです（下線部分が，改正で追加された箇所になります）。

◆ 所得税基本通達34−1（平成27年改正）
34−1次に掲げるようなものに係る所得は，一時所得に該当する。
（略）
(2)競馬の馬券の払戻金，競輪の車券の払戻金等（営利を目的とする継続的行為から生じたものを除く。）
（注）1　馬券を自動的に購入するソフトウエアを使用して独自の条件設定と計算式に基づいてインターネットを介して長期間にわたり多数回かつ頻繁に個々の馬券の的中に着目しない網羅的な購入をして当たり馬券の払戻金を得ることにより多額の利益を恒常的に上げ，一連の馬券の購入が一体の経済活動の実態を有することが客観的に明らかである場合の競馬の馬券の払戻金に係る所得は，営利を目的とする継続的行為から生じた所得として雑所得に該当する。
2　上記（注）1以外の場合の競馬の馬券の払戻金に係る所得は，一時所得に該当することに留意する。

　これは通達ですから，行政解釈に過ぎませんが，最高裁平成27年判決の判例の射程を読み誤るものであったといえます。そのことが平成29年に下された札幌事件の最高裁判決で明らかになると，平成30年に，この通達はさらに改正されました（下線部分が，改正箇所です）。

◆ 所得税基本通達34−1（平成30年改正）
34−1　次に掲げるようなものに係る所得は，一時所得に該当する。
（略）
(2)　競馬の馬券の払戻金，競輪の車券の払戻金等（営利を目的とする継続的行為から生じたものを除く。）
（注）
1　馬券を自動的に購入するソフトウエアを使用して定めた独自の条件設定と計算式に基づき，又は予想の確度の高低と予想が的中した際の配当率の大小の組合せにより定めた購入パターンに従って，偶然性の影響を減殺するために，年間を通じてほぼ全てのレースで馬券を購入するな

ど，年間を通じての収支で利益が得られるように工夫しながら多数の馬券を購入し続けることにより，年間を通じての収支で多額の利益を上げ，これらの事実により，回収率が馬券の当該購入行為の期間総体として100%を超えるように馬券を購入し続けてきたことが客観的に明らかな場合の競馬の馬券の払戻金に係る所得は，営利を目的とする継続的行為から生じた所得として雑所得に該当する。
　2　上記（注）1以外の場合の競馬の馬券の払戻金に係る所得は，一時所得に該当することに留意する。
　（略）

　2回目の改正通達（**平成30年改正**）について，改正箇所として下線を引いた部分をよく読むと，平成27年改正で追加されていた部分に，今度は札幌事件の事例が追加されただけであることがわかります。そうすると，大阪事件と札幌事件の事例と同じものといえる場合に限り雑所得になるという解釈を，課税庁は採用しているようにみえます。

　このような解釈が妥当であるかについては，結局のところ，今後の判例の集積を待つほかありません。

▶ **横浜事件**

　競馬所得については，この2つの事件以外にも，さまざまな裁判例があらわれ続けています。その**傾向を分析すると**，**回収率が100%を超えているかどうかが**，**例外的に雑所得を認めるかどうかの分水嶺になっているようです**（この点は，上記の平成30年改正の通達にも付記されています）。

　利益が出ている競馬所得でも，赤字になっている（損失が生じている）年分があると，雑所得は認められず（原則どおり一時所得になり），外れ馬券の購入代金の控除は認められていません。

たとえば，次の**横浜事件**のとおりです（横浜地裁平成28年判決）。

◇ **横浜事件第１審判決（横浜地裁平成28年11月９日判決・訟務月報63巻５号1470頁）**

　非継続性要件が認められるか否か（営利を目的とする継続的行為から生じた所得であるか否か）は，文理に照らし，行為の期間，回数，頻度，その他の態様，利益発生の規模，期間その他の状況等の事情を総合考慮して判断するのが相当である（最高裁平成27年３月10日第三小法廷判決・刑集69巻２号434頁参照）。
　……原告の馬券購入行為は，購入額の規模こそ大きいものの，その購入方法は，個々のレースの結果を予想して，予想の確度に応じてどのように馬券を購入するかを判断している一般的な競馬愛好家による馬券の購入態様と質的に異なるものではなく，また，原告が，本件各係争年分において，どのようなレースについて，１日当たり，どのような買い目の馬券をどれだけの金額購入し，どれだけの額の払戻金を得たのかということは不明であることから，原告が，的中馬券の発生に関する偶発的要素をできる限り減殺しようとしていたと認めることはできないし，個々の馬券の的中に着目しない網羅的な購入をしたものと認めることもできない。加えて，……<u>原告が申告した競馬所得の金額は，本件各係争年分を含む５年間（平成21年分ないし平成25年分）において，その金額が大きく変動しているだけでなく，そのうち３年分（平成22年分ないし平成24年分）においては連続して損失が発生しているのであって，原告は，この当時，馬券購入行為によって，利益を恒常的に上げる状態にもなかったものである。</u>
　そうすると，……<u>原告の本件各係争年分における馬券購入行為をもって一体の経済活動の実態を有するものと認めることもできないというべきであって，本件競馬所得が，「営利を目的とする継続的行為から生じた所得」であると認めることはできないから，本件競馬所得は，一時所得の非継続性要件を満たすものと認められる。</u>

▶ 競馬所得の所得区分の判断

申告納税制度は，自主申告を原則としており，納税者の確定申告によって第一次的には納税義務が確定します（国税通則法16条1項1号）。このことを考えると，これらの判例を踏まえ，自身の競馬所得を一時所得と判断するか雑所得と判断するか（外れ馬券の購入代金を経費控除するか）は，基本的には，納税者の判断によることになります（誤りがあると判断されれば，税務調査で更正されますが，不服があれば争うことができます）。

もっとも，裁判で争われた例をみると，暦年課税の採用された所得税の所得区分の判断とはいえ，最終的には競馬所得のある数年分の傾向をみて全体として所得区分を判断するものが，ほとんどです。

そのため，競馬所得の所得区分は，その判断が難しい状況にあることは否めません。ただし，税務行政を行う課税庁の解釈は，2度の改正を通じて（平成27年改正，平成30年改正），通達で具体的に示されるようになりました。また，その後の下級審の裁判例もあわせて分析していくと，上述のとおり，現時点では回収率が鍵を握っていると読むことが一応できます。

競馬のようなギャンブル性のある利得の一時所得と雑所得に区別を，このような考え方で行うことが適切なのかについては，さらなる判例の集積と議論が必要になるでしょう。

column14：競馬所得の判断

　競馬所得は娯楽と考えられ，通常は一時所得に該当する。外れ馬券の購入代金は控除されないが，2分の1のみ課税される。しかし，継続性・営利性を獲得するほどの競馬所得になれば，大阪事件，札幌事件のように雑所得とされ，全部に課税されるものの外れ馬券の経費控除が可能になる場合がある。これが競馬事件の2つの最高裁判決（最高裁平成27年判決及び最高裁平成29年判決）の帰結である。

　例外的な雑所得としての扱いは，個々の馬券の購入とそれぞれの結果を個別にみることなく，「全体の経済活動を一連」ととらえることで可能になる。であれば，自己の計算と危険で行う営利を目的とする継続的な「事業」活動によって得た所得として，事業所得になるのではないかとの疑問も起きる。しかし，横浜事件では，「社会的客観性をもって『事業』と認められるためには『相当程度の期間継続して安定した収益を得られる可能性』を要する」として，赤字の年分が複数あった馬券購入活動の「事業」性が，否定された（東京高判平成29年9月28日税資267号順号13068）。

　競馬所得の争いは，その後も続く。同じ納税者の競馬所得でも，競馬の種類で所得区分を異ならせる裁判例もあらわれた。WIN5事件の第1審判決である（東京地判令和元年10月30日判タ1482号174頁）。もっとも，控訴審ではいずれの競馬所得も一時所得にあるとされ，競馬の種類を問わない判断がなされた（東京高判令和2年11月4日訟月67巻8号1276頁）。

　競馬事件があらわれたことで，暦年課税の所得区分の判断には「難問」が生じた。申告納税制度である以上，納税者としては，判例を参照し，自らの判断で，まずは所得税の申告をするほかない。

第2部
応用編

第15章
養老保険事件

通達規定と税法規定は
どちらが勝つのか？

本章で学ぶポイント

　税法に規定されている意味内容が，その文言を読むだけでは必ずしも明確ではない場合があります。そして，政令の定めや，行政解釈を示した通達の規定などを参考にすると，その意味が読み取りやすくなる場合があります。

　しかし，租税法律主義（憲法84条）は，国会で制定した「法律」の規定によってのみ，国民に対する課税を許容するものでした。

　そうすると，税法の規定の文言の意味を解釈する際に，国会が制定した法律よりも，下位の法規範にあたる内閣が制定した「政令」の定めを参考にしてよいのか，あるいは，税務行政を行う際に課税庁内部で統一した解釈を行うために採用された行政解釈に過ぎない「通達」の規定を，税法（法律）の解釈の参考にしてよいのか，という問題が起きます。

　養老保険事件では，第1審から上告審まで，この問題が一貫して争点になりました。裁判所の判断は分かれましたが，最終的に最高裁が採用した解釈が，租税法律主義の要請に最も合致したものであるといえるでしょう。

　第14章で学んだ競馬事件における租税法律主義と通達の関係が，本章の養老保険事件にもつながりをもつことになります。政令や通達の規定が法の解釈にどこまで参照されるべきなのかという問題が突きつけられたのが，養老保険事件です。こうした事例を通じて，この問題を深く学んでおくことで，あとでまたみることになるタキゲン事件（第17章）の争点にもつながる問題意識を獲得することができます。

　そのうえで，養老保険事件では，税法解釈における文理解釈と趣旨解釈の関係も学ぶことができます。この点では，ホステス源泉徴収事件（第3章）で学んだ問題の続編ということもできます。

　さらに，過少申告加算税を賦課すべきでない「正当な理由」の有無についても，差戻審では審理されています。この点では，ストック・オプション加算税事件（第11章）を踏まえた理解をすることができますし，「判例の射程」の検討をすることもできます。

- 最 高 裁　平成24年1月13日第二小法廷判決・民集66巻1号1頁
- 福岡高裁　平成25年5月30日判決・税務訴訟資料263号順号12223
- 福岡高裁　平成21年7月29日判決・税務訴訟資料259号順号11251
- 福岡地裁　平成21年1月27日判決・判例タイムズ1304号179頁

本章のキーワード：文理解釈と趣旨解釈，法律と通達，判例の射程

　税法解釈の方法として議論されるのは，原則である「文理解釈」と，その例外に対置されることが多い「趣旨解釈」です。文理解釈は，規定の文言どおり読む解釈です。これに対して，趣旨解釈は，規定の趣旨目的を考慮した目的論的解釈を指します。

　租税法律主義（憲法84条）のもとでは，課税の根拠（法源）になるのは国会の制定した「法律」です。もっとも，法律の規定が委任する場合，その細目を規定した内閣の制定する「政令」も，委任の範囲内である限り，課税の根拠としての法源になると理解されています。

　判例の射程は，最高裁の先例が示した規範（判断枠組み）を前提に，どのような事例がその判断枠組みの適用対象になるのかをみることで，より明らかになります。

第15章　養老保険事件

▶ 概要

養老保険事件で問題になった事例のポイントは，次の点にあります。

まず，養老保険の概要からみておきましょう。養老保険とは，会社が役員を被保険者として，一定期間の間にその役員が死亡した場合に，生命保険金を会社が受け取ることができるという，保険契約です。この保険の特色は，次の点にあります。その期間が比較的短期間であるため，役員が実際に死亡することがあまりなく，満期を迎えると，満期一時金が被保険者である役員に支払われる，という特色です。

この満期一時金を得た役員には，個人が所得を得たことになりますから，所得税が課されることになります。その所得区分は，内容をみると，一時的・偶発的な所得であることから，一時所得（所得税法34条1項）になると解されています。この点について，当事者間でも，特に争いはありませんでした。

問題は，「**支出金額**」に，会社が負担した保険料も含まれるのかでした。支出金額とは，一時所得の金額を計算する際に，総収入金額から控除される「**その収入を得るために支出した金額**」（所得税法34条2項）のことです。

▶ 政令と通達の定め

このような問題が起きた原因は，事実としては保険料の2分の1を会社が負担し，残りの2分の1を役員が負担すると言う仕組みになっていたことにありました。

それに加えて，通達の規定を読むと，一時所得の金額の計算の際に控除できる支出金額には本人が負担していない保険料も含まれると読むことができそうな規定振りにもありました。

この点については，最高裁判決でも，次のように説明されています。

◇ **養老保険事件上告審判決（最高裁平成24年1月13日第二小法廷判決・民集66巻1号1頁）**
　<u>所得税基本通達（昭和45年7月1日直審（所）30（例規））34－4</u>は，その本文（注以外の部分）において，<u>所得税法施行令183条2項2号に規定する保険料又は掛金の総額には，その一時金の支払を受ける者以外の者が負担した保険料又は掛金の額</u>（これらの金額のうち，相続税法の規定により相続，遺贈又は贈与により取得したものとみなされる一時金に係る部分の金額を除く。）<u>も含まれる旨を定め，その注において，使用者が役員又は使用人のために負担した保険料又は掛金でその者につきその月中に負担する金額の合計額が300円以下であるために給与等として課税されなかったものの額は，同号に規定する保険料又は掛金の総額に含まれる旨を定めている。</u>

　もっとも，養老保険は，こうした通達の規定を前提に，いわば節税になるということを見越してつくられた「節税商品」であったという側面もありました。

▶ **下級審が行った解釈**
　このような問題について，裁判所の判断は分かれました。
　結論からいうと，**最高裁は，「その収入を得るために支出した金額」（支出金額）は，その収入を得た本人が負担したものに限られるという解釈を行いました。**
　このような解釈をするにあたって最高裁は，所得税法34条2項の定める「その収入を得るために支出した金額」という文言から，本人が負担したものに限られるかを読み取ることができない，という前提には，立

ちませんでした。

　この部分については，下級審の判断では，条文の文言から読み取ることができないことが，前提にされていたのです。こうして地裁も高裁も，所得税法施行令の規定や通達の規定も参考にしながら，本人が負担したものでなくても，つまり会社が負担した保険料であっても「その収入を得るために支出した金額」（支出金額）に含まれるという解釈をしていたのです。

　まず，第１審ですが，次のとおりでした。

◇ **養老保険事件第１審判決（福岡地裁平成21年１月27日判決・判例タイムズ1304号179頁）**
　　所得税法34条２項は，一時所得の計算における控除の対象を「収入を得るために支出した金額（その収入を生じた行為をするため，又はその収入を生じた原因の発生に伴い直接要した金額に限る。）」と規定しているが，その文言上，所得者本人が負担した部分に限られるのか，所得者以外の者が負担した部分も含まれるのかは，必ずしも明らかでない。
　　そして，所得税法施行令183条２項２号本文は，生命保険契約等に基づく一時金が一時所得となる場合，保険料又は掛金の「総額」を控除できるものと定めており，この文言からすると，所得者本人負担分に限らず保険料等全額を控除できるとみるのが素直である。
　　……このような所得税法及び同法施行令の規定を併せ考慮すれば，生命保険金等が一時所得となる場合，同号ただし書イないしニに列挙された場合以外は，所得者以外の者が負担した保険金等も控除できるものと解釈するのが自然である。

　次に，控訴審は，次のとおりでした。

◇ **養老保険事件控訴審判決（福岡高裁平成21年7月29日判決・税務訴訟資料259号順号11251）**

　　所得税法34条2項の文言だけからでは，先に述べた問題が解決できないところ，所得税法施行令183条2項2号本文は，生命保険契約に基づく一時金が一時所得となる場合，保険料又は掛金の「総額」を控除できるものと定めており，同文言を素直に読むと，原判決が判示するとおり，所得者本人負担分に限らず保険料等全額を控除できるとする解釈に軍配を上げざるをえない。さらには，確定申告現場における無用の混乱を避けるべく，同文言の意味をより明確にするため，所得税基本通達34-4において，所得税法施行令183条2項2号（生命保険契約等に基づく一時金に係る一時所得金額の計算上控除する保険料等）に規定する保険料又は掛金の総額には，その一時金又は満期返戻金等の支払を受ける者以外の者が負担した保険料又は掛金の額も含まれるとの通達がなされるに至った（略）。このような経緯により発出された所得税基本通達34-4の文言上からは，養老保険契約に基づく満期保険金が一時所得となる場合，所得者以外の者が負担した保険料も控除できることは明白であって，所得税法，同法施行令の各規定及び上記通達を整合的に理解しようとすれば，他の解釈を容れる余地はないといわざるをえない。

► **最高裁判決が行った解釈と分析**

　これに対して，最高裁はどのような解釈によって，本人が負担したものに限るという解釈を行ったのでしょうか。

　少し長くなりますが，**最高裁平成24年判決**は，次のようなものでした。

◇ **養老保険事件上告審判決（最高裁平成24年1月13日第二小法廷判決・民集66巻1号1頁）**

　　所得税法は，23条ないし35条において，所得をその源泉ないし性質によって10種類に分類し，それぞれについて所得金額の計算方法を定めているところ，これらの計算方法は，個人の収入のうちその者の担税力を増加させる利得に当たる部分を所得とする趣旨に出たものと解され

る。一時所得についてその所得金額の計算方法を定めた同法34条2項もまた、一時所得に係る収入を得た個人の担税力に応じた課税を図る趣旨のものであり、同項が「その収入を得るために支出した金額」を一時所得の金額の計算上控除するとしたのは、一時所得に係る収入のうちこのような支出額に相当する部分が上記個人の担税力を増加させるものではないことを考慮したものと解されるから、ここにいう<u>「支出した金額」とは、一時所得に係る収入を得た個人が自ら負担して支出したものといえる金額をいう</u>と解するのが上記の趣旨にかなうものである。また、同項の「その収入を得るために支出した金額」という文言も、収入を得る主体と支出をする主体が同一であることを前提としたものというべきである。

　したがって、<u>一時所得に係る支出が所得税法34条2項にいう「その収入を得るために支出した金額」に該当するためには、それが当該収入を得た個人において自ら負担して支出したものといえる場合でなければならない</u>と解するのが相当である。

　この判決文からわかることは、最高裁判決は、条文の規定の文言をみたときに、本人負担に限られるかを読み取ることが困難であるという解釈は行っていない、ということです。

　また、具体的にどのような解釈を行っているのかといえば、まず所得税法が定める所得金額の計算において、収入から控除される必要経費等の控除項目が定められた「**趣旨**」に言及しています。

　趣旨とは、本書でも説明してきたように、国会がその法律、そしてその規定を定めるにあたって、立法目的として考えていた趣旨目的、つまり「**立法趣旨**」のことです。

　この趣旨について、最高裁は、所得に対する課税において、所得概念、より具体的には純所得概念が採用されていることを、強調しているといえます。

◇ **養老保険事件上告審判決（最高裁平成24年１月13日第二小法廷判決・民集66巻１号１頁）**
　所得税法は，……所得金額の計算方法を定めているところ，これらの計算方法は，個人の収入のうちその者の担税力を増加させる利得に当たる部分を所得とする趣旨に出たものと解される。

　つまり，収入に対する課税ではなく，収入を得るために投下された資本の部分に課税が及ぶことがないよう，投下資本にあたる経費部分については，所得金額計算の際に控除される仕組みが所得税法では採用されているということを，明確にしています。これは，所得税法全体の仕組みであるということもできるでしょう。
　しかし，これだけですと，ずいぶんと大きな発想から個別の上部の法解釈をすることになってしまいます。そこで，最高裁は，こうした所得課税の考え方がまさに反映したものが，所得税法34条２項の規定であるという前提に立ちます。
　こうして，一時所得の金額を計算する際に，総収入金額から控除される「その収入を得るために支出した金額」（支出金額）は，その収入を得た本人が負担したことが，いわば当然の前提になっているという**解釈**をしたのです。

▶ **趣旨解釈としての側面**
　このような解釈の仕方は，税法の解釈において原則とされるべき文理解釈の要請に反しているようにもみえるかもしれません。「その収入を得るために支出した金額」という条文の文言の解釈を，所得税法34条２項の立法趣旨から行っているからです。
　いわゆる**目的論的解釈**であり，税法では別の名で呼ばれるいわゆる**趣**

旨解釈にあたるでしょう。金子租税法でも，次のように税法解釈の総論部分の解説で，**文理解釈の例外として趣旨解釈が行われた例**として養老事件判決への言及があります。

> **金子宏『租税法〔第24版〕』（弘文堂）124頁**
> ただし，文理解釈によって規定の意味内容を明らかにすることが困難な場合に，規定の趣旨目的にてらしてその意味内容を明らかにしなければならないことは，いうまでもない（趣旨解釈の例として，……所得税法における「その収入を得るために支出した金額」（所税34条2項）の意義につき，最判平成24年1月13日民集66巻1号1頁……）。

▶ **ホステス源泉徴収事件との比較**

ホステス源泉徴収事件（第3章）では，こうした趣旨解釈は，原則として採られるべきではなく，条文の文言から解釈を行う文理解釈が原則であるということを学んだところでした。

しかし，ホステス源泉徴収事件でも，源泉徴収制度における基礎控除方式の立法趣旨について，最高裁は触れていました。つまり，同事件の最高裁判決（**最高裁平成22年判決**）も，必ずしも文理解釈のみで結論を導いたわけではありませんでした。

◇ **ホステス源泉徴収事件（最高裁平成22年3月2日第三小法廷判決・民集64巻2号420頁）**
> 租税法規はみだりに規定の文言を離れて解釈すべきものではなく，原審のような解釈を採ることは，上記のとおり，文言上困難であるのみならず，ホステス報酬に係る源泉徴収制度において基礎控除方式が採られた趣旨は，できる限り源泉所得税額に係る還付の手数を省くことにあったことが，立法担当者の説明等からうかがわれるところであり，この点からみても，原審のような解釈は採用し難い。

養老保険事件に戻ると，最高裁の解釈は，条文の規定の文言のまえにまず趣旨から検討がされています。ホステス源泉徴収事件の最高裁平成22年判決が文理をみてから，趣旨からも解釈しているのと比べると，順番に違いがあります。そうすると，養老保険事件の最高裁判決（**最高裁平成24年判決**）は，いわゆる趣旨解釈をしたことになるのでしょう。

　養老保険事件の最高裁判決は，条文の文言，つまり文理については何もみておらず，趣旨だけを強調した解釈をしたことになるのでしょうか。

　もしそうだとすれば，ホステス源泉徴収事件の最高裁平成22年判決が示した**文理解釈の原則**（「租税法規はみだりに規定の文言を離れて解釈すべきものではな」いとする解釈）と，矛盾するようにもみえますよね。

▶ 「支出した」の解釈

　しかし，この点について，調査官解説を読むと，そうではないということがわかります。次のとおりです。

> ◇ **調査官解説（小林宏司「判解」最高裁判所判例解説民事篇平成24年度10頁）**
> 　本判決は，所得税法34条2項の趣旨と文言を踏まえつつ，上記の解釈を導いたものであるところ，このうち，同項の趣旨については判決が述べたとおりであるが（略），<u>同項の文言について判決が述べるところを補足すると，同項が収入を得る主体と支出をする主体が同一であることを前提としているという説示は，控除対象に係る同項の規定が，「その収入を得るため」に「支出された」という文言ではなく，「その収入を得るため」に「支出した」という文言となっていることを踏まえたものであろう</u>。

　このように，調査官解説もあわせて最高裁判決を読むと，「その収入

を得るために支出した金額」という条文の文言が，(本人以外の者による負担でもよいようにみえる)「支出された」ではなく，(負担した本人だけにつながる述語にみえる)「支出した」という規定ぶりになっていることを踏まえていることがわかります。こうしていわれてみると，たしかに，最高裁平成24年判決は，次のようにも述べていました。

> ◇ **養老保険事件上告審判決（最高裁平成24年1月13日第二小法廷判決・民集66巻1号1頁）**
> 　また，同項の「その収入を得るために支出した金額」という文言も，収入を得る主体と支出をする主体が同一であることを前提としたものというべきである。

　こうして，所得税法34条2項では，直接的な明示はされていないものの，収入を得た本人が負担した支出であることを当然の前提にしていると読むことができる解釈になっています。
　この点で，養老保険事件の最高裁判決も，規定の「文言」，つまりは文理も前提にした解釈であることがわかります。

▶ 須藤裁判官の補足意見

　養老保険事件の最高裁判決は，武富士事件（第1章）の最高裁平成23年判決から1年もたたないうちに，同じ小法廷で下されたものです。こうして，武富士事件に登場していた須藤正彦裁判官の補足意見が，ここでも登場します。
　須藤裁判官は，次のように，法律よりも下位の規範である政令や通達の規定から，法律の規定を解釈するようなことがあってはならない，ということを強調しています。

◇ **養老保険事件上告審判決（最高裁平成24年1月13日第二小法廷判決・民集66巻1号1頁）・須藤正彦裁判官の補足意見**
……その通達全体の意味内容は，当該収入（保険金等）を得た役員又は使用人の一時所得の算定に当たって，自ら保険料等を負担したといえるものを控除の対象とするという趣旨に解し得るところである。もとより，法規より下位規範たる政令が法規の解釈を決定付けるものではないし，いわんや一般に通達は法規の解釈を法的に拘束するものではないが，同通達は上記のような趣旨に理解されるものであって，要するに，同施行令同号も，同通達も，いずれも所得税法34条2項と整合的に解されるべきであるし，またそのように解し得るものである。

➡ **納税者を勝訴させていた下級審判決**

　最高裁の解釈とは異なる判断を行い，納税者を勝訴させていたのは，下級審の判断です。

　まず，地裁判決は，次のように判示していました。

◇ **養老保険事件第1審判決（福岡地裁平成21年1月27日判決・判例タイムズ1304号179頁）**
……課税対象となる納税者側の社会生活上の事象は千差万別であるから，それらの全てを法令により明確かつ一義的に規定することは不可能であり，公正な租税の実現の必要性も考慮すると，法令の趣旨・目的，租税の基本原則，税負担の公平性・相当性等を総合考慮し，法的安定性，予測可能性を損なうことのない限度で，租税法令を客観的，合理的に解釈することも許されるというべきである。

　なお，通達は，上級行政庁が下級行政庁に対して行う命令ないし示達であり（国家行政組織法14条2項），国民に対する関係で拘束力を有する法規範ではないから，通達の定めは，一応の行政解釈として裁判所の解釈の参考となり得るにとどまる。しかしながら，租税行政は通達の下に統一的・画一的に運用され，通達が極めて重要な役割を果たしており，国民が納税義務の有無等を判断するに当たっても重要な指針となってい

ると考えられることにかんがみると、通達の文言、趣旨及びその合理性等も十分に検討した上で、租税法令の解釈を行うべきものと解される。
　以上の観点から、本件養老保険契約における法人損金処理保険料が「収入を得るために支出した金額」に当たるか否かを検討する。

　また、控訴審判決も、次のように判示していました。

◇ **養老保険事件控訴審判決（福岡高裁平成21年7月29日判決・税務訴訟資料259号順号11251）**
　……控訴人は、所得税基本通達34－4における所得者の一時所得の金額の計算上控除できる「支払を受ける者以外の者が負担した保険料又は掛金」は、当該保険料等につき一時金等の支払を受けた者に対し給与課税される等して、当該保険料の支払を受けた者が実質的に負担したものを指すと主張する。しかし、控訴人の上記解釈は、必ずしも明らかではない所得税法34条2項等の文言を一義的に明らかにするために出した通達について、更に文言として表示されていない要件を解釈と称して付加するものであり、法律又はその委任のもとに政令や省令において課税要件及び租税の賦課・徴収の手続に関する定めをなす場合に、その定めはなるべく一義的で明確でなければならないという課税要件明確主義（租税法律主義。略）に反する不当な解釈といわなければならない。

　このように租税法律主義が求める「**課税要件明確主義**」の観点を強調して、政令や通達の規定から読み取れる内容を法律の内容として解釈することを認めたのが、下級審の判断であったといえます。

　▶ **法源となるのは法律の規定──上位規範と下位規範の関係**
　しかし、須藤裁判官の補足意見でみたように、そのような下級審の解釈は、本末転倒というべきかもしれません。

租税法律主義は，法律の規定の明確性を求めているのであって，法律より下位の法規範である政令，ましてや行政解釈に過ぎない通達の規定の明確性を求めるものではないからです（もちろん，行政解釈もわかりやすいことが望ましいですが）。

　政令は，あくまで法律の委任の範囲内で効力（法源）をもつものです（後述のみずほ銀行事件〔第20章〕の**最高裁令和5年判決**も参照）。また，通達は，競馬事件（第14章）でもみたように，国会の制定した「法律」とは大きく異なります。

　そうすると，政令や通達の規定振りを参考にしながら，これらよりも上位規範であり，租税法律主義のもとで課税の直接の根拠になる法源性をもつ「法律」の規定の文言を読み解くなどということは，あってはならないことになります。

　須藤裁判官の補足意見は，この点を明らかにしているのです。

▶ 「正当な理由」の有無

　養老保険事件の最高裁判決は，過少申告加算税の部分については「**正当な理由**」（国税通則法65条4項）があるかどうかについても審理を行う必要があるとして，福岡高裁に差戻しをしました。

◇ **養老保険事件上告審判決（最高裁平成24年1月13日第二小法廷判決・民集66巻1号1頁）**
　……被上告人らの請求のうち，本件各賦課決定処分の取消しを求める部分については，本件が例外的に過少申告加算税の課されない場合として国税通則法65条4項が定める「正当な理由があると認められる」場合に当たるか否かが問題となるところ，この関係の諸事情につき更に審理を尽くさせるため，本件を原審に差し戻すこととする。

第15章　養老保険事件

差戻審にあたる福岡高裁平成25年判決では，「正当な理由」も認められず，過少申告加算税の賦課も適法であったと判示されています。

◇ **養老保険事件差戻控訴審判決（福岡高裁平成25年５月30日判決・税務訴訟資料263号順号12223**

　　税務当局が，養老保険の満期保険金に係る一時所得の金額の計算について，課税実務上の変更を行った形跡はない。すなわち，……養老保険は，昭和60年ころから流通し始めたものであり，満期までの期間が概ね５年であること，上記……のとおり，国税庁が監修して昭和62年に発行された解説書（略）には，一時所得の計算上控除される保険料等の総額は，課税済みの本人負担分に限られ，事業主が負担した保険料等で，給与所得として課税が行われていないものは，その控除する保険料等の総額から除くこととされることが明記されていたものである。しかし，税務当局が従前の実務上の運用を変更したことや従来の実務の運用が不明確であったと認めるに足りる証拠はない。
　……上記の説示に加え，被控訴人らは，申告前に，本件申告処理が妥当であるかどうかについて，税務当局に問い合わせをすることもなく，課税額が少額となる本件申告処理を採用して申告したものである（略）。
　　かような事実関係の下においては，真に納税者の責めに帰することのできない客観的な事情があり，過少申告加算税の趣旨に照らしてもなお納税者に過少申告加算税を賦課することが不当又は酷になるものとまでは認めることができず，「正当な理由があると認められる」場合に該当するとはいえない。

▶ **ストック・オプション加算税事件などの判決との比較**

　「正当な理由」の有無については，こうしてみると，ストック・オプション加算税事件（第11章）と似た部分があります。しかし，結論としては，養老保険事件では，ストック・オプション加算税事件の最高裁平成18年判決とは違う判断になっています。

そこには，次のような理由があると考えられます。それは，国税当局である課税庁自身が過去において採用していた解釈であったり，そのような解釈を変更したりしたという事実が認定されなかったからです。

　これは，航空機リース事業を行う匿名組合の組合員が計上した損失の所得区分について争われた**最高裁平成27年判決**（航空機リース通達変更事件）や，課税仕入れの用途区分が争われた**最高裁令和5年判決**（消費税課税仕入れ用途区分事件）と対比すると，違いが明確になります。

　まずは，最高裁平成27年判決です。

◇ **航空機リース通達変更事件上告審判決（最高裁平成27年6月12日第二小法廷判決・民集69巻4号1121頁）**
　……旧通達においては原則として当該事業の内容に従い事業所得又はその他の各種所得に該当するものとされているのに対し，新通達においては原則として雑所得に該当するものとされている点で，両者は取扱いの原則を異にするものということができ，また，当該契約において匿名組合員に……意思決定への関与等の権限が付与されていない場合（略）について，旧通達においては当該事業の内容に従い事業所得又はその他の各種所得に該当することとなるのに対し，新通達においては雑所得に該当することとなる点で，両者は本件を含む具体的な適用場面における帰結も異にするものということができることに鑑みると，平成17年通達改正によって上記の所得区分に関する課税庁の公的見解は変更されたものというべきである。
　そうすると，少なくとも平成17年通達改正により課税庁の公的見解が変更されるまでの間は，納税者において，旧通達に従って，匿名組合契約に基づき匿名組合員が営業者から受ける利益の分配につき，これが貸金の利子と同視し得るものでない限りその所得区分の判断は営業者の営む事業の内容に従ってされるべきものと解して所得税の申告をしたとしても，それは当時の課税庁の公的見解に依拠した申告であるということができ，それをもって納税者の主観的な事情に基づく単なる法律解釈

> の誤りにすぎないものということはできない。
> ……以上のような事情の下においては，本件各申告のうち平成17年通達改正の前に旧通達に従ってされた平成15年分及び同16年分の各申告において，Aが，本件リース事業につき生じた損失のうち本件匿名組合契約に基づく同人への損失の分配として計上された金額を不動産所得に係る損失に該当するものとして申告し，他の各種所得との損益通算により上記の金額を税額の計算の基礎としていなかったことについて，AにAの責めに帰することのできない客観的な事情があり，過少申告加算税の趣旨に照らしてもなお同人に過少申告加算税を賦課することは不当又は酷になるというのが相当であるから，国税通則法65条4項にいう「正当な理由」があるものというべきである。

次に，最高裁令和5年判決です。

◇ **消費税課税仕入れ用途区分事件上告審判決（最高裁令和5年3月6日第一小法廷判決・民集77巻3号440頁）**
> ……税務当局は，遅くとも平成17年以降，本件各課税仕入れと同様の課税仕入れを，当該建物が住宅として賃貸されること（その他の資産の譲渡等に対応すること）に着目して共通対応課税仕入れに区分すべきであるとの見解を採っており，そのことは，本件各申告当時，税務当局の職員が執筆した公刊物や，公表されている国税不服審判所の裁決例及び下級審の裁判例を通じて，一般の納税者も知り得たものということができる。他方，税務当局が平成7年頃にした関係機関からの照会に対する回答は，本件各課税仕入れと同様の課税仕入れを，事業者が当該建物の転売を目的とすることに着目して課税対応課税仕入れに区分したものとも理解し得るものの，前提となる事実関係が明らかでなく，必ずしも上記見解と矛盾するものとはいえない。また，税務当局は，平成9年頃，関係機関からの照会に対し，本件各課税仕入れと同様の課税仕入れを課税対応課税仕入れに区分すべき旨の回答をしているが，このことから，直ちに，税務当局が一般的に当該課税仕入れを事業者の目的に着目して課税対応課税仕入れに区分する取扱いをしていたものということはでき

<u>ないし，上記回答が公表されるなどしたとの事情もうかがわれない。</u>
　そうすると，平成17年以降，税務当局が，本件各課税仕入れと同様の課税仕入れを当該建物が住宅として賃貸されることに着目して共通対応課税仕入れに区分する取扱いを周知するなどの積極的な措置を講じていないとしても，事業者としては，上記取扱いがされる可能性を認識してしかるべきであったということができる。
　……上告人が本件各申告において本件各課税仕入れを課税対応課税仕入れに区分して控除対象仕入税額の計算をしたことにつき，<u>真に納税者の責めに帰することのできない客観的な事情があり，過少申告加算税の趣旨に照らしてもなお納税者に過少申告加算税を賦課することが不当又は酷になるということはできない。</u>
　……本件各申告において，……<u>国税通則法65条4項にいう「正当な理由」があると認めることはできない。</u>

　これらの「正当な理由」の有無が争われた最高裁判決の集積をまとめると，次の表のように，整理することができます。

【加算税を賦課すべきでない「正当な理由」が争われた最高裁判決】

事件名	正当な理由	課税庁の見解変更
ストック・オプション加算税事件	○	あり
養老保険事件	×	なし
航空機リース通達変更事件	○	あり
消費税課税仕入れ用途区分事件	×	なし

▶ 養老保険事件の最高裁判決の意義

　話を本論に戻しましょう。養老保険事件の最高裁判決が，法律と通達との関係や文理解釈と趣旨解釈の関係について，このように下級審とは異なるかたちで，租税法律主義の観点から許容される解釈を行ったこと

は，極めて重要といえるでしょう。

平成24年（2012年）から10数年の時が経過した現在，養老事件は意外と忘れられがちな判例です。しかし，この点で，その先例としての重要性を，いまでももち続けているといえます。

もっとも，養老事件の最高裁判決ですべてが決着したわけではありません。あとでみるタキゲン事件（第17章）で，また同じような論点が再び現れ，最高裁の判断にまで至ることになります。

それくらい，**現実には，具体的な扱いをさまざま定めた行政解釈である通達規定が，課税実務では重要性をもっており，参照される機会が多い**ということです。

▶ 東京地裁令和5年判決の登場

養老保険事件の最高裁平成24年判決が示した「その収入を得るために支出した金額」（支出金額）が本人負担のものに限られるという解釈ですが，令和時代に入って，これとは異なるようにもみえる判断もあらわれています。

具体的には，被相続人が金融機関との間で紛争になっていた債務について民事訴訟を行い成立した訴訟上の和解について負担していた弁護士報酬などの訴訟費用について，債務を相続した相続人が金融機関から受けた債務免除による利益（**債務免除益**）に対する課税が争われた裁判例です（**相続債務免除事件**）。

相続債務免除事件では，そもそも，債務免除益に課税がされるべきかについても争われました。**第1審では**，これに課税されることを前提に，しかし，**被相続人が負担した弁護士報酬**などの訴訟費用を「支出金額」として，一時所得の金額計算で控除できるという判断がされました（東

京地裁令和5年判決)。

◇ **東京地裁令和5年3月14日判決・公刊物未登載（LEX/DB25595840）**
……相続によって，相続人は，相続開始の時から，被相続人の一身に専属したものでない限り被相続人の財産に属した一切の権利義務を承継するとされているところ（民法896条），原告らは，亡Eから，本件和解に基づく分割金の支払義務を相続により承継している。そして，<u>亡Eの存命中に本件債務免除が行われた場合であれば，本件債務免除益から弁護士費用等がその一時所得を得るための支出として控除されたはずであるところ，そのような控除を受け得る法的地位は，K弁護士への支払債務の履行が終了したり，本件和解に基づく分割金の支払が完了して本件債務免除に係る停止条件が成就する前に亡Eが死亡したりしたからといって消滅するものではなく，また，亡Eの一身に専属したものと解すべき理由もないから，亡Eの死亡により，相続人たる原告らに承継されたものと解すべきである</u>（略）。

これは先例となる，本章の最高裁平成24年判決（養老保険事件）が本人負担に限るとしていたことと矛盾するようにもみえます。そのため，「**判例の射程**」の問題が注目されています。

養老保険事件と異なり，被相続人の相続人である点で，民法上はその地位も含めて包括承継をしている立場にあります。そのため，被相続人が支出したものでも，相続人が負担したものと同視できるという理論構成をすることができる場合にまで，支出金額を認めないわけではないと，養老保険事件の最高裁判決の射程を遮断する解釈もあり得るでしょう。

なお，控訴審では，債務免除益課税はされないという判断が下されたため，この論点は不要になり，判断されていません（東京高判令和6年1月25日公刊物未登載〔LEX/DB25620054〕）。その理由は，二重課税にあたり，非課税になるというものでした（**生保年金二重課税事件**参照）。

column15：文理解釈と趣旨解釈

　税法解釈で文理解釈の原則（厳格解釈の要請）を学ぶと，当該規定の趣旨目的など一切考慮すべきではない，という意見もあらわれる。しかし，法解釈は，その規定の文言の意味内容を明らかにする作業である。税法に限らず，法令の解釈は，文理解釈が原則である。

　それにもかかわらず，ホステス源泉徴収事件（第3章）のように，最高裁が「租税法規」における文理解釈の原則を強調するのは，ほかでもない。租税法律主義（憲法84条）の下では，条文の規定が読み取れない課税が納税者になされることが，禁じられるからである。そして，規定の解釈を課税庁が自由に行えるとなれば，恣意的な課税を防止するための租税法律主義が骨抜きになるからである。

　裁判所が行う税法解釈では，文理解釈を原則としながらも，なぜ当該規定が制定されたのかという，立法趣旨や立法経緯の探求も行われる。ここで行われてならないのは，趣旨からの解釈ではない。規定から読み取れない対象に，趣旨を理由に課税を許容する解釈である。

　この点で，そもそも「文理」に趣旨も含める見解もある。一般に税法解釈の議論では，文理は規定の文言を指す。それでも，規定の文言から読み取れる範囲内を模索する際に，当該規定の趣旨や立法経緯を考慮することを禁ずる見解は，ほとんどない。

　「それは，趣旨解釈であり許されない」という指摘がされる場合，反対の対象になる解釈には，「趣旨」を考慮した拡張解釈または縮小解釈が必ず含まれている。ホステス源泉徴収事件の下級審の判断も，「期間」を出勤日数に限定する縮小解釈が，課税庁の主張であった。

　税法解釈の方法の議論では，抽象的に文理解釈を強調するのではなく，以上の本質を見抜くことが重要である。

第16章
48億債務免除
源泉徴収事件

5つの裁判所で
判断が分かれた事例がある？

> **本章で学ぶポイント**
>
> 　1つの事例に対する課税関係を確定するために，税法の解釈適用にさまざまな論点が生じる場合があります。
>
> 　それぞれの論点について，裁判所の判断も分かれ，どのポイントに焦点を当てて考えるべきかについても，明確な答えを導くことが容易ではない事例があらわれました。それが，48億債務免除源泉徴収事件です。
>
> 　最初の最高裁までの3つの裁判所の判断のポイントは，見事にすべて分かれます。さらに差戻しがされたあとに，差戻控訴審と差戻上告審でも論点に対する法解釈は分かれました。1つの事件について，5つの裁判所で異なる判断がされた事例が，48億債務免除源泉徴収事件です。
>
> 　1つひとつの争点を取り上げようとすると，そもそも各審級の裁判所ごとに争点も異なっている，という珍しい事例です。一方で，どの裁判所の判断をみても，共通して学べることがあります。それは，税務判例を読むときに，裁判所の判断の規範部分を，どのようにとらえるべきなのかの重要性です。
>
> 　重要な規範部分の読み方は，その事例の結論にかかわらず，他の事例ではどのように適用されるのかを考えると，「判例の射程」の問題にも行き着きます。
>
> 　48億債務免除源泉徴収事件では，これまでみてきたさまざまな最高裁判例との関係も問題になります。問題になった論点を広くとり上げながらも，最終的には，差戻上告審である最高裁平成30年判決の射程を，どのように読むべきかについて，スポットライトをあてます。
>
> ● 最　高　裁　平成30年9月25日第三小法廷判決・民集72巻4号317頁
> ○ 広島高裁　平成29年2月8日判決・税務訴訟資料267号順号12978
> ● 最　高　裁　平成27年10月8日第一小法廷判決・集民251号1頁
> ○ 広島高裁岡山支部　平成26年1月30日判決・税務訴訟資料264号順号12402
> ○ 岡山地裁　平成25年3月27日判決・税務訴訟資料263号順号12184
>
> 注）○と●は，その審級で判示された論点の結論を指す（一部認容も含む）。

> **本章のキーワード：判断枠組み，判例の射程**
>
> 　税法の規定を適用するにあたり，その文言を解釈した結果導かれる法規範（規範）は，認定された事実に適用することが求められます。そのため，具体的に使うことができる，判断の基準として提示されます。これが判断枠組みでした。
> 　判断枠組みは，法的三段論法にいう「規範」（法解釈）の部分として，その要素を読み取ることも重要になります。それにとどまらず，一般性をもつことになる規範が他の事例でどのように適用され得るかを検討することも，重要になります。このうち後者の問題が，判例の射程になります。

▶ 概要

48億債務免除源泉徴収事件のポイントは，次の点にあります。事例としては，青果組合（法的性質は**権利能力のない社団**）の理事長が，50億を超える借入れを，その青果組合から行っていました。

長年にわたりこの青果組合を含めた企業グループ全体で大きな力を持っていた理事長は，48億円の借入金の債務について，青果組合から債務の免除を受けました。

所有していた不動産を売却するなどして弁済できる可能な手段を尽くしたうえで，最後に残った残債務48億円について債務の免除を受けたものです。

▶ 債務免除

債務免除は，次の条文にあるように，民法に規定がされています。

債権者の一方的な意思表示によって，その債務が法的に消滅するものです（**単独行為**）。債権者と債務者の当事者間で合意により債務免除が行われること（契約による債務免除）もありますが，その効果は特に変わりません。

◆ 民法519条
> 債権者が債務者に対して債務を免除する意思を表示したときは，その債権は，消滅する。

▶ 納税告知処分の根拠

負債が多額に上り，理事長のもっていた資産との関係で50億を超える債務の弁済をすることは，著しく困難な状態にありました。

このような状況下で**青果組合が行った債務免除**について，課税庁は，これが「**給与等の支払**」（所得税法183条1項）にあたると判断しました。こうして課税庁は，18億円の源泉所得税の徴収納付漏れがあるという見解に立ちました。

このような見解のもとで，法定納期限（所得税法183条1項の「支払」の翌月10日。債務免除が「支払」にあたるという解釈が前提になっているため，債務免除の翌月10日になります）内になされていなかった，18億円の源泉所得税の納付を求める納税告知処分がされました。

▶ 訴訟の結果

所轄の税務署長から青果組合に対してなされた源泉所得税18億円の納税告知処分とこれに伴う（本税の10％に相当する）1億8000万円の不納付加算税の賦課決定処分について，青果組合は，これらの処分の取消しを求めて，国を相手に訴訟を提起しました。

結論からいうと，債務免除がなされた当時の理事長の資産と負債の額が事実として認定されます（**事実認定**）。そして，債務免除がなされた48億円について，その一部は弁済が可能であったと判断されました。弁済が可能であった部分については，債務免除によって得た利益（**債務免除益**）に対して所得税が課されるという判断がされました。

納税告知処分の適法性という観点からみると，18億円のうち4億8000万円部分については適法であると判断されました。また，過少申告加算税の賦課決定処分についても，1億8000万円のうち4800万円部分については適法であると判断されました。

◇ **48億債務免除源泉徴収事件差戻控訴審判決**（広島高裁平成29年2月8日判決・税務訴訟資料267号順号12978）
……被控訴人の本件請求のうち，K税務署長が被控訴人に対し平成22年7月20日付けでした平成19年12月分の源泉所得税の納税告知処分（略）のうち4億8573万4304円を超える部分，及び，不納付加算税の賦課決定処分のうち4857万3000円を超える部分は，いずれも違法であるから，これらは取り消されるべきであるが，その余の請求は理由がない。

引用した判決文には，「取り消されるべきである」とありますよね。納税者からみると，この取り消された部分は，請求が認容されたことを意味します。

つまり，納税者が一部勝訴したということです。しかし，差戻し前の第1審及び控訴審にさかのぼると，じつは納税者が全部勝訴の判決を得ていたのです。

➡ **第1審の判断**

まずは，差戻し前の下級審の判断を，簡単にみておきましょう。平成26年に，所得税法44条の2（資力喪失の場合の債務免除の収入金額の特例）が創設されました。しかし，この規定は，これまで存在していた通達の規定を明文化したものと理解されています。

本件の債務免除当時は，この明文化された規定（所得税法44条の2）がまだなく，もとになった**旧通達の規定**（所得税基本通達36-17）がありました。その内容は，債務の免除を受けた者が，その資力からみて著しく弁済が困難である場合には，所得税を課さないという規定でした。

第1審は，この旧通達の規定が本件でも適用されることになるため，

青果組合に源泉所得税は発生しないといいました。以下の判示です。

◇ **48億債務免除源泉徴収事件第1審判決（岡山地裁平成25年3月27日判決・税務訴訟資料263号順号12184）**
エ　本件通達の趣旨
　債権者から債務免除を受けた場合，原則として，所得税法36条1項にいう「経済的な利益」を受けたことになり，免除の内容等に応じて事業所得その他の各種所得の収入金額となるものであるが，例えば，事業所得者が，経営不振による著しい債務超過の状態となり，経営破綻に陥っている状況で，債権者が債務免除をしたなどという場合には，債務者は，実態としては，支払能力のない債務の弁済を免れただけであるから，当該債務免除益のうちその年分の事業損失の額を上回る部分については，担税力のある所得を得たものとみるのは必ずしも実情に即さず，このような債務免除額に対して原則どおり収入金額として課税しても，徴収不能となることは明らかで，いたずらに滞納残高のみが増加し，また，滞納処分の停止を招くだけであり，他方，上記のような事情がある明らかに担税力のない者について課税を行わないこととしても，課税上の不公平が問題となることはなく，むしろ，課税を強行することについて一般の理解は得られないものと考えられることから，このような無意味な課税を差し控え，積極的な課税をしないこととしたものである。
……本件通達は，上記のような場合に受けた債務免除益への非課税を規定したものと解されるのであり，このような規定の内容及び上記認定のとおりのその趣旨からすれば，本件通達による上記非課税の取扱いは，所得税法等の実定法令に反するものとはいえず，相応の合理性を有するものということができる。
……本件通達は，上記のような場合に受けた債務免除益については，「各種所得の金額の計算上収入金額又は総収入金額に算入しないものとする」とのみ定めているが，この定めは，給与所得に係る源泉所得税額の計算上給与等の金額に算入しないとする趣旨も含むものと解される。
……前記事実関係によれば，本件債務免除の当時において，A理事長は，48億3682万1235円の本件債務を含む合計52億7766万4092円の債務

を負っていた。これに対し、本件債務免除当時のA理事長の資産は2億8222万5622円にすぎなかったのであるから、A理事長の負債はその資産の実に20倍に迫る金額に達しており、債務超過の状態が著しいものであったといえる。
……以上の事実に鑑みれば、本件債務免除益にも、本件通達の適用があるものと認めるのが相当である。

▶ 控訴審の判断

次に、その控訴審（差戻し前）では、そもそもこの債務免除は理事長の弁済が著しく困難であるという、債務者の資力の喪失に着目してなされたもので、理事長の役務提供の対価として行われたものではないと判断されました。

つまり、48億円の債務免除によって生じた利益（債務免除益）は、給与等（給与所得）にあたらないというものでした。

そもそも、債務免除益が、なぜ所得として課税されるのかについては、諸説あります。この点については、支払うべき債務が債務免除によって消滅したことで、原則としてその消滅した債務の額について「経済的な利益」（所得税法36条1項、2項）が生じると解されています。

◇ 48億債務免除源泉徴収事件差戻前控訴審判決（広島高裁岡山支部平成26年1月30日判決・税務訴訟資料264号順号12402）
……Fは、本件債務免除の理由として、A理事長の資力がないこととA理事長の被控訴人に対する貢献と述べているが、被控訴人のA理事長に対する貸付金が長年利息の減免を受け、利息が細々と返済されているものの、元本返済の目処も立たない不良債権であったところ、……A理事長の課税処分に対する異議決定において、平成17年の債務免除益につき本件通達が適用された後、A理事長の資産の増加がなかった状況下で、本件債務免除がなされたという事実経過からすると、本件債務免除の主

たる理由はＡ理事長の資力喪失により弁済が著しく困難であることが明らかになったためであると認めるのが相当であり，債務者がＡ理事長（役員）であったことが理由であったと認めることができない。
　したがって，本件債務免除は，役員の役務の対価とみることは相当ではなく，「給与等」に該当するということはできないから，本件債務免除益について，被控訴人に源泉徴収義務はないというべきである。

▶ 上告審の判断—最高裁平成27年判決

　これに対して，差戻し前の上告審では，最高裁が，次のように給与所得についての判断基準（規範）を示し，48億円の債務免除は，理事長の長年の青果組合に対する貢献を考慮したものであるから，役務提供の対価にあたると判断しました。

　48億円の債務免除益は，所得税法28条1項に例示として列挙されている「賞与」にあたる（少なくとも，「賞与……の性質を有する給与」にあたる）としたのです。

◇ **48億債務免除源泉徴収事件差戻前上告審判決（最高裁平成27年10月8日第一小法廷判決・集民251号1頁）**
……〔筆者注：理事長である〕Ａは，被上告人から長年にわたり多額の金員を繰り返し借り入れ，これを有価証券の取引に充てるなどしていたところ，被上告人がＡに対してこのように多額の金員の貸付けを繰り返し行ったのは，同人が被上告人の理事長及び専務理事の地位にある者としてその職務を行っていたことによるものとみるのが相当であり，被上告人がＡの申入れを受けて本件債務免除に応ずるに当たっては，被上告人に対するＡの理事長及び専務理事としての貢献についての評価が考慮されたことがうかがわれる。これらの事情に鑑みると，本件債務免除益は，Ａが自己の計算又は危険において独立して行った業務等により生じたものではなく，同人が被上告人に対し雇用契約に類する原因に基づき提供した役務の対価として，被上告人から功労への報償等の観点をも考

慮して臨時的に付与された給付とみるのが相当である。
　したがって，本件債務免除益は，所得税法28条1項にいう賞与又は賞与の性質を有する給与に該当するものというべきである。

▶ 給与所得該当性のあてはめ

　この「あてはめ」部分は，さらっと書かれていますが，ポイントが2つあります。判決文でいうと，①「多額の金員の貸付けを繰り返し行ったのは，同人が被上告人の理事長及び専務理事の地位にある者としてその職務を行っていた」からであるとされた点と，②「債務免除に応ずるに当たって……理事長及び専務理事としての貢献についての評価が考慮された」とされた点です。
　この部分については，匿名の判例タイムズの解説には，次のような説明があります。

匿名「判批」判例タイムズ1419号（2016年）73頁
　法人等の従業員又は役員が法人等から経済的利益を受けた場合に，それが労務又は役務の対価としての性質を有するか否かに係る判断基準については法令上特段の定めはない。学説においては「個々の具体的な役務提供行為と対価関係にある給付ではなく，雇用契約等に基づき受給者の地位ないし職務に対応・関連し，これに一般的に対価関係にあり『労務の対価』としての性質を有する給付を意味する」などと説明されているところであるが（谷口勢津夫『税法基本講義〔第4版〕』271頁），個別の事案において上記役務又は労務の対価性が認められるか否かについては，当該事案における事実関係に即して個別に判断されることになるものと考えられる。

　この説明とあわせて読むと，給与所得の要件である「対価」が認められたのは，単に理事長の地位にあるものが受けた債務免除であったから

ではなく，48億円の債務免除益が理事長が長年にわたり青果組合に提供してきた役務（貢献）に対するものであったことがわかります。

つまり，対価性（給与所得の要件である「労務の対価」ないし「役務の対価」）は，役員としての地位から抽象的に認められるものではなく，提供した役務との具体的な関係性が認定される必要があるという解釈を前提にしていると，読むことができます（もちろん，そうだとしても，理事長として支払を受けている報酬とは別に，48億円もの借入れができてその債務の免除まで受けたことが，すべて提供した役務の対価といえるかについては，議論があり得るでしょう）。

▶ **給与所得の判断枠組み**

この判示は，給与所得の該当性について一般論が示された「判断枠組み」を前提にするものです。ストック・オプション事件（第10章）の最高裁平成17年判決も参照された，次のような「**規範**」を提示したうえでなされた「**あてはめ**」でした。

◇ **48億債務免除源泉徴収事件差戻前上告審判決（最高裁平成27年10月8日第一小法廷判決・集民251号1頁）**
　所得税法28条1項にいう給与所得は，<u>自己の計算又は危険において独立して行われる業務等から生ずるものではなく，雇用契約又はこれに類する原因に基づき提供した労務又は役務の対価として受ける給付をいうものと解される</u>（最高裁昭和52年（行ツ）第12号同56年4月24日第二小法廷判決・民集35巻3号672頁，最高裁平成16年（行ヒ）第141号同17年1月25日第三小法廷判決・民集59巻1号64頁参照）。そして，同項にいう賞与又は賞与の性質を有する給与とは，上記の給付のうち功労への報償等の観点をも考慮して臨時的に付与される給付であって，その給付には金銭のみならず金銭以外の物や経済的な利益も含まれると解

される。

　給与所得の判断枠組みを提示した先例である，最高裁昭和56年判決（**弁護士顧問料事件**）も参照されています。あわせてストック・オプション事件の最高裁平成17年判決も参照されているのは，**役員が得た経済的利益について給与所得該当性が争われた点で共通**していたからと考えられます。

　本章でとりあげるメインの論点ではありませんが，ストック・オプション事件（第10章）の続編としては，平成17年に下されたストック・オプションの権利行使益についての最高裁判決から10年後に，理事長が得た債務免除益という，同じく役員に相当する者が得た経済的利益の給与所得該当性が争われた事件があらわれて，この給与所得該当性の判断枠組みに結実したものといえるでしょう。

　最高裁昭和56年判決と少し異なる修正がされているのは，従業員が得た金員についての給与所得該当性ではなく，**役員が得た金銭ではない経済的利益についての給与所得該当性を判断できる規範として示された**からだと思われます。

▶ **最高裁昭和56年判決との違い**

　両判決の判断枠組みの微妙な違いを確認するため，改めて**最高裁昭和56年判決**を引用しておきます。

◇　**最高裁昭和56年4月24日第二小法廷判決・民集35巻3号672頁**
　……弁護士の顧問料についても，これを一般的抽象的に事業所得又は給与所得のいずれかに分類すべきものではなく，その顧問業務の具体的態

> 様に応じて，その法的性格を判断しなければならないが，その場合，判断の一応の基準として，両者を次のように区別するのが相当である。すなわち，事業所得とは，自己の計算と危険において独立して営まれ，営利性，有償性を有し，かつ反覆継続して遂行する意思と社会的地位とが客観的に認められる業務から生ずる所得をいい，これに対し，給与所得とは雇傭契約又はこれに類する原因に基づき使用者の指揮命令に服して提供した労務の対価として使用者から受ける給付をいう。

　最高裁昭和56年判決が，弁護士の顧問料の給与所得該当性が争われた事例で，「**一応の基準**」として提示されたものでした。その後に，役員以外の者が支払を受けた金銭の給与所得該当性が争点となった事例では，この判断枠組みがくりかえし参照されることで，最高裁昭和56年判決の給与所得該当性の判断枠組みは，先例としての価値を高めていきました。

　しかし，**最高裁平成17年判決**（ストック・オプション事件）では，子会社の役員が親会社のストック・オプションの権利行使によって時価より低い権利行使価格で親会社の株式を購入できた利益について，「給与所得」該当性の規範（判断枠組み）を提示しないまま，**事例判断**が行われていました。そして，この最高裁平成27年判決では，理事長が受けた債務免除益という，役員の経済的利益の給与所得該当性が争われた事例が登場しました。これを踏まえ，このような判断枠組みが定立されたものと考えられます。

　最高裁昭和56年判決の給与所得該当性の判断枠組みについて，役員の経済的利益バージョンとしての微修正がされたものと考えられます。

▶ 給与等の支払についての源泉徴収義務

　このように，48億円の債務免除益が所得税法28条1項の給与所得に該

当するとなると，所得税法183条1項が規定する「給与等」に該当することになります。そうすると，青果組合は理事長に対する債務免除を行うときに，源泉所得税の徴収納付をしなければならなかったことになるのが原則です。

◆ **所得税法28条1項**
　給与所得とは，俸給，給料，賃金，歳費及び賞与並びにこれらの性質を有する給与（以下この条において「給与等」という。）に係る所得をいう。

◆ **所得税法183条1項**
　居住者に対し国内において第二十八条第一項（給与所得）に規定する給与等（以下この章において「給与等」という。）の支払をする者は，その支払の際，その給与等について所得税を徴収し，その徴収の日の属する月の翌月十日までに，これを国に納付しなければならない。

▶ **理事長の資産と負債についての事実認定**

　しかし，**最高裁平成27年判決**が，次のように差戻しを命じたことから，さらに給与所得に当たることを前提に，納税者である青果組合が訴訟で行っていた予備的主張についても，判断がされることになります。

◇ **48億債務免除源泉徴収事件差戻前上告審判決（最高裁平成27年10月8日第一小法廷判決・集民251号1頁）**
　……本件債務免除当時にＡが資力を喪失して債務を弁済することが著しく困難であったなど本件債務免除益を同人の給与所得における収入金額に算入しないものとすべき事情が認められるなど，本件各処分が取り消されるべきものであるか否かにつき更に審理を尽くさせるため，本件を原審に差し戻すこととする。

差戻後の控訴審判決では，差戻し前の下級審で認定されていた事実と異なる認定がされます。

最大の特色は，債務免除がなされた時に，理事長が有していた資産の一部であるいくつかの出資持分について異なる評価（**事実認定**）がなされ，債務免除時の理事長の資産が大きく増えたことです。

◇ **48億債務免除源泉徴収事件差戻控訴審判決（広島高裁平成29年2月8日判決・税務訴訟資料267号順号12978）**

上記……によれば，本件債務免除当時（直前）の負債が52億7722万9692円（本件債務を除き4億4040万8457円），資産が17億2519万9510円と認められるのであり，これによると，本件債務免除当時，資産よりも負債が3倍以上と大幅に上回っており，A理事長が資力を喪失して本件債務全額を弁済することが著しく困難であったと認めることができるものの，……本件債務免除により，A理事長は資産が負債を大幅に上回る状態になる。

……上記で判断したところによれば，本件債務免除をした後，A理事長は資産が負債を大幅に上回る状態になることが認められるのであり，その上回った部分である12億8479万1053円は，本件債務免除によってA理事長の担税力を増加させるものであり，A理事長の利得に当たることが認められるから，所得税法36条1項の「経済的な利益」に該当することが認められ，この部分については，債務を弁済することが著しく困難であるとはいえないことになる。

差戻控訴審の判決が，理事長の債務免除当時の資産と負債の額について，差戻し前の下級審が認定していた事実と異なる認定を行ったことで，全額の返済ができなかったとは，いえなくなりました。

ちなみに，差戻し前の控訴審では，次のように認定されていました。認定された理事長の資産の額に，大きな違いがみてとれます。

◇ 48億債務免除源泉徴収事件第１審判決（岡山地裁平成25年３月27日判決・税務訴訟資料263号順号12184）
　……前記事実関係によれば，本件債務免除の当時において，Ａ理事長は，48億3682万1235円の本件債務を含む合計52億7766万4092円の債務を負っていた。これに対し，本件債務免除当時のＡ理事長の資産は２億8222万5622円にすぎなかったのであるから，Ａ理事長の負債はその資産の実に20倍に迫る金額に達しており，債務超過の状態が著しいものであったといえる。

【債務免除時の理事長の資産と負債】

	資　産	負　債
差戻し前の認定	２億8222万円	52億7766万円
差戻審の認定	17億2519万円	52億7722万円

　両判決にもあるように，差戻し前の認定では「20倍にも迫る」開きがある圧倒的な債務超過であったのです。それが，差戻審の認定によれば，「３倍以上」の開きのある債務超過に変わっています。
　そして，48億円の債務免除がされると，むしろ債務超過状態から資産が負債を上回るプラスの状態に転じます。
　こうして，弁済が可能であるという，あらたな判断がされた12億円の債務部分については，非課税を定めた旧通達の規定が適用されないことになりました。つまり，この12億円部分については，債務免除益として理事長に給与所得が発生することになったのです。

▶　納税告知処分の原因行為の錯誤
　このような認定がされたことから，青果組合には，４億8000万円の源泉徴収義務が生じることになりました。

しかし，もしそのような多額の課税がされるのであれば，そもそも青果組合は債務免除をすることはなかったという錯誤の主張も，予備的にですが，納税者からされていたのです（**予備的主張**）。

そのため，差戻審の控訴審判決では，この点についても判断がされました。次の判示です。

◇ **48億債務免除源泉徴収事件差戻控訴審判決（広島高裁平成29年2月8日判決・税務訴訟資料267号順号12978）**
　申告納税方式の下では，申告納税方式における納税義務の成立後に，安易に納税義務の発生の原因となる法律行為の錯誤無効を認めて納税義務を免れさせることは，納税者間の公平を害し，租税法律関係を不安定にすることからすれば，法定申告期間を経過した後に当該法律行為の錯誤無効を主張することは許されないと解されるところ（略），源泉徴収制度の下においても，源泉徴収義務者が自主的に法定納期限までに源泉所得税を納付する点では申告納税方式と異なるところはなく，かえって，源泉徴収制度は他の租税債権債務関係よりも早期の安定が予定された制度といえることからすれば（略），法定納期限経過後の錯誤無効の主張は許されないと解すべきである。
　……本件でも，被控訴人が法定納期限経過後に上記のような錯誤を主張することは，許されないというべきである。

このように錯誤の主張も，認められないことになりました。こうして，4億8000万円の源泉所得税，そして4800万円の不納付加算税については，それぞれの各処分は適法であるという，一部認容・一部棄却の判決がなされました。

　▶ **最高裁平成30年判決の判断枠組み**
これを前提に，錯誤の主張については，さらに上告審の判断が下され

ました。それが**最高裁平成30年判決**（差戻上告審）になります。

　判決文は短いのですが，ここで示された納税告知処分の取消事由として，その原因行為に存在していた瑕疵（本件では，当時の民法の規定に基づく錯誤無効）について，最高裁は次のような規範を示しました。

> ◇ **48億債務免除源泉徴収事件差戻上告審判決（最高裁平成30年9月25日第三小法廷判決・民集72巻4号317頁）**
> 　給与所得に係る源泉所得税の納付義務を成立させる支払の原因となる行為が無効であり，その行為により生じた経済的成果がその行為の無効であることに基因して失われたときは，税務署長は，その後に当該支払の存在を前提として納税の告知をすることはできないものと解される。そして，当該行為が錯誤により無効であることについて，一定の期間内に限り錯誤無効の主張をすることができる旨を定める法令の規定はなく，また，法定納期限の経過により源泉所得税の納付義務が確定するものでもない。したがって，給与所得に係る源泉所得税の納税告知処分について，法定納期限が経過したという一事をもって，当該行為の錯誤無効を主張してその適否を争うことが許されないとする理由はないというべきである。

　この最高裁判決の規範部分は，さらっと読むだけでは，短いのでポイントをつかめないまま，流してしまいそうになるかもしれません。

　実際，この最高裁判決の規範に含まれている意味を明確に読み取ることは，簡単なことではありません。

　これについては，調査官解説を参照することで，規範の意味は明確になります。そのポイントを，示しておきましょう。

ポイント①──錯誤主張の時期的な制限

1つは，法定納期限を過ぎたとしても，納税告知処分の原因行為に存在する瑕疵（錯誤無効）の主張をすることはできるということです。これは「**錯誤主張の時期的な制限**」の有無という論点であるともいえます。

最高裁は，納税告知処分の取消事由となる原因行為が「錯誤無効」であることを前提に判示しています。ただ，調査官解説もあわせて読むと，その後の平成29年の民法改正で錯誤の効果が無効から取消しに変わったことは，特に影響を与えないようにもみえます（ただし，判例の射程の問題になり，現時点で明確な答えはありません）。

源泉徴収義務が生じる支払（本件では債務免除）の原因行為に無効や取消しなどの瑕疵があったとしても，その主張は法定納期限（源泉徴収義務の場合は，支払の翌月10日）を過ぎたとしても，それだけで錯誤主張ができなくなるわけではないということです。理由としては，そのような主張時期を制限する法令の定めはないことが挙げられています。

この部分が，控訴審判決と明確に異なります。そして，法令上の主張制限がないことについては，申告納税方式が採用されている場合（たとえば，申告所得税）でも同様です。そうすると，控訴審が判決理由で述べていたような申告納税方式の場合に，法定申告期限を経過したあとに錯誤主張ができないという論理の否定も含まれていると理解するのが，自然でしょう。

調査官解説を読むと，次のような説明がされています。

◇ **調査官解説（荒谷謙介「判解」最高裁判所判例解説民事篇平成30年度163頁）**

主張制限説は，租税負担についての錯誤無効の主張を無制限に許すと，

節税のためにある私法上の行為を選択し，その後課税がされるおそれが生じた場合には，錯誤無効を主張して課税を免れ，再度節税のために別の私法上の行為を選択するなどして，結果的に節税が可能なスキームを探り当てて節税することを懸念している可能性がある。しかし，節税することができると考えてある法律行為をしたが，結果的に課税されることとなった場合の全てに錯誤が成立するものではないのであって，上記の懸念は，錯誤無効の主張を一切許さないとすることではなく，錯誤の成否の認定等により対処すべきであるように思われる。
……上記の検討によると，申告納税方式の租税について主張制限説によるべきかについては疑問が提起されるところであろう。

もちろん，これは最高裁平成30年判決で明確に判示されたわけではありません。あくまで調査官による説明という域をでるものではありません。

今後の裁判で争いが起きたときには，この最高裁平成30年判決との射程というかたちで議論がなされることになるでしょう。

ポイント②──錯誤主張の前提としての経済的成果の喪失

もう1つは，納税告知処分の取消しを主張するためには，単に無効であることを主張すればよいだけではなく，経済的成果を喪失させたことも必要になるということです。

なぜなら，最高裁平成30年判決をよくみると，最初の部分に次のような判示があったからです。

◇ **48億債務免除源泉徴収事件差戻上告審判決（最高裁平成30年9月25日第三小法廷判決・民集72巻4号317頁）**
給与所得に係る源泉所得税の納付義務を成立させる支払の原因となる

行為が無効であり，その行為により生じた経済的成果がその行為の無効
であ̇る̇こ̇と̇に̇基̇因̇し̇て̇失̇わ̇れ̇た̇と̇き̇は̇，税務署長は，その後に当該支払
の存在を前提として納税の告知をすることはできないものと解される。

　このポイントを分解すると，経済的成果を喪失させていた場合には，税務署長は納税告知処分をすることができないということが明示されています。

◇ **調査官解説（荒谷謙介「判解」最高裁判所判例解説民事篇平成30年度162頁）**
　　課税は原則として私法上の法律関係に即して行われるべきであるから，法律行為が無効であって当該行為により生じた課税対象である経済的成果が消滅している場合には，当該法律行為により一旦は生じた経済的成果に対して課税することはできないのが原則となると思われる。

　もっとも，本件では錯誤の主張をするべき状態が生じる前に，納税告知処分がされていました（むしろ，納税告知処分がされたことで，そうであれば債務免除などしなかったという錯誤が生じています）。
　そこで，納税告知処分がなされた場合に，そのような源泉所得税の徴収納付義務（**源泉徴収義務**）が生じるのであれば，そもそも支払（債務免除）をしなかったという錯誤主張がなされた場合，納税告知処分のあとに経済的成果を喪失させることで，納税告知処分の取り消しを求めること自体は可能なのかという問題があることになります。これは「**錯誤主張の前提としての経済的成果の喪失の時期**」という論点になります。
　この論点は，さきにみた錯誤の主張がいつまでもできるということとは，分けて考える必要があるでしょう。

この点について，最高裁判決は明確な言及をしていません。しかし，調査官解説には，次のような説明がされています。

> ◇ **調査官解説（荒谷謙介「判解」最高裁判所判例解説民事篇平成30年度166頁）**
> 　納税告知処分を違法とするためには，実体的な法律関係として，当該行為に瑕疵があったことにより，納税告知処分がされる前にこれによる経済的成果が失われたことを要することを前提とした上，課税について争う訴訟において，その旨の主張を要するため，上記の判示をしたものであり，課税庁に対する関係で，納税告知処分がされる前に錯誤無効の主張をする必要があるという意味での主張の時期を問題としたものではないと考えられる。

　調査官解説の下線部分を読むと，納税告知処分がされたあとに錯誤が生じて経済的成果を喪失されることが，納税告知処分の違法性には結びつかないようにも読めます。

　しかし，この点については最高裁判決で明示はされておらず，先例として明確になっているとまでは，いえないように思います。したがって，今後の事例の集積によって明確にされていくことが期待されます。

▶ 違法判断の時期

　ここで少し細かな話をすると，行政法では，処分の取消事由としての**違法判断の時期**という論点があります。**処分時説**と**判決時説**の対立があります。前者は，処分の時に違法であることが必要とする見解です。そして，後者は処分時に違法でも，判決時（正確には，事実審の口頭弁論終結時）に違法があれば，処分は取り消されるという見解です。**通説は、原則として処分時説を採用しています。**

しかし，自動確定方式を採用する源泉所得税の納税告知処分においては，必ずしもそのように解すべき必然性はないかもしれません。違法判断の時期，つまり錯誤に基づく経済的成果の喪失があるべき時期を，事実審の口頭弁論終結時（判決時）と解釈してもよいのではないでしょうか。そのような見解も，十分に成り立つように思います。

この点については，筆者の私見に過ぎませんが，以下の論文を参考までに引用しておきます。

木山泰嗣「納税告知処分後に生じた経済的成果の喪失を争う方法―最高裁平成30年9月25日第三小法廷判決を契機として―」青山法学論集63巻4号（2022年）95頁
　　納税告知処分後に経済的成果を喪失した場合，それが納税告知処分取消訴訟係属中であり，事実審の口頭弁論終結時までに生じたときには，次のように考えることができる。つまり，源泉徴収義務の原因行為の事後的変動は遡及的に課税要件を充足しなかったことになるという実体法上の観点を踏まえ，納税者の権利保護に資する方法という点から，紛争の一回的解決という訴訟法上の観点もあわせ考え，<u>納税告知処分の違法判断は事実審の口頭弁論終結時における経済的成果の喪失をみればよく，その時点で違法事由（経済的成果の喪失）が認められれば，納税告知処分は違法になると考えるべきである。</u>

▶ 最高裁判決の先例部分

話を戻しましょう。最高裁平成30年判決の規範はごく短い文章ですが，このように含まれる論点は深いものです。

こうした場合，最高裁判決の先例として，一般的に法規範として意味が生じるのはどこまでなのか，いわゆる**レイシオ・デシデンダイ**ですが，この部分を読み取ることが重要になります。その際には，**調査官解説の**

説明も補足的に参考になりますが，あくまで調査官個人の意見であることも踏まえ，最高裁判決が明示的に判断していない部分については，他の見解が許容される余地を封じない読み方も必要になるでしょう。

最高裁平成30年判決には，「経済的成果の喪失」とは何を指すか，という論点も内包されています。金銭の支払であればこれを返還したことが，これにあたります。しかし，債務免除をしたことの経済的成果は目にみえにくいため，これをなかったこと（債務免除がなかったこと）に戻すとは，何をすればよいのかという問題です。

学説には，議論があります。しかし，判決は何も触れていないため（本件ではそもそも経済的成果の喪失はされていないことが前提であったため），本書では，論点の指摘のみにとどめます。

▶ 通達の適用と平等原則

第1審判決が，旧通達の規定の適用をすることで，納税告知処分を違法と判断した論理ですが，実際には，次のように通達規定の適用により課税されない取扱いをすることが，平等原則の観点から求められるというものになっていました。

> ◇ **48億債務免除源泉徴収事件第1審判決（岡山地裁平成25年3月27日判決・税務訴訟資料263号順号12184）**
> ……もとより本件通達が法令そのものではなく，これによらない取扱いが直ちに違法となるものではないとしても，本件通達が相応の合理性を有する一般的な取扱いの基準として定められ，広く周知されているものである以上は，課税庁においてこれを恣意的に運用することは許されないのであって，本件通達の適用要件に該当する事案に対して合理的な理由もなくその適用をしないとすることは，平等取扱いの原則に反し，違法となるというべきである。

……したがって，仮に本件債務免除益が給与等に該当するとしても，本件債務免除益に本件通達を適用せず，源泉取得税額の計算上これを給与等の金額に算入すべきものとしてされた<u>本件各処分</u>は，<u>本件通達を適用しなかったことについての合理的な理由が示されていない以上</u>，平等取扱いの原則に反し違法であるというほかなく，取り消されるべきである。

　この考え方は，差戻控訴審の判決では，平等原則による違法という表現はされておらず，判決を読む限り，旧通達の規定が適用される結果，納税告知処分が（一部）違法になるという考え方のように読むことができます。

　結論的には，法律ではない通達が適用されていることになるため，平等原則が前提になっている可能性もあります。この点について差戻控訴審では明示がなく，判然としません。

　しかし，「合理的な理由」がない限り，通達の規定どおりの取扱いがなされるべきとする考え方は，あとでみる節税マンション事件（第19章）の最高裁令和4年判決の論理に，つながることになります。

column16：支払概念と加算税

　源泉徴収義務は，特殊な債務といわれる。法所定の支払をする際に，天引徴収により源泉所得税額部分の支払を留保し（私法上は全額の債権を持つはずの受給者に対して，一部の支払をせず），これを翌月10日までに所轄の税務署（国）に納付をすることが求められるからである。国との関係でみると，代わりに「徴収」を行うものであるが，受給者との関係でみれば，代わりに「納付」を行うことでもある。

　天引というのは，金銭の支払であるからこそ可能になる。48億債務免除源泉徴収事件のように，金銭の支払をしたわけではない。それでも，所得税法上，債務免除も「支払」にあたり，源泉徴収義務が生じると解釈されている。支払概念を，日本語の通常の意味より拡張している，という批判もある。しかし，判例・実務は，これで動いている。

　理屈としては，利益の移転があれば「支払」と解釈する。問題は，利益移転により「支払」を認める場合に，源泉所得税相当額の天引ができない場合が生じることである。ストック・オプションの行使を受けた場合や，債務免除を行った場合である。これらの場合，受給者に請求をして自ら徴収してから，納付をすればよいと実務はいう。

　しかし，それが源泉徴収制度の本来予定していることなのかは，微妙である。近時の問題は，源泉徴収義務が生じるのか，生じるとしていくらになるのかの判断が，支払時に困難な事例である。48億債務免除源泉徴収事件は，いずれの観点でも困難と思われる。

　それにもかかわらず，不納付加算税まで賦課されている。源泉徴収義務が自動確定方式で支払時に確定する特殊性を重視すれば，「正当な理由」（国税通則法67条1項ただし書）は，支払時の判断が困難な場合にも認められるべきであろう。

第17章
タキゲン事件

通達規定は文理解釈が
されるべきなのか？

> **本章で学ぶポイント**

　さまざまな章でみてきたように，税法の解釈においては，その税法が定めた規定の「文言」を解釈することが重要です。

　一方で，税法の規定の文言は抽象的です。そこで，現実の税務行政では，全国の税務署で統一された税法解釈が求められます。公平な課税が行われる必要があるからです。こうした観点から，国税庁長官の通達の規定は，行政解釈として重要性を持っています。

　養老保険事件（第15章）の最高裁平成24年判決は，課税の根拠となる「法律」の規定より，下位の法規範である「政令」や，行政解釈に過ぎない「通達」の規定を考慮した税法解釈をすることを，本末転倒と考えました。そして，課税の根拠規定である税法の規定の文言を，その文理や趣旨から解釈することを強調していました。

　その続編として下されたのが，タキゲン事件の最高裁令和2年判決です。個人が法人に時価の2分の1未満で資産を譲渡した場合に，時価で譲渡したとみなされる規定（所得税法59条1項2号）の適用をめぐり，譲渡の時点における株式の「時価」の算定が問題になりました。

　時価については，法律である税法をみても，その算定方法は定められていません。そこで，課税実務では，所得税基本通達と，その定めが参照する財産評価基本通達の計算方法によることになっていました。

　その通達の計算方法の規定の読み取り方について，少数株主といえるのかどうかが問題になりました。具体的には，資産を譲渡する直前の状態を基準にするのか，資産を譲渡した後の株式を取得する側の状態を指すのかという議論です。

　タキゲン事件の上告審判決は，通達の規定を税法の規定と同じように考えて文理解釈をするべきとした控訴審判決を，支持しませんでした。そうではなく，所得税法の譲渡所得課税の趣旨を重視した解釈が行われるべきと，最高裁は考えたのです。

　タキゲン事件から学べることは，「法律と通達の関係」です。具体的には，通達の規定そのものがわかりにくい場合に，それでも通達の規定

の文理を重視するべきなのか,ということです。あるいは,課税の根拠規定となる税法の規定の趣旨に沿うように,通達の規定を読み取るべきなのでしょうか。この部分が,タキゲン事件を読むときのポイントになります。

- ● 最高裁　令和2年3月24日第三小法廷判決・集民263号63頁
- ● 東京高裁　令和3年5月20日判決・税務訴訟資料271号順号13564
- ○ 東京高裁　平成30年7月19日判決・税務訴訟資料268号順号13172
- ● 東京地裁　平成29年8月30日判決・税務訴訟資料267号13045

本章のキーワード:法解釈と通達

　法解釈は,法的三段論法の大前提で行う,法文の意味内容を明らかにするものです。課税要件に「時価」が定められている場合,その算定方法を定めた通達規定の適用は,法的三段論法においては事実認定(小前提)の作業にあたります。

　しかし,客観的な交換価値をいうと解釈される「時価」の算定方法をめぐり「通達」の読み方が問題になる場合,事実認定のプロセスでありながら「通達」の規定の解釈が必要になります。

　こうして,通達規定を読むときにも,税法解釈と同じように文理解釈が妥当するのかという問題は,本来の法解釈とは異なる次元にあるはずなのです。しかし,養老保険事件でも,タキゲン事件でも,下級審では混乱が起きました。

▶ 概要

タキゲン事件の事例のポイントは，次のとおりです。

事例としては，取引相場のない株式であるA社（株式会社）の株式を，その代表取締役であるBがC社（有限会社）に売却しました（A社がタキゲン製造株式会社であるため，一般にこの事件名で呼ばれています）。

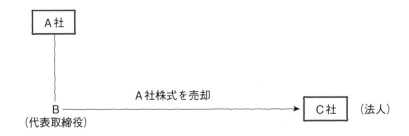

個人が法人に資産を譲渡した場合，通常は譲渡所得の金額の計算における総収入金額は，対価の額である売買代金の額になります。所得税法36条1項が「収入」としているからです。

しかし，時価の2分の1未満による対価の額であった場合には，その「収入」を時価で計算すべきことを定めた例外規定が，所得税法にあります（59条1項2号）。

この規定の適用の有無が問題になったのが，タキゲン事件です。

▶ 低額譲渡とみなし譲渡

この規定は，時価で譲渡したものとみなすものなので，「**みなし譲渡**」と呼ばれています。また，時価の2分の1未満の譲渡は所得税法の規定では「**著しく低い価額の対価……による譲渡**」を指すため，この規定が適用されることになる譲渡のことを「**低額譲渡**」という場合があります。

タキゲン事件の**最高裁令和2年判決**でも，次のように説明されています。

◇ **タキゲン事件上告審判決（最高裁令和2年3月24日第三小法廷判決・集民263号63頁）**
　所得税法59条1項は，同項各号に掲げる事由により譲渡所得の基因となる資産の移転があった場合には，譲渡所得の金額の計算については，その事由が生じた時に，その時における価額に相当する金額により，これらの資産の譲渡があったものとみなす旨を定め，2号において，著しく低い価額の対価として政令で定める額による譲渡（法人に対するものに限る。以下「低額譲渡」という。）を掲げる。

ポイントは，時価の2分の1未満の譲渡であれば，時価で課税されてしまうことです。実際に売却した得た本来の収入である代金の額より，所得税額の計算上は，はるかに高い額で売れたとみなされる，ということですね。

この点については，所得税法と同法施行令の規定が，低額譲渡に対するみなし譲渡の規定の課税要件を定めています。

◆ **所得税法59条1項2号**
　次に掲げる事由により居住者の有する山林（事業所得の基因となるものを除く。）又は譲渡所得の基因となる資産の移転があつた場合には，その者の山林所得の金額，譲渡所得の金額又は雑所得の金額の計算については，その事由が生じた時に，その時における価額に相当する金額により，これらの資産の譲渡があつたものとみなす。
　（略）
　二　著しく低い価額の対価として政令で定める額による譲渡（法人に対するものに限る。）

◆ **所得税補施行令169条**
> 法第59条第1項第2号（贈与等の場合の譲渡所得等の特例）に規定する政令で定める額は，同項に規定する山林又は譲渡所得の基因となる資産の譲渡の時における価額の2分の1に満たない金額とする。

　所得税法59条1項2号は，個人が法人に対して行った資産の譲渡のうち，「著しく低い価額の対価」で行った低額譲渡について，時価で譲渡したとみなすことを定めています。そして，この「**著しく低い価額**」については，その要件を「**政令**」に委任しています。

　所得税法施行令は，この規定を受けて169条で「譲渡の時における価額」（時価）の「2分の1に満たない金額」つまり，時価の2分の1未満の額であると定めています。

　ここまでが課税の根拠となる「**課税要件**」を定めた，法令の規定ということになります。

▶ **通達の規定の定め**

　問題は，ここにいう「時価」（＝「譲渡の時における価額」）の算定です。時価の算定については，所得税法も所得税法施行令も，「時における価額」とするだけで，特に定めをしていません。

　この部分については，「**所得税基本通達**」に詳細な定めがあります。また，所得税法基本通達は，最終的には相続税や贈与税の財産評価を定めた「**財産評価基本通達**」の計算方法を参照しているという構造がありました。具体的には，本件ではA社の株式が「取引相場のない株式」にあたるため，これらの時価評価を定めた財産評価基本通達の計算方法による，ということです。

少しこみいっていますが，最高裁判決が整理した通達規定の概要は，次のようになっていました。

> ◇ **タキゲン事件上告審判決（最高裁令和2年3月24日第三小法廷判決・集民263号63頁）**
> 　<u>所得税基本通達（昭和45年7月1日付け直審（所）30国税庁長官通達）59-6（平成21年課資3-5ほかによる改正前のもの。以下同じ。）は，所得税法59条1項の規定の適用に当たって，譲渡所得の基因となる資産が株式である場合の同項に規定する「その時における価額」とは，同通達23～35共-9に準じて算定した価額によるものとする。同通達23～35共-9</u>（平成19年課個2-11ほかによる改正前のもの。以下同じ。）は，株式を取得する権利の価額の算定の基礎となる株式の価額に関し，(4)ニにおいて，<u>取引相場のない株式のうち，売買実例のある株式等に該当しないものについては，その株式の発行法人の1株当たりの純資産価額等を参酌して通常取引されると認められる価額とするものとする。そして，同通達59-6は，同法59条1項の規定の適用に当たり，上記の通常取引されると認められる価額とは，原則として，同通達59-6の(1)～(4)によることを条件に，財産評価基本通達（昭和39年4月25日付け直資56，直審（資）17国税庁長官通達。以下「評価通達」という。）の178から189-7まで（取引相場のない株式の評価）の例により算定した価額とするとした上で，所得税基本通達59-6の(1)において，評価通達188の(1)に定める同族株主に該当するかどうかは，株式を譲渡又は贈与した個人の当該譲渡又は贈与直前の議決権の数により判定するものとする。</u>

　さらに財産評価基本通達（評価通達）の定めについて，最高裁は続けて，次のような整理をしています。

◇ タキゲン事件上告審判決（最高裁令和2年3月24日第三小法廷判決・集民263号63頁）

……評価通達は，相続税及び贈与税の課税価格計算の基礎となる財産の評価に関する基本的な取扱いを定めたものである。取引相場のない株式の評価について，評価通達178本文，179（いずれも平成29年課評2－12ほかによる改正前のもの）は，評価しようとする株式の発行会社（以下「評価会社」という。）が大会社（従業員数が100人以上の会社等），中会社又は小会社のいずれに該当するかに応じて，原則的な評価方法を区別し，大会社の株式の価額は，類似業種比準価額によって評価するものとする（以下，この評価方法を「類似業種比準方式」という。）。

これに対し，評価通達178ただし書（平成29年課評2－12ほかによる改正前のもの），188，188－2は，上記の原則的な評価方法の例外として，「同族株主以外の株主等が取得した株式」の価額は，その株式に係る年配当金額を基として算定する配当還元価額によって評価するものとする（以下，この評価方法を「配当還元方式」という。）。そして，評価通達188は，「同族株主以外の株主等が取得した株式」につき，評価通達188の(1)～(4)のいずれかに該当する株式をいうものとし，その内容について大要以下のとおり定める（以下，評価通達188の(1)～(4)が掲げる株式を保有する株主を「少数株主」という。）。

▶ **少数株主にあたるかどうかの議決権割合**

本件で問題となったのは，次の点です。これらの通達の規定によって，A社の株式の譲渡時時点における「時価」を計算する際に，通達の規定の文言をそのまま読むと，財産評価基本通達の定めが参照されています。そのため，その資産を取得した時点の基準に，「少数株主」に該当するかどうかを判断することになるようにみえるのです。この基準によれば，資産を取得した側の状況からみて，「少数株主」該当性として議決権割合を判断することになります。

そうすると，財産評価基本通達の「取引相場のない株式」の分類にし

たがえば，「**配当還元方式**」が適用されることになります。

納税者はこの「配当還元方式」の適用を主張しました。配当還元方式は，配当に対する期待程度しかない少数株主がもつ取引相場のない株式に対する価値を「配当」ベースで評価するものです。

この方式によれば，A社の株式は，1株あたりの株式の時価は75円（1株75円）になります。

実際に，BはC社に対して，A社株式を1株75円で72万5000株を譲渡していました。その結果，代金の合計額は5437万5000円だったのです。

これに対して課税庁は，資産を譲渡した時の価額（時価）は，譲渡所得の課税の場面であることを強調します。そして，資産を譲渡する直前の状況を前提に，配当還元方式が適用されることになる「少数株主」にあたるかどうかを判断すべきと主張しました。

たしかに，財産評価基本通達は，そもそも相続税や贈与税の課税価格を計算するために定められたものです。つまり，資産を取得したときの財産の評価方法として，時価の計算方法を示したものです。

これに対して本件では，個人が法人に低額譲渡をした場合に時価で課税されることを定めた，所得税法の規定の適用の有無が問題になっています。

▶ 譲渡所得課税の趣旨─清算課税説

所得税法が定める譲渡所得課税の趣旨は，保有期間中に生じた当該資産の値上がり益（キャピタル・ゲイン）を譲渡の際に清算して課税するものであると解されています。（**清算課税説**）。

これはあとでみるように，タキゲン事件の最高裁判決でも示されていますが，長年にわたる最高裁判例の蓄積のもとに成り立つ**判例法理**（最

高裁で確立した考え方）といえます。たとえば，夫の特有財産（民法762条1項。夫婦の一方が婚姻前から有する財産あるいは婚姻中自己の名で得た財産のこと。特有財産は，夫婦の一方が単独で所有権をもちます。）である不動産を，離婚の際に財産分与したことが譲渡所得（所得税法33条1項）にあたると判示した最高裁昭和50年判決をみると，次のように説示されています。

> ◇ **最高裁昭和50年5月27日第三小法廷判決・民集29巻5号641頁**
> 　譲渡所得に対する課税は，資産の値上りによりその資産の所有者に帰属する増加益を所得として，その資産が所有者の支配を離れて他に移転するのを機会に，これを清算して課税する趣旨のものであるから，その課税所得たる譲渡所得の発生には，必ずしも当該資産の譲渡が有償であることを要しない（最高裁昭和41年（行ツ）第102号同47年12月26日第三小法廷判決・民集26巻10号2083頁参照）。したがつて，所得税法33条1項にいう「資産の譲渡」とは，有償無償を問わず資産を移転させるいつさいの行為をいうものと解すべきである。

▶ 主張の分岐点

　このような譲渡所得課税という観点からみると，財産評価基本通達が定める取得した資産に対する相続税や贈与税についての課税価格計算とは，少し異なる問題状況に本件はあることがわかります。

　そこで，課税庁は譲渡する直前の譲渡人であるBが少数株主に当たるかどうかを検討し，A社の代表取締役であり，少数株主とはならなかったBの議決権割合を前提に，「**類似業種比準方式**」が適用されると主張しました。

　そして，類似業種比準方式が適用されると，1株あたりのA社の株式の譲渡時の時価は2505円（1株2505円）になると，課税庁は主張しまし

た（所轄税務署長が行った構成処分では，1株2990円であるとされていたのですが，不服申立ての段階で1株2505円であると認定がされ，更正処分の一部が税務署長による異議決定で取り消されていました）。

【タキゲン事件における当事者の主張】

	評価方法	A社株式の時価	売買合計額
納税者	配当還元方式 （例外）	1株 75円	5437万円
課税庁	類似業種比準方式（原則）	1株2505円	18億1612万円

このように1株当たり2505円で72万5000株を売ったことになると，その合計の額は，18億1612万5000円であったことになります。

課税庁が主張するように，もし時価が1株2505円であったのであれば，**1株75円**で譲渡された本件の株式の売買は時価の2分の1未満で行われた資産の譲渡にあたります。つまり，「低額譲渡」として，みなし譲渡の規定が適用されることになります。これが，課税庁の主張でした。

▶ 最高裁の判断

最高裁は，所得税法59条1項2号の規定の趣旨を重視し，通達の規定を文理解釈するべきという納税者の主張を排斥しました。次のとおりです（最高裁令和2年判決）。

◇ **タキゲン事件上告審判決（最高裁令和2年3月24日第三小法廷判決・集民263号63頁）**
　譲渡所得に対する課税は，資産の値上がりによりその資産の所有者に帰属する増加益を所得として，その資産が所有者の支配を離れて他に移転するのを機会に，これを清算して課税する趣旨のものである（最高裁昭和41年（行ツ）第8号同43年10月31日第一小法廷判決・裁判集民事

92号797頁，最高裁同41年（行ツ）第102号同47年12月26日第三小法廷判決・民集26巻10号2083頁等参照）。すなわち，譲渡所得に対する課税においては，資産の譲渡は課税の機会にすぎず，その時点において所有者である譲渡人の下に生じている増加益に対して課税されることとなるところ，所得税法59条1項は，同項各号に掲げる事由により譲渡所得の基因となる資産の移転があった場合に当該資産についてその時点において生じている増加益の全部又は一部に対して課税できなくなる事態を防止するため，「その時における価額」に相当する金額により資産の譲渡があったものとみなすこととしたものと解される。

……評価通達は，相続税及び贈与税の課税における財産の評価に関するものであるところ，取引相場のない株式の評価方法について，原則的な評価方法を定める一方，事業経営への影響の少ない同族株主の一部や従業員株主等においては，会社への支配力が乏しく，単に配当を期待するにとどまるという実情があることから，評価手続の簡便性をも考慮して，このような少数株主が取得した株式については，例外的に配当還元方式によるものとする。そして，評価通達は，株式を取得した株主の議決権の割合により配当還元方式を用いるか否かを判定するものとするが，これは，相続税や贈与税は，相続等により財産を取得した者に対し，取得した財産の価額を課税価格として課されるものであることから，株式を取得した株主の会社への支配力に着目したものということができる。

これに対し，本件のような株式の譲渡に係る譲渡所得に対する課税においては，当該譲渡における譲受人の会社への支配力の程度は，譲渡人の下に生じている増加益の額に影響を及ぼすものではないのであって，前記の譲渡所得に対する課税の趣旨に照らせば，譲渡人の会社への支配力の程度に応じた評価方法を用いるべきものと解される。

そうすると，譲渡所得に対する課税の場面においては，相続税や贈与税の課税の場面を前提とする評価通達の前記の定めをそのまま用いることはできず，所得税法の趣旨に則し，その差異に応じた取扱いがされるべきである。

引用が，少し長めになりました。最高裁令和2年判決の解釈は，通達

規定の読み方を書かれている内容から，少し修正する必要があります。通達の文理どおりではない，ということです。

しかし，あとでみる宇賀裁判官の補足意見によれば，そもそも通達の規定にも財産評価基本通達の「**例による**」と書いてありました。

そうすると，そのまま財産評価基本通達の規定通りに読まなければいけないというわけでもなかったという説明は，一応可能になります。

▶ 養老保険事件との関係

このような問題は，「法律と通達の関係」で考えると，**養老保険事件**（第15章）の**最高裁平成24年判決**が思い起こされますよね。

養老保険事件でも，下級審では，施行令や通達の規定を重視し，所得税法の解釈を行うことで，納税者の主張が認められていました。

会社が負担してくれた保険料まで，現実に負担をしていない役員の一時所得の計算上，総収入金額から控除できるという結論でした。

これに対して養老保険事件の最高裁平成24年判決は，税法の解釈は法律の規定の下位規範である施行令や行政解釈に過ぎない通達の規定から導かれるものではなく，法律である税法の規定の文言や趣旨から解釈すべきと考えていました。

この考え方をタキゲン事件に敷衍すると，どうでしょう。所得税法が定める譲渡所得課税の趣旨が，保有期間中に生じていた値上がり益（キャピタル・ゲイン）について，その資産を手放す（他者に移転する）譲渡時に清算するものです。

そして，低額譲渡のみなし譲渡規定は，そのようなキャピタルゲインを正確に把握するための規定です。そうすると，資産を譲渡するときの状況を前提に，時価は把握されるべきということになるでしょう。

➡ **タキゲン事件の第1審判決**

　このような考え方を明言していたのが，タキゲン事件の第1審判決になります。

◇ **タキゲン事件第1審判決（東京地裁平成29年8月30日判決・税務訴訟資料267号13045）**

　……<u>所得税基本通達59－6が上記の評価通達に定められた取引相場のない株式の評価方法を適用する際の一定の条件として規定した内容の合理性について検討すると，そもそもそのような</u>一定の条件を設けたのは，<u>評価通達が本来的には相続税や贈与税の課税価格の計算の基礎となる財産の評価に関する基本的な取扱いを定めたものであって，譲渡所得の収入金額の計算とは適用場面が異なることから，評価通達を譲渡所得の収入金額の計算の趣旨に則して用いることを可能にするためであると解される。</u>

　すなわち，<u>相続税や贈与税が，相続や贈与による財産の移転があった場合にその財産の価額を課税価格としてその財産を取得した者に課される税であるのに対し，譲渡所得に対する課税は，資産の値上がりによりその資産の所有者に帰属する増加益（キャピタル・ゲイン）を所得として，その資産が所有者の支配を離れて他に移転するのを機会に，これを清算してその譲渡人である元の所有者に課税する趣旨のものと解されるのであって（最高裁昭和41年（行ツ）第102号同47年12月26日第三小法廷判決・民集26巻10号2083頁，最高裁昭和47年（行ツ）第4号同50年5月27日第三小法廷判決・民集29巻5号641頁参照），そのような課税の趣旨からすれば，譲渡所得の基因となる資産についての低額譲渡の判定をする場合の計算の基礎となる当該資産の価額は，当該資産を譲渡した後の譲受人にとっての価値ではなく，その譲渡直前において元の所有者が所有している状態における当該所有者（譲渡人）にとっての価値により評価するのが相当であるから，評価通達188の(1)～(4)の定めを取引相場のない株式の譲渡に係る譲渡所得の収入金額の計算上当該株式のその譲渡の時における価額の算定に適用する場合には，各定め中「（株主の）取得した株式」とあるのを「（株主の）有していた株式で譲渡に</u>

供されたもの」と読み替えるのが相当であり，また，各定め中のそれぞれの議決権の数も当該株式の譲渡直前の議決権の数によることが相当であると解される。

　このように第1審判決は，所得税基本通達の規定が参照する財産評価基本通達の規定について，文言どおりに読むべきではなく，所得税法の規定の趣旨に照らした「**読み替え**」を求めるものでした。
　そして，「譲渡直前の議決権の数」を基準に「少数株主」といえるかを判断する考え方を採用しました（最高裁判決と同じ考え方です）。

▶　**タキゲン事件の控訴審判決**

　これに対して，差戻し前の控訴審判決は異なる解釈を行い，納税者の請求を認容していました。

◇　**タキゲン事件差戻前控訴審判決**（東京高裁平成30年7月19日判決・税務訴訟資料268号順号13172）
　……租税法規の解釈は原則として文理解釈によるべきであり，みだりに拡張解釈や類推解釈を行うことは許されないと解されるところ，所得税基本通達及び評価通達は租税法規そのものではないものの，課税庁による租税法規の解釈適用の統一に極めて重要な役割を果たしており，一般にも公開されて納税者が具体的な取引等について検討する際の指針となっていることからすれば，課税に関する納税者の信頼及び予見可能性を確保する見地から，上記各通達の意味内容についてもその文理に忠実に解釈するのが相当であり，通達の文言を殊更に読み替えて異なる内容のものとして適用することは許されないというべきである。

　通達の規定であっても，納税者に納税者の課税に対する予測可能性の観点から，やはり規定の文言を重視して読むべきである。第1審判決の

ような「読み替え」は許されない。こういう考え方を，控訴審は採用したのです。

そのうえで，次のように判示し，配当還元方式が適用されるための「少数株主」該当性の判断については，「株式の取得者の取得後の議決権割合」で判断すべきとしました。

◇ **タキゲン事件差戻前控訴審判決（東京高裁平成30年7月19日判決・税務訴訟資料268号順号13172）**

本件においては，本件株式が評価通達188の(3)の株式に該当するかどうかが争われているところ，上記のとおり，所得税基本通達59－6の(1)が，評価通達188の(1)に定める「同族株主」に該当するかどうかについて株式を譲渡した個人の当該譲渡直前の議決権の数により判定する旨を定める一方で，同(2)から(4)までについて何ら触れていないことからすれば，同(3)の「同族株主のいない会社」に当たるかどうかの判定（会社区分の判定）については，それが同(1)の「同族株主のいる会社」の対概念として定められていることに照らし，所得税基本通達59－6の(1)により株式譲渡直前の議決権の数により行われるものと解されるとしても，「課税時期において株主の1人及びその同族関係者の有する議決権の合計数が，その会社の議決権総数の15％未満である場合におけるその株主の取得した株式」に該当するかどうかの判定（株主区分の判定）については，その文言どおり，株式の取得者の取得後の議決権割合により判定されるものと解するのが相当である。

▶ **下級審の判断の分岐点**

下級審の判断の分岐点を，整理しておきましょう。それぞれの判示をまとめると，異なる点は，以下の表のとおりです。

【下級審の判断】

	財産評価基本通達の読み方	少数株主判定の議決権数
第1審	読み替える（譲渡所得の趣旨）	譲渡直前の譲渡人（B）
控訴審	文理解釈　（予測可能性）	取得後の取得者　（C社）

　このように配当還元方式が適用されるための議決権割合の基準について裁判所ごとに異なる解釈がなされました。こうして，**第1審は課税庁の主張を認めて類似業種比準方式を採用**し，**控訴審は納税者の主張を認めて配当還元方式を採用**したのです。

　そうすると，第1審では，A社の株式の時価は1株2505円になります。これを1株75円で譲渡したのは（時価の2分の1未満での）「低額譲渡」にあたるとされました。一方で，控訴審では，時価と同じ価額（1株75円）で譲渡された取引に過ぎないことになり，「低額譲渡」にあたらないとされたのです。

▶ 事実認定における通達規定の参照

　さて，控訴審の判決です。なるほど，通達の規定を文言どおりに読む解釈（第1審のような読み替えをしない解釈）も，納税者の課税に対する予測可能性を保護する観点からみれば，傾聴に値する考え方といえるかもしれません。

　しかし，租税法律主義の下では，課税の根拠としての**法源**は，あくまで国会が制定した「**法律**」の規定に限られることになります。

　そして，タキゲン事件で適用された所得税法の規定を前提にすると，時価の2分の1未満の資産の譲渡であることが**課税要件**です。そして，その時価の算定方法は，通達の定めに詳細な計算式があるので，その方

法に合理性があればこれを採用するという議論が前提になっていました。

ここでは，課税要件の解釈（**法解釈**）が問題になっているというよりも，課税要件として所得税法が定めた「時価」の認定の方法（**事実認定**）について，合理性のある通達規定の参照の仕方が問題になっているといえるでしょう。

前提問題ではありますが，第1審でも控訴審でも，次のように判示されていました。時価の計算方法を定めた通達の規定が，なぜ効力をもつことになるのかを示す解釈の前提の理解として意味があります。

まず，第1審です。

> ◇ **タキゲン事件第1審判決（東京地裁平成29年8月30日判決・税務訴訟資料267号13045）**
>
> 　所得税基本通達59-6がこのような取扱いを定めている趣旨は，取引相場のない株式は通常売買実例等に乏しく，その客観的交換価値を的確に把握することが容易ではないため，その評価方法についての国税当局の内部的な取扱いを相続税等の課税対象となる財産の評価について定めた評価通達の例に原則として統一することで，回帰的かつ大量に発生する課税事務の迅速な処理に資するとともに，公開された画一的な評価によることで，納税者間の公平を期し，また納税者の申告・納税の便宜を図るという点にあると解される。
>
> 　このような上記通達の趣旨に鑑みれば，取引相場のない株式について，所得税基本通達59-6が定める条件の下に適用される評価通達に定められた評価方法が，取引相場のない株式の譲渡に係る譲渡所得の収入金額の計算において当該株式のその譲渡の時における客観的交換価値を算定する方法として一般的な合理性を有するものであれば，その評価方法によってはその客観的交換価値を適正に算定することができない特別な事情がある場合でない限り，その評価方法によって算定された価額は，当該譲渡に係る取引相場のない株式についての所得税法59条1項にいう「その時における価額」として適正なものであると認めるのが相当で

ある。

次に、控訴審です。

◇ **タキゲン事件差戻前控訴審判決（東京高裁平成30年7月19日判決・税務訴訟資料268号順号13172）**
　所得税基本通達59－6がこのような取扱いを定めている趣旨は、取引相場のない株式は通常売買実例等に乏しいことなどから、その客観的交換価値を的確に把握することが容易ではないため、その評価方法についての国税当局の内部的な取扱いを相続税等の課税対象となる財産の評価について定めた評価通達の例に原則として統一することで、回帰的かつ大量に発生する課税事務の迅速な処理に資するとともに、公開された画一的な評価によることで、納税者間の公平を期し、また納税者の申告・納税の便宜を図るという点にあると解される。
　このような上記通達の趣旨に鑑みれば、取引相場のない株式について、所得税基本通達59－6が定める条件の下に適用される評価通達に定められた評価方法が、取引相場のない株式の譲渡に係る譲渡所得の収入金額の計算において当該株式のその譲渡の時における客観的交換価値を算定する方法として一般的な合理性を有するものであれば、その評価方法によってはその客観的交換価値を適正に算定することができない特別な事情がある場合でない限り、その評価方法によって算定された価額は、当該譲渡に係る取引相場のない株式についての所得税法59条1項にいう「その時における価額」として適正なものであると認めるのが相当である。

　同じような文章ですが、「時価」の評価は法的三段論法にいう「事実認定」の問題なのです。その前提で、合理的な時価の算定方法といえる通達規定の参照の仕方が問題になっていたことが、わかると思います。

▶ タキゲン事件で再び最高裁の判断がされた意味

さて，このように考えると，タキゲン事件の最高裁判決の考え方には，租税法律主義の下における「法律と通達の関係」について，重要な判断が含まれているといえるでしょう。

養老保険事件（第15章）の続編として，再び最高裁判決で判示がされたことには，理由がありました。

両者の根底にある考え方は，同じです。しかし，現実に問題となった場面として考えると，タキゲン事件の方がより複雑な問題を抱えていたからです。

判決では明示されていませんが，所得税法が定めた課税要件としての「時価」の事実認定を行う際に，参照されるべき算定方法として通達の規定の参照の仕方が問題になりました。これが，タキゲン事件の本質部分でしたね。

この点は，養老保険事件が所得税法の定める一時所得の金額の計算において控除される「その収入を得るために支出した金額」（支出金額）が，収入を得た本人が負担したものに限られるかという「**法解釈**」が問題になっていたのと異なります。その法解釈の1つとして，政令や通達の規定が参照されるべきかが養老保険事件では，問題になっていたのです。

▶ 2つの補足意見

時価の認定が「**事実認定**」であることについては言及はされていませんが，タキゲン事件の最高裁判決には，この事件に含まれる問題について，2つの**補足意見**が示されています。

1つめは，行政法学者としても著名な**宇賀克也裁判官の補足意見**です。

◇ **タキゲン事件上告審判決（最高裁令和2年3月24日第三小法廷判決・集民263号63頁）・宇賀克也裁判官の補足意見**

　原審は，租税法規の解釈は原則として文理解釈によるべきであり，みだりに拡張解釈や類推解釈を行うことは許されないとし，通達の意味内容についてもその文理に忠実に解釈するのが相当であり，通達の文言を殊更に読み替えて異なる内容のものとして適用することは許されないという。原審のいう租税法規の文理解釈原則は，法規命令については，あり得べき解釈方法の一つといえよう。しかし，通達は，法規命令ではなく，講学上の行政規則であり，下級行政庁は原則としてこれに拘束されるものの，国民を拘束するものでも裁判所を拘束するものでもない。確かに原審の指摘するとおり，通達は一般にも公開されて納税者が具体的な取引等について検討する際の指針となっていることからすれば，課税に関する納税者の信頼及び予測可能性を確保することは重要であり，通達の公表は，最高裁昭和60年（行ツ）第125号同62年10月30日第三小法廷判決・裁判集民事152号93頁にいう「公的見解」の表示に当たり，それに反する課税処分は，場合によっては，信義則違反の問題を生ぜしめるといえよう。しかし，そのことは，裁判所が通達に拘束されることを意味するわけではない。さらに，所得税基本通達59－6は，評価通達の「例により」算定するものと定めているので，相続税と譲渡所得に関する課税の性質の相違に応じた読替えをすることを想定しており，このような読替えをすることは，そもそも，所得税基本通達の文理にも反しているとはいえないと考える。

　もっとも，租税法律主義は課税要件明確主義も内容とするものであり，所得税法に基づく課税処分について，相続税法に関する通達の読替えを行うという方法が，国民にとって分かりにくいことは否定できない。課税に関する予見可能性の点についての原審の判示及び被上告人らの主張には首肯できる面があり，より理解しやすい仕組みへの改善がされることが望ましいと思われる。

続いて，国際租税法の著書などもある税務訴訟の弁護士として著名な**宮崎裕子裁判官の補足意見**です。

◇ タキゲン事件上告審判決（最高裁令和2年3月24日第三小法廷判決・集民263号63頁）・宮崎裕子裁判官の補足意見

　法廷意見で指摘しているとおり，所得税法に基づく譲渡所得に対する課税と相続税法に基づく相続税，贈与税の課税とでは，課税根拠となる法律を異にし，それぞれの法律に定められた課税を受けるべき主体，課税対象，課税標準の捉え方等の課税要件も異にするという差異がある。その点を踏まえると，所得税法適用のための通達の作成に当たり，相続税法適用のための通達を借用し，しかもその借用を具体的にどのように行うかを必ずしも個別に明記しないという所得税基本通達59－6で採られている通達作成手法には，通達の内容を分かりにくいものにしているという点において問題があるといわざるを得ない。本件は，そのような通達作成手法の問題点が顕在化した事案であったということができる。租税法の通達は課税庁の公的見解の表示として広く国民に受入れられ，納税者の指針とされていることを踏まえるならば，そのような通達作成手法については，分かりやすさという観点から改善が望まれることはいうまでもない。

　……所得税基本通達59－6には上記の問題があることが認められるものの，より重要なことは，通達は，どのような手法で作られているかにかかわらず，課税庁の公的見解の表示ではあっても法規命令ではないという点である。そうであるからこそ，ある通達に従ったとされる取扱いが関連法令に適合するものであるか否か，すなわち適法であるか否かの判断においては，そのような取扱いをすべきことが関連法令の解釈によって導かれるか否かが判断されなければならない。税務訴訟においても，通達の文言がどのような意味内容を有するかが問題とされることはあるが，これは，通達が租税法の法規命令と同様の拘束力を有するからではなく，その通達が関連法令の趣旨目的及びその解釈によって導かれる当該法令の内容に合致しているか否かを判断するために問題とされているからにすぎない。そのような問題が生じた場合に，最も重要なことは，当該通達が法令の内容に合致しているか否かを明らかにすることである。通達の文言をいかに文理解釈したとしても，その通達が法令の内容に合致しないとなれば，通達の文理解釈に従った取扱いであることを理由としてその取扱いを適法と認めることはできない。このことからも分かる

ように，租税法の法令解釈において文理解釈が重要な解釈原則であるのと同じ意味で，文理解釈が通達の重要な解釈原則であるとはいえないのである。

このような文章を読むと，2つの補足意見のなかで，租税法律主義の下における「法律と通達の関係」が，養老保険事件と若干重なるかたちではありますが，より明確に説明されていることがわかります。

他方で，通達の規定のわかりにくさが読みにくさから生じてしまっていたことについては，これを是正すべきではないかという問題提起が，いずれの補足意見でもされています。

実際に，この通達の規定は，この最高裁令和2年判決を受けて，改正がされました。

差戻審の判断

さて，本論に話を戻しましょう。タキゲン事件の最高裁判決では，時価の算定について，東京高裁に差戻しが命じられていました。

◇ **タキゲン事件上告審判決（最高裁令和2年3月24日第三小法廷判決・判例タイムズ1478号21頁）**
……本件株式譲渡の時における本件株式の価額等について更に審理を尽くさせるため，上記部分につき本件を原審に差し戻すこととする。

これを受けた東京高裁の差戻審判決では，次のような判示がされました。

こうして結局，類似業種比準方式による1株2505円が時価であるという認定がなされ，更正処分は適法と判断されました。

◇ タキゲン事件差戻控訴審判決（東京高裁令和3年5月20日判決・税務訴訟資料271号順号13564）
　以上に検討してきたところによれば，所得税法59条1項2号の適用に当たって，本件株式譲渡の時における本件株式の価額は1株当たり2505円と評価される。そして，本件株式譲渡の対価である1株当たり75円はその2分の1に満たないから，本件株式譲渡は，同号の低額譲渡に当たる。

▶ 時価とは？

　タキゲン事件に含まれる問題は，これまで述べてきたように，大きく括れば「**法律と通達の関係**」です。養老保険事件と異なるのは，あくまで通達の規定は時価の計算方法を定めていたものに過ぎない点です。**課税要件の解釈（法解釈）として参考になる行政解釈があったのではなく，事実認定の方法が問題になった点に，この事件の特色があります。**

　「時価」とは，客観的な交換価値をいうと解釈されています。これまで触れてきませんでしたが，タキゲン事件でも，この点について，次のような判示がされていました。

◇ タキゲン事件差戻控訴審判決（東京高裁令和3年5月20日判決・税務訴訟資料271号順号13564）
　所得税法59条1項は，同項2号の低額譲渡，すなわち，譲渡の時における価額の2分の1に満たない金額（所得税法施行令169条）による法人に対する資産の譲渡があった場合には，その譲渡した者の譲渡所得等の金額の計算については，その譲渡があった時に，その時における価額に相当する金額により，当該資産の譲渡があったものとみなす旨を定めている。ここにいう「その時における価額」とは，当該譲渡の時における当該資産の客観的交換価値，すなわち，それぞれの資産の現況に応じ，不特定多数の独立当事者間の自由な取引において通常成立すると認

められる価額（時価）を意味するものと解される。

▶ 時価評価と税務行政

このような時価について，税法がその計算方法を定めている場面は，相続税や贈与税について定めた相続税法の規定の一部にあるに過ぎません（同法23条−26条。**法定評価**）。こうした法定評価の規定がない限り，時価の認定は，基本的に「**事実認定**」の問題になるはずです。リーガルマインドで税務判例を読み解く鍵になる法的三段論法でいえば，「**小前提**」の議論ですね。

しかし，事実認定の問題に丸投げしてしまうと，大量反復に画一的になさる税務行政には，支障が生じてしまいます。全国に524ある税務署ごとに，時価の算定方法が異なるおそれが生じてしまうからです。

税務署ごとに，あるいは納税者や事例ごとに判断が異なることがないように，財産評価の通達はあります。公平で平等な課税を実現する目的といえるでしょう。そうすると，納税者にとっても，課税庁が採用している計算式が明示されることが望ましいわけです。こうした観点からも，財産評価基本通達を中心とした通達の定めには，意義があります。

一方で，こうした法令そのものではない財産評価基本通達の時価評価を逆手に取るスキームもあらわれます。たとえば，資産家が相続税の評価額を圧縮し，相続税価格の計算において控除が認められる借入れなども同時に行うことで，6億円の課税価格を0にする。このような，多額の節税を実現しようとした例も，実際にあらわれています。

こうした問題が，さらに残されます。あとでみる第19章の節税マンション事件（最高裁令和4年判決）が，この問題の続編として登場することになります。

column17：行政解釈としての通達

　文理解釈は，税法解釈の基本である。そこには，他の法令の解釈の原則とは異なる重要性が含まれている。恣意的な課税を禁止する租税法律主義（憲法84条）の要請である。他方で，文理解釈を盾に金科玉条のように言葉のみにこだわると，法文として制定された原点を軽視するおそれも生じる。リーガルマインドで税務判例を読み解くためには，なんでも文理解釈といえば済むわけではない。

　ホステス源泉徴収事件が「租税法規」について文理解釈が重要であると説いたことには，2つの意味がある。1つは，税法以外の法解釈とは異なる解釈の特殊性が税法にはあること。もう1つは，内閣が制定した政令が「租税法規」に含まれるとしても（同事件では含まれることが前提とされていた），国税庁長官の税務署職員に対する内部命令（行政解釈）である通達まで含まれることにはならないことである。

　後者については，養老保険事件（第15章）の最高裁平成24年判決，タキゲン事件（本章）の最高裁令和2年判決とあわせ読むことで（通達は「租税法規」に含まれないことが）明確になる。しかし，タキゲン事件の控訴審では，通達規定を文理解釈すべきとの判断が下されていた。こうした考えを最高裁は拒絶したのであるが，かといって，通達規定が「行政解釈」として現実の税務行政で担う役割を否定したわけではない。

　通達規定は，税務行政の基礎になる。統一した行政解釈による画一的な取扱いは，租税平等主義（平等原則）からの要請になっている。この点が示されることになるのが，節税マンション事件（第19章）の最高裁令和4年判決である。

第18章
クラヴィス事件

公正処理基準と手続規定の解釈とは？

本章で学ぶポイント

　法人税額を計算するにあたっては，各事業年度の法人の所得の金額を計算することが必要になります。

　法人税法はこの点について，益金の額から損金の額を控除して計算すると定めています。そのうえで益金の額についても，損金の額についても，「一般に公正妥当と認められる会計処理の基準」によることも，法人税法は定めています。この「一般に公正妥当と認められる会計処理の基準」を，「公正処理基準」といいます。

　法人税法では，これまでみてきた「税務判例の読み方」とは少し異なる独特の部分として，「公正処理基準」にあたるかどうかを検討することが重要になる場面もあります。

　申告をした段階の所得金額の計算に影響を与える「後発的な事象」が生じた場合，その事象が起きた事業年度の損金の額に算入する処理を行う「前期損益修正」と，当初行った確定申告の段階にさかのぼって益金の額を減額する「過年度遡及処理」の2つの是正方法があります。いずれも，公正処理基準の該当性として問題になります。

　クラヴィス事件では，こうした後発的な事象が生じた場合に，法人税法では，一般的に「前期損益修正」によると解されていることを前提にしながらも，消費者金融の会社がすでに破産して清算されることが前提となっていた特殊事情を考慮し，例外的に「過年度遡及処理」によるべきではないかが問題になりました。

　裁判所の判断は，下級審で分かれました。ここで学ぶポイントは，「公正処理基準」をどのようにとらえるべきなのかです（簡単なようで，じつは難解な問題でもあります）。

　クラヴィス事件では，「更正の請求」という納税者が過大な申告を行った場合に行うことができる「事後的是正の方法」が使われていました。税務署長はこれを認めず，更正をすべき理由がない旨の通知をしたので，この通知処分の取消しを求める訴訟が起きたのです。

　この点で，手続規定である「更正の請求」の規定をどのように読むべ

きかについても，問題になりました。「違法所得」を得た納税者が，課税されたあとに不当利得の返還に応じた場合の是正措置の問題です。

本書ではあまりみてこなかった手続規定の解釈方法として，更正の請求の手続規定の要件（手続要件）に「経済的成果の喪失」を読み込んだ，控訴審判決にも注目してみましょう。

- ● 最 高 裁　　令和2年7月2日第一小法廷判決・民集74巻4号1030頁
- ○ 大阪高裁　　平成30年10月19日判決・判例タイムズ1458号124頁
- ● 大阪地裁　　平成30年1月15日判決・税務訴訟資料268号順号13107

> **本章のキーワード：公正処理基準，手続要件の解釈（救済解釈の法理）**
>
> 　公正処理基準とは，法人税法22条4項の定める「一般に公正妥当と認められる会計処理の基準」を指します。
>
> 　法人税の課税標準（課税の対象である課税物件に税率を適用するために数値化されたもの）である「各事業年度の所得金額」（法人税法21条）は，「益金の額」から「損金の額」を控除することで計算されます（同法22条1項）。この益金の額についても，損金の額についても，法人税法に「別段の定め」がある場合を除き，原則として公正処理基準によることが定められているのです（法人税法22条4項）。
>
> 　しかし，法人税法は，企業会計（会計基準）を尊重しながらも，そのまま採用しているわけではありません。このことが，公正処理基準の解釈適用が争われた裁判例の傾向には，反映されています。
>
> 　一般的な税法の解釈と異なり，「一般に公正妥当な」という抽象的な文言があるだけの公正処理基準の解釈は，ときに難解さを示します。
>
> 　クラヴィス事件で裁判所の判断が分かれたのは，最高裁平成5年判決（大竹貿易事件）の先例が，公正処理基準は1つだけではない（複数あり得る）と述べていたことを，クラヴィス事件の控訴審判決が前提にしたからです。
>
> 　しかし，最終的にクラヴィス事件の最高裁令和2年判決では，これからみるように，法人税法の規定が許容していない過年度遡及処理を「公

第18章　クラヴィス事件

正処理基準」として扱うことは，許されないと判断されました。公正処理基準にあたるかどうかの判断で，法人税法の規定の趣旨（枠組み）を解釈しなければならないという，1つのハードルが付加された。そんな印象が残る判断枠組みです。

　手続要件の解釈についても，文理解釈の原則がそのまま妥当するのでしょうか。要件を充足すると納税義務が成立することになる課税要件を定めた所得税法や法人税法などの「実体法」の規定の解釈とは，「手続法」の場合，少し異なる部分もあると考えられます。

　更正の請求の規定は，納税者が行った過大申告を是正して減額更正が認められるための手続要件を定めています。この点では，納税義務の成立にも結果的には直結する重要な規定になっています。

　しかし，手続規定は，実体法の課税要件を定めた規定に不備があれば課税されないですむだけであるのと異なり，すべてを書き尽くしているわけではありません。そのため，「課税されるべきでないものに，課税されてしまう」手続規定の不備がある場合が起きてしまいます。いわゆる「法の不備」（あるべき法がない状態）です。

　そのような場合に，（不備により課税されてしまう）文理解釈をせずに，（不備を解釈で補う）納税者を救済する解釈が行われる場合があります（救済解釈の法理）。

▶ 概要

クラヴィス事件の事例のポイントは，次のとおりです。

クラヴィスという消費者金融の株式会社が，過去の事業年度において，消費者から受け取っていた利息制限法に違反する制限超過利息（**過払金**）を，益金の額に算入し，法人税も納めてきました。

しかし，のちに破産手続が開始されると，破産債権者である消費者に対して過払金として返還すべき債権の額が確定すると，破産管財人によって，その一部を返還する配当が行われました。

▶ 違法所得の扱い

法人税法上の取扱いとしてみると，**違法所得**（違法に得た所得）であっても，当事者間で現実にこれを有効なものとする取扱いが行われている限り，税法上はこれを所得として認識すべきと解釈されています。**（所得の経済的把握）**。これは，本件の前提問題です。

この点については，次の2つの最高裁判決があり，確立した先例として定着した考え方となっています（**判例法理**）。

◆ **最高裁昭和38年10月29日第三小法廷判決・集民68号529頁**

> おもうに，税法の見地においては，課税の原因となつた行為が，厳密な法令の解釈適用の見地から，客観的評価において不適法，無効とされるかどうかは問題でなく，税法の見地からは，課税の原因となつた行為が関係当事者の間で有効のものとして取り扱われ，これにより，現実に課税の要件事実がみたされていると認められる場合であるかぎり，右行為が有効であることを前提として租税を賦課徴収することは何等妨げられないものと解すべきである。たとえば，所得税法についていえば，売買による所得が問題となる場合，右売買が民商法の厳密な解釈，適用上無効とされ，或いは物価統制令の見地から不適法とされる場合でも，当

事者間で有効として取り扱われ，代金が授受され，現実に所得が生じているとみられるかぎり，右売買が有効であることを前提として所得税を賦課することは何等違法ではない。

◆ **最高裁昭和46年11月9日第三小法廷判決・民集25巻8号1120頁**
　課税の対象となるべき所得を構成するか否かは，必ずしも，その法律的性質いかんによつて決せられるものではない。当事者間において約定の利息・損害金として授受され，貸主において当該制限超過部分が元本に充当されたものとして処理することなく，依然として従前どおりの元本が残存するものとして取り扱つている以上，制限超過部分をも含めて，現実に収受された約定の利息・損害金の全部が貸主の所得として課税の対象となるものというべきである。

　このような先例（**最高裁昭和38年判決〔違法所得事件〕・最高裁昭和46年判決〔制限超過利息事件〕**）に基づき，クラヴィスが消費者から得ていた制限超過利息（違法所得）についても，「所得」と納税者自身も認識した法人税の確定申告を行い，これに基づく納税がなされてきました。

　とはいえ，私法上の法律関係としてみれば，次の条文にあるように，違法所得は不当利得として返還すべきものになります（民法703条）。

◆ **民法703条**
　法律上の原因なく他人の財産又は労務によって利益を受け，そのために他人に損失を及ぼした者（以下この章において「受益者」という。）は，その利益の存する限度において，これを返還する義務を負う。

　制限超過利息は，消費者からその返還を求められれば，返さなければいけません。このことは，法律上否めません。

➡ **所得税法の定め**

　この点については，所得税の場合には返還した場合の手続規定があり，事業所得等の継続的に収入が発生され得る債権（**事業債権**）については，現実にその返還を行った事業年度の「必要経費」に算入する扱いが定められています（**前期損益修正**）。

◆ **所得税法51条2項**
　居住者の営む不動産所得，事業所得又は山林所得を生ずべき事業について，その事業の遂行上生じた売掛金，貸付金，前渡金その他これらに準ずる債権の貸倒れその他政令で定める事由により生じた損失の金額は，その者のその損失の生じた日の属する年分の不動産所得の金額，事業所得の金額又は山林所得の金額の計算上，必要経費に算入する。

◆ **所得税法施行令141条3号**
　法第51条第2項（資産損失の必要経費算入）に規定する政令で定める事由は，次に掲げる事由で不動産所得，事業所得又は山林所得を生ずべき事業の遂行上生じたものとする。
（略）
三　不動産所得の金額，事業所得の金額若しくは山林所得の金額の計算の基礎となつた事実のうちに含まれていた無効な行為により生じた経済的成果がその行為の無効であることに基因して失われ，又はその事実のうちに含まれていた取り消すことのできる行為が取り消されたこと。

　これに対して，雑所得などの継続的に収入を得られるとは限らない債権（**非事業債権**）については，当初から所得がなかったとみなす旨の定めがあります。無効であることを理由に経済的成果を喪失したときから所定の期限内（2か月）に，所轄税務署長に当初行っていいた確定申告について，減額更正をする請求（**更正の請求**）をすることが認められて

います（**過年度遡及処理**）。

更正の請求は「**手続要件**」を定めたもので，国税通則法に原則の定めがあります。その特例として，所得税法には明文の定めがあるのです。

◆ **所得税法152条**

　確定申告書を提出し，又は決定を受けた居住者（略）は，当該申告書又は決定に係る年分の各種所得の金額につき（略）又は第64条（資産の譲渡代金が回収不能となつた場合等の所得計算の特例）に規定する事実その他これに準ずる政令で定める事実が生じたことにより，国税通則法第23条第1項各号（更正の請求）の事由が生じたときは，当該事実が生じた日の翌日から2月以内に限り，税務署長に対し，当該申告書又は決定に係る第120条第1項第1号若しくは第3号から第5号まで（確定所得申告）……について，同法第23条第1項の規定による更正の請求をすることができる。（略）

◆ **所得税法64条1項**

　その年分の各種所得の金額（事業所得の金額を除く。以下この項において同じ。）の計算の基礎となる収入金額若しくは総収入金額（不動産所得又は山林所得を生ずべき事業から生じたものを除く。以下この項において同じ。）の全部若しくは一部を回収することができないこととなつた場合又は政令で定める事由により当該収入金額若しくは総収入金額の全部若しくは一部を返還すべきこととなつた場合には，政令で定めるところにより，当該各種所得の金額の合計額のうち，その回収することができないこととなつた金額又は返還すべきこととなつた金額に対応する部分の金額は，当該各種所得の金額の計算上，なかつたものとみなす。

◆ **所得税法施行令274条1号**

　法第152条（各種所得の金額に異動を生じた場合の更正の請求の特例）に規定する政令で定める事実は，次に掲げる事実とする。
　一　確定申告書を提出し，又は決定を受けた居住者の当該申告書又は決

定に係る年分の各種所得の金額（事業所得の金額並びに事業から生じた不動産所得の金額及び山林所得の金額を除く。次号において同じ。）の<u>計算の基礎となつた事実のうちに含まれていた無効な行為により生じた経済的成果がその行為の無効であることに基因して失われたこと</u>。
（略）

【後発的な事象により経済的成果を喪失した場合の所得税法の扱い】
⎰ 事業債権（事業所得など）……前期損益修正
⎱ 非事業債権（雑所得など）……過年度遡及処理

▶ 法人税法の場合──前期損益修正

　これに対して法人税法には，このような明文規定がありません。しかし，そもそも，法人税法が課税の対象としている法人は，個人に対する所得に課税をする所得税法の規定で考えれば，個人事業主が得た所得である「事業所得」の主体が，個人から法人（団体）に移り変わったものです。いわば「事業所得の団体版」が，法人税であるともいえます。

　法人は継続的に収益を得ることを前提にしており，**継続企業の原則**（ゴーイング・コンサーン）といわれていることも，これを裏づけるといえるでしょう。

　したがって，法人所得の計算において算定されることになる益金及び損金の計算根拠としての「公正処理基準」の内容としてではありますが，**法人税法においては「前期損益修正」が原則であると解釈**されています。

　つまり，違法所得を返還した場合であれば，これを返還した事業年度の「損金」の額に，返還した額が算入されます。こうして，違法所得を得た事業年度に「益金」の額に算入されていた同額が，期をまたいで相

殺されます。結果的には，課税されなかった扱いを，事後的に行うということです（以下の図表の年と数字は，1つの例です）。

【前期損益修正】

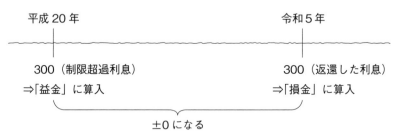

　そうであれば，クラヴィス事件においても，現実に過払金を返還した事業年度の損金の額に，破産手続のなかで破産債権者（消費者）に配当（返還）した額を算入する処理（前期損益修正）をすれば，トータルでみて違法所得（返還した制限超過利息）に課税されなかったのと同じになる。こうした事後処理が，できそうです。

▶ **破産会社と継続企業の原則**

　問題は，クラヴィスが破産しており清算が予定されていたことです。つまり，法人が通常前提にしている「**継続企業の原則**」（ゴーイング・コンサーン）が，例外的に妥当しない場面になっていたのです。

　クラヴィス事件で国に対して税務訴訟を提起したのは，すでに破産手続中でしたから，破産管財人でした。

　つまり，この訴訟にクラヴィスが勝訴した場合には，更正の請求が認められることで（あるいは，予備的な主張の認容であれば，国に対する不当利得返還請求が認められることで），破産管財人に還付される税金は，そ

の破産債権者（消費者）の配当の原資になるという特殊性がありました。そのため，過年度遡及処理ができれば，配当の原資をさらにつくることができるのです。

【過年度遡及処理をした場合】

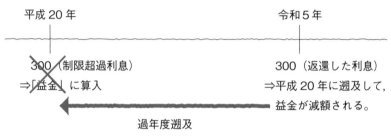

⇒法人税が還付される。

クラヴィス事件は，法人税法の解釈適用の問題でありながら，破産債権者に対する公平な弁済という「**破産法**」の観点をどこまで考慮できるかという問題も含んでいたのです。

もっとも，この特殊性を考慮したのは，控訴審の大阪高裁判決のみでした。あとでみるように，控訴審判決は納税者の請求を認容していますが，破産手続の特殊性もそのなかで考慮していたのです。

◇ **クラヴィス事件控訴審判決（大阪高裁平成30年10月19日判決・判例タイムズ1458号124頁）**
<u>前期損益修正の処理を規定する企業会計原則や過年度遡及会計基準を含む企業会計基準は，企業の経済的活動が半永久的に営まれ，倒産しないとの仮定（継続企業の公準）が成り立つことを前提とする考え方に基づくものというべきである。</u>企業会計基準が採用している取得原価主義（会社計算規則5条1項参照）等が合理性を持つのも，上記の仮定が成

り立つことを前提とするものと解される（略）。しかし，破産会社は，破産手続による清算の目的の範囲内において，破産手続が終了するまで存続するに過ぎないから（破産法35条），破産会社については上記仮定が成り立たず，継続企業の公準が妥当しないことが明らかである。そして，破産会社について継続企業の公準が妥当しない以上，破産会社の会計処理について，企業会計基準を全面的に適用すべき合理的な理由はないといわなければならない。したがって，前期損益修正が企業会計原則で定める会計基準であり，それ自体としては法人税法22条4項にいう公正処理基準に合致するとしても，当然にこれが破産会社に適用される唯一の会計基準と解する必然性はない。この理は，過年度遡及会計基準についても同様に当てはまる。

▶ クラヴィス事件の結論

しかし，最高裁判決は，この大阪高裁の判断を支持せず，課税庁を勝訴させました。これは第1審判決とも同じ結論でした。次のような判示です（**最高裁令和2年判決**）。

◇ **クラヴィス事件上告審判決（最高裁令和2年7月2日第一小法廷判決・民集74巻4号1030頁）**
……法人税の課税においては，事業年度ごとに収益等の額を計算することが原則であるといえるから，貸金業を営む法人が受領し，申告時に収益計上された制限超過利息等につき，後にこれが利息制限法所定の制限利率を超えていることを理由に不当利得として返還すべきことが確定した場合においても，これに伴う事由に基づく会計処理としては，当該事由の生じた日の属する事業年度の損失とする処理，すなわち前期損益修正によることが公正処理基準に合致するというべきである。

このように最高裁は，法人税法における事後的な修正においては，前期損益修正が妥当であり，これが法人税法22条4項の定める「公正処理

基準」に該当すると述べています。

そして，納税者が主張していた，本件ではその例外的な取扱いが認められるかという論点についても，法人税法は，そのような例外的取扱いを許容していないという結論を示しました。

◇ **クラヴィス事件上告審判決（最高裁令和2年7月2日第一小法廷判決・民集74巻4号1030頁）**

法人税法は，事業年度ごとに区切って収益等の額の計算を行うことの例外として，例えば，特定の事業年度に発生した欠損金額が考慮されずに別の事業年度の所得に対して課税が行われ得ることに対しては，青色申告書を提出した事業年度の欠損金の繰越し（57条）及び欠損金の繰戻しによる還付（80条）等の制度を設け，また，解散した法人については，残余財産がないと見込まれる場合における期限切れ欠損金相当額の損金算入（59条3項）等の制度を設けている。課税関係の調整が図られる場合を定めたこのような特別の規定が，破産者である法人についても適用されることを前提とし，具体的な要件と手続を詳細に定めていることからすれば，同法は，破産者である法人であっても，特別に定められた要件と手続の下においてのみ事業年度を超えた課税関係の調整を行うことを原則としているものと解される。そして，同法及びその関係法令においては，法人が受領した制限超過利息等を益金の額に算入して法人税の申告をし，その後の事業年度に当該制限超過利息等についての不当利得返還請求権に係る破産債権が破産手続により確定した場合に前期損益修正と異なる取扱いを許容する特別の規定は見当たらず，また，企業会計上も，上記の場合に過年度の収益を減額させる計算をすることが公正妥当な会計慣行として確立していることはうかがわれないことからすると，法人税法が上記の場合について上記原則に対する例外を許容しているものと解することはできない。このことは，上記不当利得返還請求権に係る破産債権の一部ないし全部につき現に配当がされ，また，当該法人が現に遡って決算を修正する処理をしたとしても異なるものではない。

そうすると，上記の場合において，当該制限超過利息等の受領の日が属する事業年度の益金の額を減額する計算をすることは，公正処理基準に従ったものということはできないと解するのが相当である。

　このように，クラヴィス事件の最高裁判決は，法人税法22条4項の定める公正処理基準について，例外的な取扱いを法人税法の定めが許容していないという部分が強調された判決になっています。

▶　**大阪高裁のアプローチ**

　これに対して，控訴審である大阪高裁判決は，異なるアプローチをしていました。

　本件の特殊性を強調することで，原則的な取扱いが妥当する場面ではないという解釈をしたのです。次の判示のとおりです。

◇　**クラヴィス事件控訴審判決（大阪高裁平成30年10月19日判決・判例タイムズ1458号124頁）**
　　……本件破産会社の場合は，①企業会計基準が全面的に適用されるべき理由はなく，②会社法上も本件計算書類関係諸規定は適用されない上，③過去の確定決算を修正しても，通常の株式会社の場合のような弊害が生じることもないのであるから，本件会計処理は，一般に公正妥当と認められる企業会計の慣行と矛盾しないし，④控訴人が本件会計処理を行うことは，本件破産手続の目的に照らして合理的なものというべきであり，法人税法の企図する公平な所得計算という要請に反するものでもないから，本件会計処理は，法人税法上も，公正処理基準に合致するものとしてこれを是認すべきものと解すべきである。

▶　**更正の請求の規定──1項と2項の関係**

　その判断の過程をみると，国税通則法23条1項及び2項が定める更正

の請求の手続的要件の解釈から始めています。納税者の請求が過大な申告を行った場合に，事後的な減額更正の是正を認めた国税通則法の定める更正の請求の手続的要件を満たすという主張だったからです。

◇ **クラヴィス事件控訴審判決（大阪高裁平成30年10月19日判決・判例タイムズ1458号124頁）**

　通則法23条1項1号は，納税申告書を提出した者は，①納税申告書に記載した課税標準等若しくは税額等の計算が国税に関する法律の規定に従っていなかったこと又は②当該計算に誤りがあったことにより，当該申告書の提出により納付すべき税額が過大であるときに当たる場合には，当該申告書に係る国税の法定申告期限から5年以内に限り，更正の請求をすることができると規定する。

　また，通則法23条2項は，納税申告書を提出した者が同項各号のいずれかに該当する場合には，同条1項の規定にかかわらず，当該各号に定める期間において，その該当することを理由として同項の規定による更正の請求をすることができる旨を規定し，同項1号は，「その申告，更正又は決定に係る課税標準等又は税額等の計算の基礎となった事実に関する訴えについての判決（判決と同一の効力を有する和解その他の行為を含む。）により，その事実が当該計算の基礎としたところと異なることが確定したとき」を挙げ，その確定した日の翌日から起算して2月以内に更正の請求をすべきことを規定している。また，納税申告書を提出した者について，同項による更正の請求をすることができるのは，同項各号に定める期間の満了する日が同条1項に規定する期間の満了する日後に到来する場合に限るとしているところ，同条2項による更正の請求を上記の期間に限定している趣旨は，同項各号所定の事由が生じたとしても，それが同条1項所定の期間内であれば，同項による更正の請求をすれば足りるとすることにあると解される。そうすると，同条2項は，納税申告書を提出した者に関して，同項各号に定める納税申告書提出後又は法定申告期限後に後発的事由が生じた場合に，同条1項による更正の請求の期間制限について特例を設ける趣旨であると解される。したがって，納税申告書を提出した者が同条2項による更正の請求をする場合

<u>にも，同条1項各号のいずれかの事由に該当することが必要であるというべきである。</u>

　このように後発的事由に基づく更正の請求である23条2項については同条1項が定める法定申告期限から5年以内という更正の請求の期限を徒過した場合に許容される，例外的な手続規定であるという解釈を行っています。
　つまり，23条2項は，あくまで1項の定める法的告期限から5年以内の期限を徒過した場合でも，23条2項所定の事由が生じた場合には，2項の定める期限内（波線にある1号の判決確定事由の場合は，**判決確定事由が生じてから2か月以内**）であればこれを特別に認めるという解釈です。

　課税庁を勝訴させた第1審判決においても，ほぼ同じ解釈になっていました。第1審判決でも，控訴審判決でも，結局のところ更正の請求が認められるための手続要件としては，23条1項所定の事由が認められることが必要であるという前提に立っています。

◇ **クラヴィス事件第1審判決（大阪地裁平成30年1月15日判決・税務訴訟資料268号順号13107）**
　……このように同項〔筆者注：国税通則法23条2項〕が，納税申告書を提出した者において同項による更正の請求をすることができる期間につき，同項各号に定める期間の満了する日が同条1項による更正の請求をすることができる期間の満了する日後に到来する場合に限定している趣旨は，同条2項各号所定の事由が生じたとしても，それが同条1項所定の期間内であれば，同項による更正の請求をすることができることにあるものと解される。そうすると，同条2項は，納税申告書を提出した者に関しては，同項各号に定める納税申告書提出後又は法定申告期限後

の後発的事由が生じた場合に，同条1項による更正の請求の期間制限について特例を設ける趣旨であると解されるから，納税申告書を提出した者が同条2項による更正の請求をする場合にも，同条1項各号のいずれかの事由に該当することが必要となるというべきである。

控訴審も第1審も，国税通則法23条1項と2項の関係（「**原始的事由による更正の請求**」と「**後発的事由による更正の請求**」の関係）については，ほとんど同じような判示をしています。

手続要件を定めた国税通則法の解釈適用の部分ですが，そうすると，2項の後発的事由による更正の請求をした本件でも，23条1項の手続要件を満たすことが必要になる，ということです。

▶ 更正の請求の手続要件──23条1項1号該当性

国税通則法23条1項1号に定められている手続要件は，以下の条文のとおりです。

> ◆ **国税通則法23条1項1号**
> 　当該申告書に記載した課税標準等若しくは税額等の計算が国税に関する法律の規定に従つていなかつたこと又は当該計算に誤りがあつたことにより，当該申告書の提出により納付すべき税額（当該税額に関し更正があつた場合には，当該更正後の税額）が過大であるとき。

その要点を表現すれば，①法令違背または②計算誤謬の事実が「過大申告」になった原因として認められることが必要になる，ということです（木山泰嗣『国税通則法の読み方』〔弘文堂，2022年〕153頁参照）。

これらの該当性を判断するにあたって，クラヴィス事件の下級審の裁

判所は，いずれも法人税法22条4項の定める公正処理基準に該当するかどうかというアプローチを採りました。

控訴審である大阪高裁判決は，このような考え方を前提に，**本件では23条1項1号の定める更正の請求の事由があると判断しました**。

本件の特殊性を考慮すれば，破産会社である本件では，例外的に過年度遡及処理が公正処理基準に該当するというものでした。

◇ **クラヴィス事件控訴審判決（大阪高裁平成30年10月19日判決・判例タイムズ1458号124頁）**
　　通則法23条1項1号の規定する「納税申告書に記載した課税標準等若しくは税額等の計算が国税に関する法律の規定に従っていなかったこと又は当該計算に誤りがあったこと」との要件は，当該納税申告書による申告の当初から課税標準等若しくは税額等の計算が国税に関する法律の規定に従っていなかった又は当該計算に誤りがあった場合だけではなく，後発的事由により結果的に納税申告書に記載した課税標準等若しくは税額等の計算が国税に関する法律の規定に従っていなかった又は当該計算に誤りがあった結果を招来した場合を含むと解される（通則法施行令6条1項参照）。
　　本件では，前記説示のとおり，本件会計処理は公正処理基準（法人税法22条4項）に合致するから，本件各事業年度に計上した益金の額のうち，本件過払金返還債権1に対応する制限超過利息部分が過大であったことになり，後発的事由により結果的に納税申告書に記載した課税標準等及び税額等の計算が国税に関する法律（法人税法）の規定に従っていなかったことになる。以上のとおり，本件では通則法23条1項1号の要件を充足する。

▶ **配当されたものに限られるのか？**
　　ただし，これだけでは納税者が求めていた，更正の請求の全額が認め

られることにはなりません。

　破産手続を通じて現実に配当された額は，次の表の通り，3億5000万円の配当と追加配当及び最終配当における12億2000万円の合計額である約15億7000万円でした。

【破産手続で行われた配当の額】

配当の実施		対象	配当の合計額
①	配当	約2万人	合計約　3億5000万円
②	最後配当・追加配当	約6万人	合計約　12億2000万円

　しかし，破産手続において確定された破産債権のうち，過払債権の額は555億円もあったからです。

【確定した破産債権としての過払金返還債権の額】

届出	破産債権表に記載された過払金返還債権の総額
一般調査期間	555億3373万9096円（過払金返還債権1）
特別調査期間	3億0119万2185円（過払金返還債権2）

　そこで，控訴審判決はこの部分についても救済を認めるために，破産手続においては，破産債権表に記載されたことがあれば，それによって国税通則法23条2項1号に定める「判決と同一の効力を有する和解その他の行為」（判決確定事由）として，その全額が更正の請求の対象になるという解釈をしました。

◇ **クラヴィス事件控訴審判決（大阪高裁平成30年10月19日判決・判例タイムズ1458号124頁）**
……少なくとも破産管財人による更正の請求が行われたという本件のような場面においては，破産債権者に対する現実の配当を要することなく，前記破産債権者表の記載がされたことをもって経済的成果が失われるか又はこれと同視できる状態に至ったと解するのが相当である。

▶ 経済的成果喪失論

こうした判示になっているのは，国税通則法23条2項には明記されていませんが，「判決と同一の効力を有する和解その他の行為」という文言の解釈として，次の前提があったからだと考えられます。

つまり，違法所得における不当利得の返還が生じた場合を前提に考えると，法人税法の取扱いにおいては，さきほどみた所得税法のような明文規定がなかったからです。

そして，所得税法の過年度遡及処理を認める更正の請求の特例の規定においては，さきほどみたとおり，「**経済的成果の喪失**」があったことが更正の請求が認められる手続要件であることが明記されていました（所得税法152条，64条1項，同法施行令274条1項）。そこで法人税法でも，こうした所得税法の定めに準じた解釈を行ったものと考えられます。

この点については，上記判示のまえに前提として，次のような解釈がなされていたことからも明らかです。

◇ **クラヴィス事件控訴審判決（大阪高裁平成30年10月19日判決・判例タイムズ1458号124頁）**
……法人が現実に収受した制限超過利息が益金の額に算入される根拠は，制限超過利息に係る合意の私法上の効力いかんにかかわらず，これを現実に収受することにより当該法人に経済的成果が生じており，法人税法

> 上の所得を構成すると考えられることによるとも考えられる。したがって，通則法23条2項には明確な定めがないものの，同項1号にいう「課税標準等若しくは税額等の計算の基礎となった事実が当該計算の基礎としたところと異なることが確定した」というためには，破産会社の制限超過利息相当額の不当利得返還義務及びこれに対する法定利息の支払義務の存在が確定判決又はこれと同一の効力を有する行為により確定しただけでは足りず，破産会社において制限超過利息を現実に収受したこと等による経済的成果が失われるか又はこれと同視できる状態になったことを要すると解される。そして，通常の場合，ある者に何らかの支払義務を認める判決（又はこれと同一の効力を有する和解等の行為）が確定しただけでは，未だその者に利得が保持されていることが多いから，直ちに経済的成果が失われたものとはいえず，その支払義務が現実に履行された時に初めて，経済的成果が失われたと認められることになると解される。

　源泉徴収義務を生じる原因行為に錯誤があった場合でも，錯誤により経済的成果の喪失があった場合に，納税告知処分を行うことができない。このように判示された，48億債務免除源泉徴収事件（第16章）がありましたよね。この最高裁平成30年判決でも，「**経済的成果の喪失**」が事後的是正の前提として示されていました。

◇ **48億債務免除源泉徴収事件差戻上告審判決（最高裁平成30年9月25日第三小法廷判決・民集72巻4号317頁）**
　　給与所得に係る源泉所得税の納付義務を成立させる支払の原因となる行為が無効であり，その行為により生じた経済的成果がその行為の無効であることに基因して失われたときは，税務署長は，その後に当該支払の存在を前提として納税の告知をすることはできないものと解される。

　こうした「経済的成果が……失われた」ことも事後的是正の要件とす

る考え方を「**経済的成果喪失論**」と呼ぶことにしましょう。

そうすると，経済的成果喪失論が登場する場面は，課税される所得がその原因行為における違法や無効を前提にしない所得概念（**所得の経済的把握**）を採用していることに起因しています。

▶ 所得の経済的把握

よく議論されるのは，違法所得です。そして，クラヴィス事件も違法所得の扱いが前提とされるケースなので，クラヴィス事件の調査官解説を読むと，じつは違法所得の議論にもページがさかれています。

違法であるか無効であるかという法的性質を問わず，あらたな経済的価値の流入があれば所得として課税されるという原則（**包括的所得概念。純資産増加説**。例外的に所得でも課税がされないのは，非課税規定がある場合になる）を，所得税法も法人税法も採用しています。

このように「法的性質」にかかわらず，経済的にみて「あらたな経済的価値の流入」があれば課税されることになるとしても，違法や無効であるという私法上の事由は，のちに不当利得返還請求をされる可能性も，つねに包含していることになります。そこで，現実にもらったお金をあとから返した場合には，事後的な是正措置をするのです。

クラヴィス事件で問題になった「前期損益修正」と「過年度遡及処理」のいずれも，必ずしも違法所得だけを前提にするものではありませんが，違法所得の議論では，つねにどちらかの処理が事後的になされる可能性があることが前提とされています。こうした事後的な是正措置がなければ，「**所得のないところに所得がある**」として課税をする結果を認めてしまうことになるからです。

▶ 経済的成果の喪失の範囲

　クラヴィス事件における「経済的成果の喪失」に、話を戻しましょう。あとで返した（経済的成果の喪失）があった場合の事後処理であることを考えると、仮にクラヴィス事件で「過年度遡及処理」が認められるとしても、その対象は、破産手続で現実に配当が行われた15億7000万円部分のみに限られるのではないか、という疑問が生じます。現実に返還された制限超過利息は、配当された額に限られるからです。

　そこで、大阪高裁は、ここからさらに破産手続の特殊性を強調していくことになります。

　そして、破産手続において債権を確定することになる「**破産債権者表**」に記載された全額が（仮に配当がされなかった部分であるとしても）、「経済的成果の喪失」に、少なくとも準ずる事由にあたるという解釈まで行ったのです。これは、納税者の救済をより促進した解釈といえます。

▶ 最高裁昭和49年判決の射程

　これに対して第1審は、基本的に最高裁と同じような考え方でした。

　ただし、納税者の予備的主張についても判示されている部分があります。次の通りです。

◇ **クラヴィス事件第1審判決（大阪地裁平成30年1月15日判決・税務訴訟資料268号順号13107**
　……本件破産会社が本件過払金返還債権1及び2のとおりの不当利得返還義務に対応する本件各事業年度の法人税額に係る金員の不当利得返還請求権を被告に対して行使できないことが、著しく不当であって、正義公平の原則にもとるものということはできない。
　そして、破産管財人である原告は、破産手続開始決定時に破産者に属

する財産の範囲においてその管理処分権限を有するにすぎず，本件において，前記の不当利得返還請求権の行使の可否につき，本件破産会社と原告とを別異に取り扱うべき事情は見当たらない。
……<u>本件と原告が指摘する最高裁昭和49年判決とは事案が異なるというべき</u>であって，原告の前記主張は採用することができない。

このように第１審では，更正の請求が認められないとしても，最高裁昭和49年判決が認めていたような不当利得の請求が認められるのではないかという論点についても，検討がされていました。

最高裁昭和49年判決は，雑所得において貸倒損失が生じた場合にこれを是正する手続がなかった当時の所得税法の手続規定の不備を前提に，所得なきところに所得税が課されることがないよう，納税者の救済を認めた解釈でした（**雑所得貸倒事件**）。

◆ **最高裁昭和49年３月８日第二小法廷判決・民集28巻２号186頁**
……いつたん適法，有効に成立した課税処分が，後発的な貸倒れにより，遡つて当然に違法，無効となるものではないが，<u>その貸倒れによつて前記の意味の課税の前提が失われるに至つたにもかかわらず，なお，課税庁が右課税処分に基づいて徴収権を行使し，あるいは，既に徴収した税額をそのまま保有することができるものとすることは，所得税の本質に反するばかりでなく，事業所得を構成する債権の貸倒れの場合とその他の債権の貸倒れの場合との間にいわれなき救済措置の不均衡をもたらすものというべきであつて，法がかかる結果を是認しているものとはとうてい解されないのである。</u>
……<u>債権の後発的貸倒れの場合にも，貸倒れの存否及び数額についてまず課税庁が判断し，その債権確定時の属する年度における実所得が貸倒れにより回収不能となつた額だけ存在しなかつたものとして改めて課税所得及び税額を算定し，それに応じて先の課税処分の全部又は一部を取消したうえ，既に徴税後であればその部分の税額相当額を納税者に返還</u>

> するという措置をとることが最も事理に即した是正の方法というべく（前記昭和37年法律第44号による改正後の所得税法10条の6，27条の2参照），課税庁としては，貸倒れの事実が判明した以上，かかる是正措置をとるべきことが法律上期待され，かつ，要請されているものといわなければならない。
> 　しかしながら，旧所得税法には，課税庁が右のごとき是正措置をとらない場合に納税者にその是正措置を請求する権利を認めた規定がなかつたこと，また，所得税法が前記のように課税所得と税額の決定を課税庁の認定判断にかからしめた理由が専ら徴税の技術性や複雑性にあることにかんがみるときは，貸倒れの発生とその数額が格別の認定判断をまつまでもなく客観的に明白で，課税庁に前記の認定判断権を留保する合理的必要性が認められないような場合にまで，課税庁自身による前記の是正措置が講ぜられないかぎり納税者が先の課税処分に基づく租税の収納を甘受しなければならないとすることは，著しく不当であつて，正義公平の原則にもとるものというべきである。それゆえ，このような場合には，課税庁による是正措置がなくても，課税庁又は国は，納税者に対し，その貸倒れにかかる金額の限度においてもはや当該課税処分の効力を主張することができないものとなり，したがつて，右課税処分に基づいて租税を徴収しえないことはもちろん，既に徴収したものは，法律上の原因を欠く利得としてこれを納税者に返還すべきものと解するのが相当である。

▶ 救済解釈の法理

　これは「**救済解釈の法理**」と呼ぶことができるものです（木山泰嗣『国税通則法の読み方』〔弘文堂，2022年〕111頁参照）。ただし，救済解釈は，税法の規定どおりであれば課税されてしまうはずのところを，例外的に課税しない救済を認める法理です。具体的には，課税されるべきでないものに対して，法の不備により課税されることを，**納税者の権利保護**（租税法律主義）の観点から，解釈により救済するものです。

これが認められるためには，さまざまな条件を満たすことが必要になると考えられます。そこでは，課税庁と納税者のそれぞれに落度がなかったかどうかをみることも必要になるでしょう。

第1審判決が，最高裁昭和49年判決の射程外であるとして救済解釈を認めたなかった理由ですが，次の判示が参考になると思います。

> ◇ クラヴィス事件第1審判決（大阪地裁平成30年1月15日判決・税務訴訟資料268号順号13107
> ……本件破産会社は，本件各事業年度において，当該利息を収受しないことにより本件過払金返還債権1及び2に係る不当利得返還義務の発生を免れることも十分可能であったにもかかわらず，あえて当該利息を収受した上，自らこれを益金の額に算入して本件申告を行ったものということができる。

つまり，納税者自身がもともと過払であることをわかっていながら，それを受領していたという事実です。

これを前提にすれば，破産してしまったときに原則どおりに前期損益修正の処理がされたとしても，それを引き起こす原因が納税者にもあったから仕方がないではないか，それにもかかわらず超法規的に救済を認めることは妥当でないということでしょう。

租税法律主義（憲法84条）のもとでは，法律の根拠がなければ課税をできないことが強調されます。しかし，課税されるべきでないものに対して，法律の手続規定の不備によって課税されてしまう事態も，じつは禁止されていると読む解釈も成り立つ余地があります。

租税法律主義は，課税要件法定主義や課税要件明確主義だけでなく，

納税者の権利保護もその一内容としているからです。

租税法律主義の5原則（金子宏『租税法〔第24版〕』〔弘文堂，2021年〕80頁）

租税法律主義（憲法84条）
① 課税要件法定主義
② 課税要件明確主義
③ 合法性の原則
④ 手続的保障原則
⑤ 納税者の権利保護

　このように，本来は課税されるべきでないものであるものの，法律の規定の不備によって課税がされてしまう場合，規定どおりであれば課税されるわけですから，文理解釈では救済ができません。

　しかしここでは，そもそも税法に手続規定がないから課税されてしまうという**立法の不備（法の不備）**が，前提にあります。不備のある立法の規定を文理解釈しても，課税が生じるだけです。

　こうした場面では，租税法律主義が「課税要件法定主義」や「課税要件明確主義」ではなく，「納税者の権利保護」の観点から機能し，納税者に課税してはならないという「**救済解釈**」が成り立つ余地があるでしょう。

　最高裁昭和49年判決は，まさにこの救済解釈を行った先例と理解することができます。クラヴィス事件の控訴審である大阪高裁判決も，「救済解釈」を行ったものと理解することができるでしょう。

▶ 公正処理基準の該当性判断—法人税法独自説

　もっとも，このような救済解釈は，クラヴィス事件でも最終的には適

用されませんでした。

あとでみる「みずほ銀行事件」（第20章）でも，じつは，同じような問題が起きます。そして，みずほ銀行事件でも，控訴審では救済解釈が行われ納税者が勝訴していたのですが，最高裁ではクラヴィス事件の最高裁判決と同じように否定されることになります（**最高裁令和5年判決**）。

クラヴィス事件の本質は，「違法所得の事後的是正の方法」にありました。しかし，実際には，法人税法に独特な「公正処理基準」の解釈適用がメインの論点になっていました。

公正処理基準については，これまでみてきた税法の規定の文言の解釈ということが難しい場面になります。なぜなら，公正処理基準を規定した文言である「一般に公正妥当と認められる会計処理の基準」とは，結局のところ，企業会計の基準を指すことになります。それが「一般に公正妥当と認められる」かどうかについては，その文言が抽象的であるために，文言を忠実に解釈するような手法（**文理解釈の原則**）が機能しにくい実情があるからです。

この点については，学説からも批判が多いのですが，クラヴィス事件の第1審判決も，公正処理基準にあたるためには，法人税法が定める**「法人所得の公平な計算」**という目的に適合するものであることが必要であるという解釈を行っています。

◇ **クラヴィス事件第1審判決（大阪地裁平成30年1月15日判決・税務訴訟資料268号順号13107**

法人税法22条4項は，当該事業年度の益金に算入すべき収益の額及び損金に算入すべき費用等の額は公正処理基準に従って計算される旨を規定しているから，法人の事業活動により生じた経済的成果や当該成果を得るための支出，当該成果の喪失等がいずれの事業年度の収益又は費

> 用等に該当するかは公正処理基準に従って判定すべきである。そして，同項は，法人税法における所得の金額の計算に係る規定及び制度を簡素なものとすることを旨として設けられた規定であると解されるところ，<u>「一般に公正妥当と認められる会計処理の基準」という規定の文言にも照らすと，現に法人のした収益等の額の計算が，法人税の適正な課税及び納税義務の履行の確保を目的（同法1条参照）とする同法の公平な所得計算という要請に反するものでない限りにおいては，法人税の課税標準である所得の金額の計算上もこれを是認するのが相当であるとの見地から定められたものと解され</u>（最高裁平成4年（行ツ）第45号同5年11月25日第一小法廷判決・民集47巻9号5278頁参照），<u>法人が収益等の額の計算に当たって採った会計処理の基準が「一般に公正妥当と認められる会計処理の基準」（公正処理基準）に該当するといえるか否かについては，前記に述べたところを目的とする同法の独自の観点から判断されるものと解するのが相当である。</u>

このように，公正処理基準にあたるためには，**「法人税法の目的である公平な所得計算」**に反しない会計基準であることが求められる解釈が採用されています（**法人税法独自説**）。

本書で取り扱う公正処理基準を論点とした判例は，本章のクラヴィス事件に限られます。

しかし，今後の裁判例をみるにあたっても，公正処理基準の解釈適用がなされる例は増えていくことが予想されますので，注視していくことが必要になるでしょう。

▶ 最高裁平成5年判決と最高裁平成6年判決

公正処理基準の最高裁の先例としては，一般論としては**大竹貿易事件**（**最高裁平成5年判決**）があります。また，事例判断としてですが，当時明文の除外規定のなかった法人税法の規定を前提に，脱税工作金を「公

正」といえないと判示したエス・ブイ・シー事件（**最高裁平成 6 年判決**）もあります。

◇ **大竹貿易事件上告審判決（最高裁平成 5 年11月25日第一小法廷判決・民集47巻 9 号5278頁）**
　……ある収益をどの事業年度に計上すべきかは，一般に公正妥当と認められる会計処理の基準に従うべきであり，これによれば，収益は，その実現があった時，すなわち，その収入すべき権利が確定したときの属する年度の益金に計上すべきものと考えられる。もっとも，<u>法人税法22条 4 項は，現に法人のした利益計算が法人税法の企図する公平な所得計算という要請に反するものでない限り，課税所得の計算上もこれを是認するのが相当であるとの見地から，収益を一般に公正妥当と認められる会計処理の基準に従って計上すべきものと定めたものと解される</u>から，右の権利の確定時期に関する会計処理を，法律上どの時点で権利の行使が可能となるかという基準を唯一の基準としてしなければならないとするのは相当でなく，取引の経済的実態からみて合理的なものとみられる収益計上の基準の中から，当該法人が特定の基準を選択し，継続してその基準によって収益を計上している場合には，法人税法上も右会計処理を正当なものとして是認すべきである。しかし，その権利の実現が未確定であるにもかかわらずこれを収益に計上したり，既に確定した収入すべき権利を現金の回収を待って収益に計上するなどの会計処理は，一般に公正妥当と認められる会計処理の基準に適合するものとは認め難いものというべきである。

◇ **エス・ブイ・シー事件上告審判決（最高裁平成 6 年 9 月16日第三小法廷判決・刑集48巻 6 号357頁）**
　　法人税法は，内国法人の各事業年度の所得の金額の計算上当該事業年度の損金の額に算入すべき金額は，別段の定めがあるものを除き，売上原価等の原価の額，販売費，一般管理費その他の費用の額，損失の額で資本等取引以外の取引に係るものとし（22条 3 項），これらの額は，一

般に公正妥当と認められる会計処理の基準(以下「公正処理基準」という。)に従って計算されるものとしている(同条4項)。……<u>架空の経費を計上して所得を秘匿することは,事実に反する会計処理であり,公正処理基準に照らして否定されるべきものである</u>ところ,右手数料は,架空の経費を計上するという会計処理に協力したことに対する対価として支出されたものであって,公正処理基準に反する処理により法人税を免れるための費用というべきであるから,このような支出を費用又は損失として損金の額に算入する会計処理もまた,公正処理基準に従ったものであるということはできないと解するのが相当である。

▶ クラヴィス事件の最高裁令和2年判決の意義

最後に,クラヴィス事件の最高裁令和2年判決は,公正処理基準が法人税法の定めを超えることはできない,という限界を示した判決ということもできるかもしれません。

さきほど引用した部分の一部ですが,次のように判示されていたからです。

◇ クラヴィス事件上告審判決(最高裁令和2年7月2日第一小法廷判決・民集74巻4号1030頁)

……<u>法人税法が上記の場合について上記原則に対する例外を許容しているものと解することはできない</u>。このことは,上記不当利得返還請求権に係る破産債権の一部ないし全部につき現に配当がされ,また,当該法人が現に遡って決算を修正する処理をしたとしても異なるものではない。

もっとも,クラヴィス事件の最高裁判決では,過年度遡及処理は,公正処理基準(企業会計)でも許容されていないことも指摘されていました。

◇ クラヴィス事件上告審判決（最高裁令和2年7月2日第一小法廷判決・民集74巻4号1030頁）
……本件各事業年度に制限超過利息等を受領したクラヴィスが，これを本件各事業年度の益金の額に算入して行った本件各申告はもとより正当であったといえるところ（最高裁昭和43年（行ツ）第25号同46年11月9日第三小法廷判決・民集25巻8号1120頁参照），上記……で述べたところによれば，<u>その後の事業年度に本件債権1が破産手続において確定したことにより，本件各事業年度に遡って益金の額を減額する計算をすることは，本件債権1の一部につき現に配当がされたか否かにかかわらず，公正処理基準に従ったものということはできない。</u>

しかし，この最高裁判決を読む限り，法人税法がこれを許容する定めを設けていないという部分こそが，最後の結論を決めた印象が残ります。

公正処理基準は，本来は，法人所得の計算を**簡素**にするため（企業会計とは別に法人税法で計算方法を再現する複雑さを回避するため）に，企業会計の計算方法を法人税法も基本はこれを尊重するという趣旨で，採用されたものでした。

そして，企業会計と異なる扱いをする場合に定められたのが，法人税法22条以外の「別段の定め」であったはずです。しかし，クラヴィス事件では，明確に法人税法にも定められていない過年度遡及処理の採否という「違法所得の事後的是正の方法」が問題となりました。これが「公正処理基準」にあたるかという議論がなされました。

しかし，本質的には，これは更正の請求の可否という手続の問題です。そうであれば，国税通則法が定める手続要件の解釈適用の問題になります。

こうして，公正処理基準の問題というよりも，手続規定の問題としての側面を強調したのが，救済解釈を認めた控訴審であったようにみえま

す。

　クラヴィス事件は，1つの論点だけでシンプルに答えを導くことができないものでした。しかし，本章でみたように，公正処理基準が中心論点に据えられながらも，「違法所得」については先例である最高裁昭和38年判決（違法所得事件）及び最高裁昭和46年判決（制限超過利息事件）の「判例の射程」がそのまま及ぶことから導かれた前提部分もありました。

　税務判例の読み方も，ここまでくると，応用度が増してきますね。それでも，第1部でみてきたリーガルマインドの基本が前提にあって，初めて議論ができます。それなりにでも，本章の議論についてくることができたとすれば，すでにあなたには十分な基礎力があると思います。残るは，2つです。

column18：救済解釈の法理

　「救済解釈？　聞きなれないな」と思われた方が多いであろう。文理解釈，目的論的解釈，反対解釈，類推解釈などは，税法に限らず，一般に「法学入門」などでも学ぶ，法令の解釈全般に共通する。

　趣旨解釈は，税法学に接したことがない者には，違和感の残る用語であるかもしれない。しかし，文理解釈が他の法令以上に重要な税法解釈では，文言にはない趣旨を考慮する解釈を，これを問題なく許容する目的論的解釈と同じ名称で議論することを避ける場合がある。そこで税法では，趣旨解釈という用語が使われることが多い。趣旨解釈は，税法学では一般に使われている用語である。

　これに対して「救済解釈」は，筆者が名づけたもので，税法学ですら一般に用いられるレベルに至っていない。あえてこのようなネーミングにしたのには，理由がある。これまでも，最高裁で数回は行われたことのある解釈であり，学説でも従前から議論はされてきた。しかし，そこには名前がなかったからである。

　名前をつけることで，議論はしやすくなる。単に名前を与えるだけでは意味がない（ないわけではないが）から，その論拠も示している。租税法律主義の諸原則の1つである「納税者の権利保護」の要請という位置づけである。課税されるべきでないものに，法の不備があることで課税されてしまう事態から納税者を救済するもの，という定義もした。いくつかの論文と著書で公表し，表現方法は微妙に変えながらも一貫して，この名称を使って説明している。

　「救済解釈の法理」が浸透すれば，納税者の救済に「名前」と「理論」の後ろ盾ができる。最高裁も，形式的な租税法律主義に依拠した判断と，実質的な租税法律主義の実現（救済の方向）とで，天秤にかけやすくなると思われる。

第19章
節税マンション事件

評価通達の定める時価は
常に正しいのか？

本章で学ぶポイント

　税法の規定は，最高法規である憲法の規定の下にあります。このことは遡及立法事件（第4章）で解説しました。

　最高法規である憲法の規定で，税法との関係で重要になるのは，もちろん「租税法律主義」を定めた84条です。

　課税要件は，法律で明確に定めることが求められます。節税マンション事件では，税法の規定に「時価」で財産を評価するという定めがありました。この場合に，その時価の評価方法を「通達」が定めていたのです。これはタキゲン事件（第17章）でもでてきた問題です。

　しかし，納税者としては，財産評価基本通達（評価通達）の評価方法が，相続税の財産評価としての「時価」であると考えるものです。国税庁長官が税務署職員にこれで財産評価をするように伝えたもので，税務署職員には拘束力のある内部命令だからです。

　そうすると，納税者の課税に対する予測可能性ということを考えたときには，評価通達の評価を相続税法上の「時価」と考えるべきなのではないかという問題が生じます。

　一方で，課税要件としては，相続税法22条で相続時の「時価」で課税価格の対象財産を評価すると，定められています。

　課税の根拠（法源）になり得ないはずの通達の定める評価額での課税を求める問題の本質は，課税庁の公表している通達は納税者に等しく適用されるべきとする平等原則にあるのです。

　憲法は課税における平等原則について，明文の規定を設けているわけではありません。しかし，14条が定める「法の下の平等」が，税法の適用場面では「一般原則としての平等原則」として現れることになります。

　この2つの憲法上の原則との関係が問題になったのが，節税マンション事件です。裁判所の判断が結論として分かれたわけではありませんが，下級審が採用していた判断枠組みとしての「特別事情論」が，最高裁では「事情法理」に変更された点も，税務判例を読む際のポイントです。

- ● 最 高 裁　令和4年4月19日第三小法廷判決・民集76巻4号411頁
- ● 東京高裁　令和2年6月24日判決・金融・商事判例1600号36頁
- ● 東京地裁　令和元年8月27日判決・金融・商事判例1583号40頁

本章のキーワード：租税法律主義と通達，平等原則と通達

　租税法律主義（憲法84条）は，国民に納税義務（憲法30条）が生じる場合を，国会の制定した「法律」で定めることを求めます。納税義務の成立要件である「課税要件」の「法定」が求められるので，課税要件法定主義といいます。したがって，国税庁長官が税務署職員に対して示した内部命令に過ぎない「通達」を根拠に課税することは禁止されます（通達課税の禁止）。

　それでも，現実の税務行政では，全国524ある税務署で異なる税法の解釈が行われることがないよう，画一的で公平な課税を実現するために行政解釈としての「通達」の規定にのっとり課税は行われています。税法の解釈に沿うものである限り，通達を根拠に課税していることにはならないので，租税法律主義に違反することもないのです。

　特に，財産評価の場面では「財産評価基本通達」の定めが税務行政で用いられています。そこで，この通達どおりの評価を行うことが，平等原則（憲法14条1項）との関係で重要になってきます。

　本章の問題は，養老保険事件（第15章）のような，税法の規定の解釈そのものとして存在していた通達規定の参照の可否ではありません。タキゲン事件のように，所得税法上の「時価」を算定する際に，相続税法上の「時価」の算定方法を定めた財産評価基本通達を参照することの可否でもありません。問題は，相続税法上の「時価」と通達の評価との関係なのです。このことが，重要です。

第19章　節税マンション事件

▶ 概要

節税マンション事件の事例のポイントは，次のとおりです。相続財産の中に2つの不動産がありました。

その2つの不動産の「**時価の算定**」（**財産評価**）をめぐり，納税者と課税庁の間で対立が起きました。納税者は，評価通達による評価額が「時価」であると主張しました。その場合，課税価格は2826万円になり，基礎控除を使うと相続税額は0円になりました。納税者はこのような計算の下で，相続税の申告を行っていました。

これに対して，課税庁は評価通達6（**総則6項**）の定める「著しく不適当と認められる」場合にあたるとして，収益還元方式で算定された鑑定評価額が「時価」であると主張しました。課税価格は8億円を超え，相続税額も2億円になるというのです。

通達と異なる評価ができたのは，国税庁長官の指示のもとで行われた鑑定評価があったからです。

◆ 財産評価基本通達6

> この通達の定めによって評価することが著しく不適当と認められる財産の価額は，国税庁長官の指示を受けて評価する。

鑑定評価額によれば，2つの不動産の「時価」はいずれも納税者が主張する評価通達の評価額の2倍以上となり，課税価格は8億8874万円となり，相続税額は2億4045万円となりました。

このように評価通達の評価額と鑑定評価額に大きな違いが生じたことが，今回の事例の問題の出発点になります。

【当事者の主張の整理】

	評価方法	課税価格	相続税額
納税者の主張	評価通達	2826万円	0円
課税庁の主張	鑑定評価額	8億8874万円	2億4045万円

➡ **相続税法22条の定め**

　相続税法22条は，相続財産の評価について，当該相続財産を相続によって取得した時（被相続人が死亡した相続開始時）の「**時価**」で評価することを定めています（**時価主義**）。

◆ **相続税法22条と評価通達**
> 　この章で特別の定めのあるものを除くほか，相続，遺贈又は贈与により取得した財産の価額は，当該財産の取得の時における・時・価により，当該財産の価額から控除すべき債務の金額は，その時の現況による。

　この「時価」の算定方法については，相続税法は23条以下で，相続税法自体が時価の計算方法を定めている部分もあります（**法定評価**）。これが相続税法22条にいう「この章で特別の定めのあるもの」を指します。もっとも，法定評価は，「地上権及び永小作権の評価」（同法23条），「配偶者居住権等の評価」（同法23条の2），「定期金に関する権利の評価」（同法24条，25条），「立木の評価」（同法26条）があるにとどまります。

　取引相場のない株式や，土地やマンションなどの建物といった不動産の評価については，相続税法に「時価」の評価方法の定めはありません。そのため，課税実務においては，国税庁長官の定めた「財産評価基本通達」（**評価通達**）の算定方法に依拠している現実があります。

この点については，節税マンション事件の第１審判決も，次のように判示していました。

◇ **節税マンション事件第１審判決（東京地裁令和元年８月27日判決・金融・商事判例1583号40頁）**

　相続税法22条は，同法第３章において特別の定めがあるものを除くほか，相続等により取得した財産の価額は，当該財産の取得の時における時価による旨を定めているところ，ここにいう時価とは，当該財産の客観的な交換価値をいうものと解される。

　ところで，相続税法は，地上権及び永小作権の評価（同法23条），定期金に関する権利の評価（同法24条，25条）及び立木の評価（同法26条）を除き，財産の評価方法について定めを置いていないところ，課税実務においては，評価通達において財産の価額の評価に関する一般的な基準を定めて，画一的な評価方法によって相続等により取得した財産の価額を評価することとされている。このような方法が採られているのは，相続税等の課税対象である財産には多種多様なものがあり，その客観的な交換価値が必ずしも一義的に確定されるものではないため，相続等により取得した財産の価額を上記のような画一的な評価方法によることなく個別事案ごとに評価することにすると，その評価方法，基礎資料の選択の仕方等により異なった金額が時価として導かれる結果が生ずることを避け難く，また，課税庁の事務負担が過重なものとなり，課税事務の効率的な処理が困難となるおそれもあることから，相続等により取得した財産の価額をあらかじめ定められた評価方法によって画一的に評価することとするのが相当であるとの理由に基づくものと解される。このような課税実務は，評価通達の定める評価方法が相続等により取得した財産の取得の時における適正な時価を算定する方法として合理的なものであると認められる限り，納税者間の公平，納税者の便宜，効率的な徴税といった租税法律関係の確定に際して求められる種々の要請を満たし，国民の納税義務の適正な履行の確保（国税通則法１条，相続税法１条参照）に資するものとして，相続税法22条の規定の許容するところであると解される。

「時価」が客観的交換価値（市場価格）を指すことは，タキゲン事件（第17章）でもみたとおりです。

これを前提にしつつも，**相続税法22条の定めるその「時価」をどのように評価するかについては**，節税マンション事件で問題になったマンションなどの不動産では，**本来は「事実認定」の問題に過ぎないはずです**（不動産には，さきほどみた相続税法上の法定評価もないからです）。法的三段論法にいう，**小前提**のプロセスですね。

この点については，所得税法上の低額譲渡にあたるかをめぐるものではありましたが，取引相場のない株式について「時価」の評価方法が問題になったタキゲン事件（第17章）でも触れたところです。

一方で，課税実務では，評価通達によって相続財産を評価するという現実があります。そこで，評価通達と異なる評価を行った課税処分がなされれば，それは「法の下の平等」を定めた憲法14条が要請する「**一般原則としての平等原則**」に違反するようにも思えます。

▶ 特別事情論

こうした問題があることから，下級審の裁判例では，取引相場のない株式や不動産の財産評価を行うにあたって，「**特別事情論**」と呼ばれる判断枠組みを用いた判断がなされてきました。

特別事情論は，節税マンション事件の下級審でも採用されています。たとえば，第１審判決をみると，次のように判示されています。

◇ **節税マンション事件第１審判決（東京地裁令和元年８月27日判決・金融・商事判例1583号40頁）**
　……評価対象の財産に適用される評価通達の定める評価方法が適正な時

> 価を算定する方法として一般的な合理性を有する場合においては，評価通達の定める評価方法が形式的に全ての納税者に係る全ての財産の価額の評価において用いられることによって，基本的には，租税負担の実質的な公平を実現することができるものと解されるのであって，相続税法22条の規定もいわゆる租税法の基本原則の一つである租税平等主義を当然の前提としているものと考えられることに照らせば，特定の納税者あるいは特定の財産についてのみ，評価通達の定める評価方法以外の評価方法によってその価額を評価することは，原則として許されないものというべきである。しかし，他方，評価通達の定める評価方法によっては適正な時価を適切に算定することができないなど，評価通達の定める評価方法を形式的に全ての納税者に係る全ての財産の価額の評価において用いるという形式的な平等を貫くことによって，かえって租税負担の実質的な公平を著しく害することが明らかである特別の事情（評価通達6参照）がある場合には，他の合理的な方法によって評価することが許されるものと解すべきである。

この「特別事情論」は，評価通達の税務行政上の重要性と画一的な取扱いが平等原則にも沿うことを前提に，原則として評価通達の評価額を相続税法22条の「**時価**」として許容する考え方を前提にしています。そのうえで，こうした形式的平等を貫くことが，かえって，「租税負担の実質的な公平を著しく害する」と明らかにいえる「**特別の事情**」（特段の事情）がある場合には，例外的に「他の合理的な方法」，つまり評価通達以外の評価を「時価」とすることを許容するものです。

この論理を分析すると，相続税法が定める課税要件としての「時価」が事実認定であることを，前提としています。税務行政における画一的取扱いという平等・公平（**平等原則**）の観点から，本来の時価（客観的交換価値）であるかにかかわらず，第1に形式的平等の観点から評価通達の評価額を「時価」とすることを許容します。そして，第2に実質的

公平の観点から、「特別の事情」がある場合には評価通達以外の評価方法による評価を「時価」として許容するのです。

第1の考え方は「原則」であり、第2の考えは「特別の事情」が立証された場合に限られる「例外」となっています。

【特別事情論】

①	原則	評価通達の評価額を「時価」として許容する	(∵ 形式的平等)
②	例外	「特別の事情」があれば、評価通達以外の評価を許容する	(∵ 実質的公平)

▶ 控訴審の特別事情論

節税マンション事件の控訴審でも、第1審と同様に、この「特別事情論」が採用されました。

もっとも、「特別の事情」があるといえる場合についての判断基準については、若干の修正がされました。第1審を引用したうえで一部を修正したもので、実際の判決文には、次のように記載されています。

◇ **節税マンション事件控訴審判決（東京高裁令和2年6月24日判決・金融・商事判例1600号36頁）**
「租税負担の実質的な公平を著しく害することが明らかである特別の事情（評価通達6参照）がある場合には、」を「実質的な租税負担の公平を著しく害し、法の趣旨及び評価通達の趣旨に反することになるなど、評価通達に定められた方法によることが不当な結果を招来すると認められるような特別の事情がある場合には、」と改める。

控訴審では、このような形式の**引用判決**が採られることがあります。

しかし，これだけではわかりにくいと思います。そこで，どこが同じでどこが変わったのかを，引用されている第1審判決と対比して示すと，次のとおりです。

> ◇ **節税マンション事件控訴審判決（東京高裁令和2年6月24日判決・金融・商事判例1600号36頁）**
> ……評価通達の定める評価方法によっては適正な時価を適切に算定することができないなど，評価通達の定める評価方法を形式的に全ての納税者に係る全ての財産の価額の評価において用いるという形式的な平等を貫くことによって，かえって租税負担の実質的な公平を著しく害することが明らかである特別の事情（評価通達6参照）がある場合には，実質的な租税負担の公平を著しく害し，法の趣旨及び評価通達の趣旨に反することになるなど，評価通達に定められた方法によることが不当な結果を招来すると認められるような特別の事情がある場合には，他の合理的な方法によって評価することが許されるものと解すべきである。

波線部分が，控訴審で書き換えられた部分になります。つまり，第1審も控訴審も「特別事情論」を採用しながら，「特別の事情」の内容が微妙に異なるものに変えられている，ということです。

控訴審は，「実質的な租税負担の公平を著しく害し，法の趣旨及び評価通達の趣旨に反することになるなど，評価通達に定められた方法によることが不当な結果を招来すると認められる」ことを「特別の事情」ととらえていることになります。

このように，同じ「特別事情論」が採用されているにもかかわらず，控訴審では，相続税「法の趣旨」と「評価通達の趣旨」がその判断枠組みのなかで強調されるかたちになっていました。しかし，法の趣旨は，税法であっても通達であっても，明記されているものではありません。

そうすると，控訴審の特別事情論は，何をもって「特別の事情」として評価通達以外の時価評価を許容するのかが，より不明瞭になったといわざるを得ないでしょう。

　もっとも，結論としては，第1審でも，控訴審でも「特別の事情」が認められました。そして，評価通達によらない鑑定評価額での財産評価が認められ，課税庁が勝訴しました。

▶　「特別の事情」のあてはめ

　「特別の事情」が認められた理由は，第1審判決をみると，次のとおりでした。

◇ 節税マンション事件第1審判決（東京地裁令和元年8月27日判決・金融・商事判例1583号40頁）
　　まず，本件各不動産の各種評価額等についてみると，（略），本件各通達評価額は，それぞれ，本件各鑑定評価額の約4分の1（本件甲不動産につき約26.53％，本件乙不動産につき約25.75％）の額にとどまっている。そして，実際に本件被相続人又は原告……が本件各不動産を売買した際の価格（本件各取引額）をみると，本件甲不動産に関しては，本件相続開始時から約3年半前の取引であるとはいえ，本件甲不動産鑑定評価額より8300万円高額なものであり，本件甲不動産通達評価額からのかい離の程度は，本件甲不動産鑑定評価額よりも更に大きいものであった。本件乙不動産に関しては，本件相続開始時の約9か月後の取引において，おおむね本件乙不動産鑑定評価額と同程度のもの（本件乙不動産鑑定評価額より400万円安価なもの）であった（本件乙不動産売却額。また，本件相続開始時の約2年半前の取引における本件乙不動産購入額は，本件乙不動産鑑定評価額より3100万円高額なものであり，本件乙不動産通達評価額からのかい離の程度は，本件乙不動産鑑定評価額よりも更に大きいものであった。）。
　　（略）本件各不動産が本件相続に係る相続財産に含まれることとなった

経緯等についてみると，①本件被相続人は，当時90歳であった平成21年1月，M信託銀行から6億3000万円を借り入れた上で，本件甲不動産を第三者から購入するとともに，当時91歳であった同年12月にも，同銀行から3億7800万円，訴外……から4700万円を借り入れた上で，本件乙不動産を第三者から購入したものである（略）ところ，②本件各不動産を除く本件相続における財産の価額は6億9787万4456円であり，上記……各借入れ（略）に係る本件相続開始時の残債務（合計9億6312万5600円。略）を除く本件相続における債務及び葬式費用の額は3394万1511円にとどまる（略）ことから，本件各借入れ及び本件各不動産の購入がなければ，<u>本件相続に係る課税価格は，6億円を超えるものであった</u>（なお，相続税法15条（平成25年法律第5号による改正前のもの）の規定による基礎控除の額は，本件共同相続人が5人であることから，1億円である。）にもかかわらず，③本件各借入れ及び本件各不動産の購入がされたことにより，<u>本件各通達評価額（略）と比較して本件借入金債務が多額となることにより，その差額が本件各不動産を除く本件相続における財産の価額から控除されることにより，本件申告による課税価格は，2826万1000円にとどまるものとされ，上記基礎控除により，本件相続に係る相続税は課されないこととされたものである。</u>

　上記の経緯等に加え，……M信託銀行が本件各借入れに係る貸出しに際し作成した各貸出稟議書（略）の記載や証拠（略）にもよれば，<u>本件被相続人及び原告らは，本件各不動産の購入及び本件各借入れを，本件被相続人及び五広興業の事業承継の過程の一つと位置付けつつも，それらが近い将来発生することが予想される本件被相続人の相続において原告らの相続税の負担を減じ又は免じさせるものであることを知り，かつ，それを期待して，あえてそれらを企画して実行したと認められ，</u>これを覆すに足りる証拠は見当たらない。

　長めの引用になりましたが，分解すると，「**特別の事情**」は，次の3点から認められました。つまり，①**評価通達による評価額が鑑定評価額**と「**乖離**」**が生じていること**（鑑定評価の内容が妥当であることも認定さ

れていました），②本件の2つの不動産が相続財産に含まれることになった経緯等をみると，不動産の購入が多額の借入れとあわせて行われたことで「相続税がゼロ」になるものであったこと，③こうしたスキームが近い将来に予想されていた相続における相続税の負担を減少させることを知りながら，それを期待して「あえて企画して実行された」ものであること，の3点です。

控訴審をみても，基本的には大きく変わることはなく，次のように判示されていました。

◇ **節税マンション事件控訴審判決（東京高裁令和2年6月24日判決・金融・商事判例1600号36頁）**

本件各鑑定評価額と本件各通達評価額との3ないし4倍の……の開差は，それ自体が大きなものと認められるし，それによって生ずる税額の差や，本件被相続人及び控訴人らが，あえて，本件各不動産の購入及び本件被相続人の本件相続開始時の残債務に係る各借入れ（本件各借入れ）が近い将来発生することが予想される本件被相続人の相続において控訴人らの相続税の負担を減じ又は免れさせるものであることを知り，かつ，それを期待して，本件各不動産の購入及び本件各借入れを企画して実行し，その結果，本件各借入れ及び本件不動産の購入がなければ，本件相続に係る課税価格は6億円を超えるものであったにもかかわらず，本件各通達評価額を前提とする本件各申告による課税価格は2826万1000円にとどまり，基礎控除により本件相続に係る相続税は課税されないことになることなどからすると，……本件各不動産については，評価通達の定める評価方法によっては適正な時価を適切に算定することができないものと認められ，評価通達の定める評価方法によって評価した価額を時価とすることは，かえって租税負担の実質的な公平を著しく害することが明らかであると認められる。

▶ **最高裁令和4年判決の判断**

このように，下級審では「特別事情論」を前提に，本件に「特別の事情」を認めて評価通達によらない評価を認めていました。しかし，**上告審では，「特別事情論」は採用されませんでした。**

節税マンション事件の最高裁令和4年判決は，2つの点について分けて議論を行っています。

第1に，租税法律主義との関係です。次のように，判示されています。

◇ **節税マンション事件上告審判決（最高裁令和4年4月19日第三小法廷判決・民集76巻4号411頁）**
　相続税法22条は，相続等により取得した財産の価額を当該財産の取得の時における時価によるとするが，ここにいう時価とは当該財産の客観的な交換価値をいうものと解される。そして，評価通達は，上記の意味における時価の評価方法を定めたものであるが，上級行政機関が下級行政機関の職務権限の行使を指揮するために発した通達にすぎず，これが国民に対し直接の法的効力を有するというべき根拠は見当たらない。そうすると，相続税の課税価格に算入される財産の価額は，当該財産の取得の時における客観的な交換価値としての時価を上回らない限り，同条に違反するものではなく，このことは，当該価額が評価通達の定める方法により評価した価額を上回るか否かによって左右されないというべきである。
　そうであるところ，本件各更正処分に係る課税価格に算入された本件各鑑定評価額は，本件各不動産の客観的な交換価値としての時価であると認められるというのであるから，これが本件各通達評価額を上回るからといって，相続税法22条に違反するものということはできない。

こうして**最高裁令和4年判決**は，相続税法22条が定める時価による財産評価が相続税の課税要件となっていることを前提に，**事実認定として**

客観的な交換価値としての時価が認定された以上は，その時価が評価通達の評価額を超えるものであったとしても，相続税法22条に違反するものではないとしました。

そして，そのような課税処分がなされても相続税法22条違反としての違法は生じないという判断をしました。

その際には，通達の法的性質についても，本書でもみてきたとおりですが（競馬事件（第14章）等参照），改めて明言されていることも注目されます。**租税法律主義（憲法84条）のもとで，通達は評価通達であっても，そもそも課税の根拠（法源）にならないことが確認されている**からです。

この点は，節税マンション事件の下級審が「特別事情論」を採用し，上記のように，評価通達の定める評価額を「時価」として許容する論理が，租税法律主義ではなく平等原則から導いていたことと軌を一にします。時価はあくまで，相続税法という法律が定める「課税要件」であり，それが客観的交換価値（市場価格）として解釈されます。

そうである以上，その認定が鑑定評価額で行われたとしても，それが「時価」であれば，相続財産をその「時価」で課税することは，税法の規定どおりになります。つまり，租税法律主義違反の問題は何も生じない，ということでしょう。

▶ 租税回避の否認

この点については，学説では，評価通達の評価方法によらない「著しく不適当と認められる」場合にあたるとして課税を行うことは，租税回避の否認にあたるという批判もあります。

そして，租税回避の否認をするためには，税法の明文規定が必要であ

るはずなのに、それを相続税法の規定によらず、評価通達によって行っているから、租税法律主義に反するというのです。

　課税に対する予測可能性ということを考えれば、このような主張も傾聴に値するでしょう。しかし、最高裁令和4年判決で述べられていたとおり、相続税の財産評価は法律である相続税法22条で明確に「時価」によると定められています。

　その事実認定として「時価」と評価された鑑定評価額で課税を行うことは、租税回避の否認ではありませんから、特段の違法の問題は生じないと考えられるでしょう。

▶ 一般原則としての平等原則

　そこで次に起きる疑問は、そうであれば、評価通達による財産の評価とは、そもそも何であるのかということです。

　最高裁令和4年判決は、「**租税法上の一般原則としての平等原則**」の問題であるとして、次のように判示しました。

◇ **節税マンション事件上告審判決（最高裁令和4年4月19日第三小法廷判決・民集76巻4号411頁）**
……<u>租税法上の一般原則としての平等原則は、租税法の適用に関し、同様の状況にあるものは同様に取り扱われることを要求するものと解される</u>。そして、<u>評価通達は相続財産の価額の評価の一般的な方法を定めたものであり、課税庁がこれに従って画一的に評価を行っていることは公知の事実であるから、課税庁が、特定の者の相続財産の価額についてのみ評価通達の定める方法により評価した価額を上回る価額によるものとすることは、たとえ当該価額が客観的な交換価値としての時価を上回らないとしても、合理的な理由がない限り、上記の平等原則に違反するものとして違法というべきである</u>。もっとも、上記に述べたところに照ら

せば，相続税の課税価格に算入される財産の価額について，評価通達の定める方法による画一的な評価を行うことが実質的な租税負担の公平に反するというべき事情がある場合には，合理的な理由があると認められるから，当該財産の価額を評価通達の定める方法により評価した価額を上回る価額によるものとすることが上記の平等原則に違反するものではないと解するのが相当である。

　最高裁令和4年判決は，「租税法上の一般原則としての平等原則」というもの（憲法14条の要請と考えられます）を前提に，原則として評価通達の評価によらなければこの原則に違反するとしました。このような考え方は，48億債務免除源泉徴収事件（第16章）の第1審判決でみたものと似ています。

　48億債務免除源泉徴収事件の第1審では，次のような判示がされていたからです。

◇ **48億債務免除源泉徴収事件第1審判決（岡山地裁平成25年3月27日判決・税務訴訟資料263号順号12184）**
……もとより本件通達が法令そのものではなく，これによらない取扱いが直ちに違法となるものではないとしても，本件通達が相応の合理性を有する一般的な取扱いの基準として定められ，広く周知されているものである以上は，課税庁においてこれを恣意的に運用することは許されないのであって，本件通達の適用要件に該当する事案に対して合理的な理由もなくその適用をしないとすることは，平等取扱いの原則に反し，違法となるというべきである。

　この判示を読むと，通達の規定と異なる扱いを課税庁が行うことを平等原則違反とする点に，類似性があるでしょう。

▶ 最高裁令和4年判決の事情法理

　もっとも，節税マンション事件の最高裁令和4年判決は，「実質的な租税負担の公平に反するというべき事情」（合理的な理由）があれば，評価通達によらない評価を行ったとしても，この平等原則に反することにはならないとも述べています。この最高裁令和4年判決の判断枠組みを，「事情法理」と呼ぶことにしましょう。

　この判断枠組みは，いっけんすると，下級審の裁判例が採用していた「特別事情論」と同じようにもみえます。しかし，そうではなく，特別事情論とは異なる判断枠組みであると，読むべきでしょう。

　なぜなら，最高裁令和4年判決の判示をよく読めば，従来の下級審の裁判例において，数10年にわたり採用され続けてきた「特別事情論」とは異なる規範が立てられているからです。

　そこには，そもそも「特別の事情」という言葉はありません。また，「事情」という言葉は使われていますが，その「事情」の具体的な内容は，「実質的な租税負担の公平に反する」ことであり，「合理的な理由」という言葉に置き換えられています。

　この点については，調査官解説を読むと，従来の特別事情論に明確な根拠がなく，その判断も不明瞭であったことから，異なる判断枠組みを最高裁が採用したものであると説明されています。

◇ 調査官解説（山本拓「判解」法曹時報75巻12号〔2024年〕184－185頁）

　　従来の裁判例は，評価通達の定める方法による画一的な評価が行われている以上，特定の納税者についてのみ通達評価額によらないことは原則として許されないが，「特別の事業」があるときは他の合理的な方法によって評価した価額によることができるなどとしており，本件の第1

審及び原審も同様の判断枠組みによっている。
……もっとも、これらの裁判例において、原則として通達評価額によるべき根拠や、「特別の事情」があれば例外が許容される理由は必ずしも明らかでなく、具体的にどのような事情が「特別の事情」に当たるのかも明確ではなかった。
　本判決は、「特別の事情」という概念を用いず、……①課税庁の主張額が相続税法22条に違反しないか、②通達評価額によらないことが租税法上の一般原則としての平等原則に違反しないかをそれぞれ検討すべきものとした。上記①②は性質の異なる別個の問題であり、これらを区別せずに「特別の事情」の有無の問題として処理することには無理がある。本判決は、このような観点から、従来の裁判例の判断枠組みを採らず、上記のような判断枠組みを提示したものであろう。

　最高裁令和4年判決は報道され、その結論にも賛否両論がありました。大きな反響を呼んだ判例といえます。
　しかし、節税マンション事件の事例をよくみると、以下の事実も浮かんできます。具体的にみていきましょう。

▶ 節税マンション事件の事実関係

　まずは、事実審である下級審で認定された事実が「原審の適法に確定した事実関係等の概要」として整理されている、最高裁令和4年判決の判示をみてみましょう。

◇ **節税マンション事件上告審判決（最高裁令和4年4月19日第三小法廷判決・民集76巻4号411頁）**
　　A（……被相続人……）は、平成24年6月……に94歳で死亡し、上告人らほか2名（……共同相続人ら……）がその財産を相続により取得した（略）。

被相続人の相続財産には，……別表1記載の土地及び同別表2記載の建物（……本件甲不動産……）並びに同別表3記載の土地及び建物（……本件乙不動産……，本件甲不動産と併せて「本件各不動産」……）が含まれていたところ，これらについては，被相続人の遺言に従って，上告人らのうちの1名が取得した。なお，同人は，平成25年3月……付けで，本件乙不動産を代金5億1500万円で第三者に売却した。（略）
　ア　被相続人は，平成21年1月……付けで信託銀行から6億3000万円を借り入れた上，同日付けで本件甲不動産を代金8億3700万円で購入した。
　イ　被相続人は，平成21年12月……付けで共同相続人らのうちの1名から4700万円を借り入れ，同月……付けで信託銀行から3億7800万円を借り入れた上，同日付けで本件乙不動産を代金5億5000万円で購入した。

　このように，節税マンション事件は，甲不動産と乙不動産の2つの財産評価が問題になった事例でした。このうち甲不動産については，相続開始の3年半ほど前に被相続人が8億3700万円で購入したものでした。その鑑定評価額は7億5400万円で，評価通達による評価額は2億4000万円に過ぎませんでした。

　また，乙不動産については，相続開始の2年半前に被相続人が5億5000万円で購入しており，相続開始後約10ヵ月後に5億1150万円で第三者に売却されていました。これに対して，評価通達の評価額は1億3366万円に過ぎませんでした。

　「時価」が低く評価されるのは，評価通達の評価方法に含まれている内在的な問題に過ぎないということも，できるかもしれません。

　しかし，もう1つ特色として挙げられるのは，甲不動産と乙不動産を相続開始の数年前に購入していた被相続人は，その時すでに90歳を超え

ていたということです。そして、**いずれの不動産を購入するにあたっても、数億円の借り入れまで行っていた**ということです。個人が住宅ローンで家やマンションを購入する場合には、当然ながら生存中にローンを返済できることが貸付けの前提になっているはずです。民間の住宅ローンでは、原則として団体信用生命保険に加入することが義務づけられています。万一亡くなることがあれば、その住宅ローンの残債務について保険金が金融機関に支払われるため、相続人が残債務を相続することにはなりません。

本件の場合は、その多額の債務が相続人に承継されることになります。しかし、一方で、相続財産の評価としては「**債務控除**」として、負債（債務）が相続税の課税価格の計算のときに控除されます。

◆ **相続税法13条1項1号**
　相続又は遺贈（略）により財産を取得した者が第1条の3第1項第1号又は第2号の規定に該当する者である場合においては、当該相続又は遺贈により取得した財産については、課税価格に算入すべき価額は、当該財産の価額から次に掲げるものの金額のうちその者の負担に属する部分の金額を控除した金額による。
　一　被相続人の債務で相続開始の際現に存するもの（公租公課を含む。）

相続人が5人いたことから、**基礎控除**の額も当時の相続税法の規定（5000万円＋法定相続人の数×1000万円）から1億円となりました（現行法では、3000万円＋法定相続人の数×600万円）。こうして、さきほどみたように、**相続税がゼロになる結論が導かれる節税スキーム**だったのです。

➡ 「事情」のあてはめ

　最高裁令和4年判決は「事情」（合理的な理由）があるので，評価通達による時価評価を行っても平等原則に違反しないと結論づけました。理由は，次の通りです。

◇ **節税マンション事件上告審判決（最高裁令和4年4月19日第三小法廷判決・民集76巻4号411頁）**

　これを本件各不動産についてみると，本件各通達評価額と本件各鑑定評価額との間には大きなかい離があるということができるものの，このことをもって上記事情があるということはできない。

　もっとも，本件購入・借入れが行われなければ本件相続に係る課税価格の合計額は6億円を超えるものであったにもかかわらず，これが行われたことにより，本件各不動産の価額を評価通達の定める方法により評価すると，課税価格の合計額は2826万1000円にとどまり，基礎控除の結果，相続税の総額が0円になるというのであるから，上告人らの相続税の負担は著しく軽減されることになるというべきである。そして，被相続人及び上告人らは，本件購入・借入れが近い将来発生することが予想される被相続人からの相続において上告人らの相続税の負担を減じ又は免れさせるものであることを知り，かつ，これを期待して，あえて本件購入・借入れを企画して実行したというのであるから，租税負担の軽減をも意図してこれを行ったものといえる。そうすると，本件各不動産の価額について評価通達の定める方法による画一的な評価を行うことは，本件購入・借入れのような行為をせず，又はすることのできない他の納税者と上告人らとの間に看過し難い不均衡を生じさせ，実質的な租税負担の公平に反するというべきであるから，上記事情があるものということができる。

　この「あてはめ」の部分を見ると，評価通達によらない評価を行っても，平等原則に違反しないといえる「事情」（合理的な理由）がある場合

とは，どのような場合を指すのかが不明瞭ではないか，という批判がされるかもしれません。ただし，冒頭にあるように，節税マンション事件の下級審と異なり，**評価通達の評価額と鑑定評価額にある「大きなかい離」（乖離ないし開差）については，「事情」を認める要素にはならない**ことが，明言されています。

一方で，どの程度の状態が起きれば「事情」が認められ，評価通達以外の評価をしても平等原則違反にもならないのかについては，わかりにくさを残しているかもしれません。上記に挙げられた事実とまったく同じ事実関係にあることは，他の事例ではないはずだからです。

▶ 判例の射程

このあたりは，今後の裁判例のなかで「判例の射程」が明確になっていくものと考えられます。ただし，少なくとも，最高裁令和4年判決の「あてはめ」で強調されていた事実を整理すると，次のようにまとめられるでしょう。

つまり，最高裁令和4年判決はさまざまな事実を取り上げていますが，要するに，相続税の負担が著しく軽減されたということを強調しているようにみえます。そして，相続税の負担の著しい軽減が「結果」として生じたことだけで「事情」（合理的な理由）を認めているわけではないこともわかります。なぜなら，**そのような結果を生じることを相続開始前に被相続人の相続人も知ったうえで，あえて多額の借入れと高額な不動産の購入を行っていたという事実**も強調されているからです。

判例の射程ということで考えると，最高裁令和4年判決で採用された（特別事情論に代わる）あらたな「事情法理」については，今後の判例の集積によって，その具体的な内容と適用範囲が明確にされることが期待

されます。判例を読むわたしたちとしては，この点を意識して「射程の範囲」を読み解くことが求められます。

　つまり，どのような事実があれば「事情」（合理的な理由）が認められるのか，またどのような事実の場合には，「事情」（合理的な理由）が認められないのかという「判例の射程」を読み解くことが，節税マンション事件の最高裁令和4年判決の先例としての「規範」部分の理解に重要になる，ということです。

　そして，それは今後の判例の集積によって，明らかになっていきます。

column19:「著しく不適当な場合」とは？

　「特別な事情」があれば，評価通達以外の財産評価をしてよい。「事情」があれば，評価通達以外の財産評価をしてよい。両者は，同じようにみえるかもしれない。しかし，実際には違いがある。

　前者は，従前の下級審裁判例が採用してきた「特別事情論」である。特別事情論では，評価通達の財産評価が，原則として（特別の事情がない限り）「時価」になる。しかし，後者の「事情法理」では，評価通達と異なる鑑定評価で財産評価を行っても，相続税法22条違反にはならない。鑑定評価が「時価」であれば，その時価で評価するのは当然だからである。ただし，納税者には等しく通達どおりの財産評価がされるべきことが，「取扱いの平等原則」から求められる。こうして，「事情」がない限り，評価通達どおりの財産評価が必要になる，ということである。

　似ているようで異なることは，節税マンション事件の調査官解説の説明からもわかる。こうした構造をみても，なお最高裁令和4年判決に対する批判は多い。それはおそらく，評価通達自体が定める「著しく不適当な場合」（総則6項）と裁判例が採用してきた「特別な事情」を同視する見方に立つからであろう。

　しかし，租税法律主義の下では，相続税の課税要件は相続税法22条に明記されており，「時価」で課税される。その時価の認定は，本来は事実認定に過ぎない。

　評価通達がいう「著しく不適当な場合」は法令ではなく，課税庁内部の指針（税務署職員に対する命令）である。問題は，どのような場合を想定しているかである。これは裁判所で明らかにすることはできない。「著しく不適当な場合」は，裁判所が拘束される法令の文言ではないからである。今後の裁判例が明らかにできるのは，最高裁令和4年判決の「事情」の意義と射程範囲である。

第20章
みずほ銀行事件

政令の定めが委任の範囲を
逸脱する場合がある？

本章で学ぶポイント

租税法律主義（憲法84条）の下では，課税の根拠となるのは，原則として，国会の定めた「法律」のみです（課税要件法定主義）。

また，法律の委任の範囲内である限り，内閣の制定した「政令」の規定も法令の1つですから，「法律の定める条件」として課税の根拠になると考えられています。

こうして法令の定めが課税の根拠（法源）になるとしても，法律の規定の委任にもとづく政令の規定については，その法源性について更なる検討が必要になります。当該政令の規定が法律の委任の範囲内といえるかという問題が，残るからです。

みずほ銀行事件では，タックス・ヘイブン対策税制（外国子会社合算税制）の適用をめぐり，租税特別措置法施行令の定める「請求権勘案保有株式等割合」の文理解釈による形式的な適用がなされるべきなのか，これとは異なる解釈を行い合算課税を回避すべきなのかが問題になりました。また，その際には，請求権勘案保有株式等割合の定めが政令にあったことから，そもそも，この政令の規定が租税特別措置法の委任の範囲を逸脱していないかも問題になりました。

下級審では，文理解釈の形式的な適用が行われて課税庁が勝訴した第1審と，文理解釈の結果を形式的に適用することは外国子会社合算税制の制度の本質（基本的な制度趣旨や理念）などに反するとしてその適用が排除された控訴審とで，判断が分かれました。

上告審では，こうした文理解釈どおりの結論を採用すべきなのか，あるいは文理とは異なる趣旨解釈（目的論的解釈）を行うべきなのかといった議論はされず，租税特別措置法施行令39条の16第1項の規定（本件規定）が同法66条の6第1項の規定（本件委任規定）の委任の範囲を逸脱しないかが判断されました。

結論的には，最高裁は委任の範囲の逸脱はないとして，課税処分を適法と判断しました。

みずほ銀行事件は，こうした最高裁の判断のみに着目すると，「法律

と政令の関係」（委任の範囲の逸脱の有無）の問題になります。一方で，下級審で争われた部分は，「課税要件」を定めた政令の規定を文言どおりに「文理解釈」をすべきなのか，趣旨目的を考慮して規定の形式適用をしない「趣旨解釈」をすべきなのかに主眼がありました。この点では，税法解釈のあり方についても，この事件のポイントになります。

● 最 高 裁　令和5年11月6日第二小法廷判決・判例タイムズ1518号74頁
○ 東京高裁　令和4年3月10日判決・金融・商事判例1649号34頁
● 東京地裁　令和3年3月16日判決・金融・商事判例1649号46頁

本章のキーワード：借用概念

　課税の根拠となるのは，国会の制定した「法律」です。これは憲法84条の定める租税法律主義が求める「課税要件法定主義」の要請です。この点から，国税庁長官の行政解釈に過ぎない「通達」による課税は禁止されます（通達課税の禁止）。

　内閣が制定する「政令」は，行政機関の制定する法令であり，国会が制定した「法律」ではありません。しかし，税法の規定も手続的なことや細目的なことを「政令の定め」に委任する規定も多いです。この点で，政令の規定も「法律の定める条件」（憲法84条）として，課税の根拠（法源）になり得ることになります。

　もっとも，あくまで「法律」である税法の規定が，委任した範囲を超えない内容であることが前提になります。

　そこで，政令の定める「課税要件」は，納税者が訴訟で争う場合，委任規定（法律である税法の定め）の委任の範囲の逸脱がないかが審理される場合があります。逸脱すると裁判所に判断されると，その政令の規定は違法・無効になります。ホステス源泉徴収事件（第3章）でも，所得税法施行令322条という「政令」の規定の解釈が問題になっていました。しかし，当該規定の文理解釈か趣旨解釈が主たる争点になり，当該規定が委任の範囲を逸脱するかについては，争われませんでした。

　税法解釈において，政令の定めであっても，文理解釈が求められるこ

とは，これまでみてきたとおりです。ホステス源泉徴収事件の最高裁平成22年判決も「租税法規」の文理解釈を判示しており，「法律」の規定のみならず，「政令」の規定も含む書きぶりになっていました（厳格解釈の要請）。

文理解釈の原則がある一方で，例外的に税法の規定の趣旨目的を考慮する趣旨解釈（目的論的解釈）がなされる場合もあります（養老保険事件〔第15章〕の最高裁平成24年判決参照）。

特に，法の規定の不備により，課税されるべきでないものに課税がされてしまうことから納税者を救済する解釈（救済解釈）がなされる場合も，ごく例外的にですがあります。本書の最後になる本章が扱う判例は，これらの総合問題といえるものです。

▶ 概要

みずほ銀行事件の事例のポイントは，次のとおりです。日本法人であるみずほ銀行（以下，納税者といいます）が，ケイマン諸島に出資する**SPC（特別目的会社）**である外国子会社の2社（B社とC社）などを活用して，資金調達の手段として，次のようなスキームを行いました。

納税者も属するグループ会社（みずほフィナンシャルグループ）が100％株式を所有する同じくケイマン諸島に設立されたSPCであるA社が，投資家に**優先出資証券**を発行してそこで資金を得ます。そして，2社の子会社（B社とC社）も優先出資証券をA社に発行して，同額の出資を受けます。こうして調達した資金を2つの子会社（SPCであるB社とC社）から，納税者が融資（貸付け）を受けるものでした。

【資金調達スキーム】

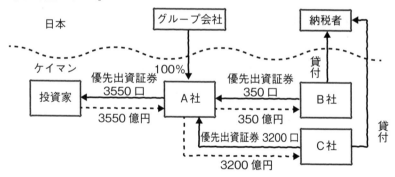

このように調達した資金の返済としては，納税者から2社の子会社に全額の返済がなされた同日に，2つの子会社からA社に全額の償還を行うと，2つの子会社を解散させるものでした。

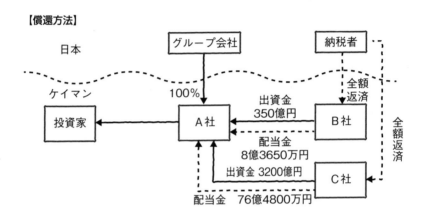

- **請求権勘案保有株式等割合**

　問題になったのは，タックス・ヘイブン対策税制（**外国子会社合算税制**）を適用する要件の解釈適用でした。「**特定外国子会社等**」の所得（正確には，「**適用対象金額**」のうちの「**課税対象金額**」）を，内国法人である親会社の所得に合算する（「収益」として，法人所得の計算上，当該事業年度の「益金」に算入する）ための要件です。それは，平成17年改正で導入されたもので，「**請求権勘案保有株式等割合**」によって合算の割合を計算するものでした。

　ここに「請求権勘案保有株式等割合」とは，租税特別措置法施行令39条の16第1項及び2項に定められたもので，外国子会社合算税制の適用要件（租税特別措置法66条の6第1項）を画するものです。

　軽課税国に設立された日本法人（内国法人）の外国子会社に対する持

株割合だけでみると，配当優先株などの持株割合より多くの配当（利益）を得ることができる「**内容が異なる株式等**」を発行させることで，同税制により合算される額を実質的に減少させる（**過少課税を引き起こす**）ことが可能になります。そこで，剰余金（利益）の配当などを請求できる割合で勘案しようとする方式が，**平成17年改正で導入されたのです。**

具体的には，次のように定められていました。

◆ **租税特別措置法66条の6第1項1号ロ**

次に掲げる内国法人に係る外国関係会社のうち，本店又は主たる事務所の所在する国又は地域におけるその所得に対して課される税の負担が本邦における法人の所得に対して課される税の負担に比して著しく低いものとして政令で定める外国関係会社に該当するもの（以下この条及び次条において「特定外国子会社等」という。）が，昭和53年4月1日以後に開始する各事業年度において適用対象金額を有する場合には，その適用対象金額のうちその内国法人の有する当該特定外国子会社等の直接及び間接保有の株式等の数に対応するものとしてその株式等（株式又は出資をいう。以下第四項までにおいて同じ。）の請求権（剰余金の配当等（法人税法第23条第1項第1号に規定する剰余金の配当，利益の配当又は剰余金の分配をいう。以下この項，次項及び第4項において同じ。），財産の分配その他の経済的な利益の給付を請求する権利をいう。以下この項，次項及び第4項において同じ。）の内容を勘案して政令で定めるところにより計算した金額（以下この款において「課税対象金額」という。）に相当する金額は，その内国法人の収益の額とみなして当該各事業年度終了の日の翌日から2月を経過する日を含むその内国法人の各事業年度の所得の金額の計算上，益金の額に算入する。

一　その有する外国関係会社の直接及び間接保有の株式等の数の当該外国関係会社の発行済株式又は出資（当該外国関係会社が有する自己の株式等を除く。）の総数又は総額のうちに占める割合（当該外国関係会社が次のイからハまでに掲げる法人である場合には，当該割合とそれぞれイからハまでに定める割合のいずれか高い割合。次号において「直接及

び間接の外国関係会社株式等の保有割合」という。）が100分の10以上である内国法人
　（略）
　ロ　請求権の内容が異なる株式等を発行している法人（ハに掲げる法人を除く。）　その有する当該外国関係会社の直接及び間接保有の請求権に基づく剰余金の配当等の額の当該外国関係会社の株式等の請求権に基づき受けることができる剰余金の配当等の総額のうちに占める割合

　こうした租税特別措置法の規定を踏まえ，以下の「**政令**」の定めがありました。

◆　**租税特別措置法施行令39条の16第１項・第２項１号**
　　法第66条の６第１項に規定する政令で定めるところにより計算した金額は，同項各号に掲げる内国法人に係る特定外国子会社等の各事業年度の同項に規定する適用対象金額に，当該特定外国子会社等の当該各事業年度終了の時における発行済株式等のうちに当該各事業年度終了の時における当該内国法人の有する当該特定外国子会社等の請求権勘案保有株式等の占める割合を乗じて計算した金額とする。
　２　前項及びこの項において，次の各号に掲げる用語の意義は，当該各号に定めるところによる。
　一　請求権勘案保有株式等　内国法人が直接に有する外国法人の株式等の数又は金額（当該外国法人が請求権の内容が異なる株式等を発行している場合には，当該外国法人の発行済株式等に，当該内国法人が当該請求権に基づき受けることができる法人税法第23条第１項第１号に規定する剰余金の配当，利益の配当又は剰余金の分配（以下この条において「剰余金の配当等」という。）の額がその総額のうちに占める割合を乗じて計算した数又は金額）及び請求権勘案間接保有株式等を合計した数又は金額をいう。

▶ 課税庁の見解

　本件では，2つの子会社の事業年度の終了日でみると，優先出資証券を償還したあとになるため，形式的にこの割合（請求権勘案保有株式等割合）を適用すると，納税者がいずれの子会社に対しても100％を有することになります。そうすると，それぞれの子会社の所得の全額が納税者に合算されることになりました（租税特別措置法66条の6第1項，同法施行令39条の16第1項，第2項）。課税庁は，このように形式的な適用を主張しました。

　ただ，請求権勘案保有株式等割合は，もともとは当該事業年度の前年度末日現在では，次のような状況にありました。

【請求権勘案保有株式等割合の状況（当該事業年度の前年度末日）】

　　　子会社2社の発行株式
B社　普　通　株　式：1210万株（発行価額：6億0500万円）
　　　優先出資証券：　　350口（発行価額：　350億円）
　　⇒　納税者の請求権勘案保有株式等割合：0.43％
C社　普　通　株　式：6410万株（発行価額：32億0500万円）
　　　優先出資証券：　3200口（発行価額：3200億円）
　　⇒　納税者の請求権勘案保有株式等割合：0.04％

　これが当該事業年度では，解散前の子会社2社は優先出資証券の償還を終えてしまったので，次のように，納税者が100％の請求権勘案保有株式等割合を有することになっていたのです。当期純利益もあわせて，以下にまとめておきます。

【請求権勘案保有株式等割合の状況（当該事業年度）】

　　　子会社2社の発行株式
B社（当期純利益：8億3605万1965円）
　　　普通株式：1210万株（発行価額：6億0500万円）
　　⇒　納税者の請求権勘案保有株式等割合：100％
C社（当期純利益：76億4673万8142円）
　　　普通株式：6410万株（発行価額：32億0500万円）
　　⇒　納税者の請求権勘案保有株式等割合：100％

▶ 問題の状況

　しかし，納税者が有していた普通株式は，この資金調達スキームのために設立された2つの子会社に対するものでした。そして，償還もなされ，すでに使命を終えていました。また，すでに解散した2つの子会社から利益の配当を受けることは予定されておらず，現実にそのような機会もありませんでした。

　請求権勘案保有株式等割合は，2つの子会社の前の事業年度で考えると，償還前であり，いずれも2種類の株式等を発行していたため，請求権により受けることのできる配当額を基礎にすると，上記（前頁。前年度末日）のとおりでした。

　つまり，納税者の普通株式が株式数としては上回っている状況でしたが，単純な持ち株割合ではなく，配当等の利益を受け取ることができる請求権の割合を勘案して計算する平成17年改正後の仕組みの下では，それぞれの優先出資証券がいずれも大きく納税者の普通株式を上回っていました。具体的には，前の事業年度の納税者の請求権勘案保有株式等割

合は，いずれも0％以下（B社は0.43％，C社は0.04％）でした。

▶ 納税者の主張

　資金調達スキームが終了して償還されたのが平成27年6月30日だったのですが，2つの子会社の事業年度の終了日は同じ年の平成27年12月3日（解散の決議をした日）になっていたため，このように納税者の請求権勘案保有株式等割合が100％になりました。

　そうすると，本件規定を形式的に適用する限り，その全額が合算されてしまう事態が起きます。しかし，こうした事態は，もともと外国子会社合算税制が想定していたものではないと，納税者は主張したのです。**配当が優先されてしまう普通株式のみを有していた納税者**は，子会社2社（B社・C社）からもとより配当を受ける地位を取得しておらず，支配力をもっていなかったからです。

▶ 本質的な問題

　この状況は，いわゆる**過剰包摂（オーバー・インクルージョン）**です。本件では，形式的に税法を適用すると，こうした過剰包摂が生じてしまうのです。そこで，**税法規定の不備による不合理な結論と考え，納税者を救済する解釈を行うべきなのかが問題になりました**。

　とはいえ，法人税の「**特例**」を定めた外国子会社合算税制といえども，適用の要件が租税特別措置法の規定で明文化されています。そうである以上，文理どおりに形式的に適用することは，やむを得ないと考えるべきなのかもしれません。

　さて，どうすべきなのでしょうか？　これが，みずほ銀行事件の本質的な問題です。

▶ 第1審の判断

第1審は，次のとおり形式的に文理解釈の結果を適用して，課税処分を適法であると判断しました。

◇ **みずほ銀行事件第1審判決（東京地裁令和3年3月16日判決・金融・商事判例1649号46頁）**

……<u>タックス・ヘイブン対策税制において内国法人の収益の額とみなされる課税対象金額とは，適用対象金額に，当該特定外国子会社等の当該各事業年度終了時における発行済株式等のうちに当該各事業年度終了時における当該内国法人の有する当該特定外国子会社等の請求権勘案保有株式等の占める割合（請求権勘案保有株式等割合）を乗じて計算した金額をいうところ（措置法施行令39条の16第1項），この請求権勘案保有株式等割合の算定の基礎となる請求権勘案保有株式等とは，内国法人が直接に有する外国法人の株式等の数又は金額等をいい，当該外国法人が請求権の内容が異なる株式等を発行している場合には，当該外国法人の発行済株式等に，当該内国法人が当該請求権に基づき受けることができる剰余金の配当等の額がその総額のうちに占める割合を乗じて計算した数又は金額をいうものとされている</u>（同条2項1号）。

<u>このように，措置法施行令39条の16第1項は，課税対象金額の算定につき，当該特定外国子会社等の事業年度終了時を基準として，適用対象金額に同時点における請求権勘案保有株式等割合を乗じて算定すべきものとしているのであるから，同割合の算定の基礎となる請求権勘案保有株式等の数又は金額について規定する同条2項1号も，同時点の現況をもってその数又は金額を判断すべきことを前提としているものというべきであり，これらのことは，上記各規定の文理に照らして明らかである。</u>

ここで述べられているのは，請求権勘案保有株式等割合の基礎になる請求権勘案保有株式等の「数」と「金額」も，事業年度終了時を基準にすべきことは，そのように読むことが文理に沿うということです。直接

明文化されているわけではないのですが，これが自然な読み方である，ということですね。

▶ 控訴審の判断

控訴審も，子会社の事業年度終了日になるという解釈を，第1審と同じように行いました。

しかし，これをそのまま形式的に適用することは，外国子会社合算税制が想定しているものではないとして，その適用を排除しました。

◇ **みずほ銀行事件控訴審判決（東京高裁令和4年3月10日判決・金融・商事判例1649号34頁）**
……本件資金調達スキームが利用された経緯，目的，仕組みからして，控訴人が本件各子SPCの当期純利益から剰余金の配当等を受け得ること，言い換えれば，その当期純利益に対して支配力を有すると評価されるような処理はもともと想定されておらず，現に本件各子SPC事業年度においても，上記の仕組みに従って，本件各子SPCの当期純利益を上回る金額が期中に持株SPCに配当されており，事業年度全体を通じてみても，また，期末時点についてみても，控訴人が上記当期純利益（適用対象金額は同額である。）に対して支配力を有していたとは認められない。そうすると，本件資金調達スキームにおける本件各子SPC事業年度の処理において，内国法人（控訴人）が外国子会社（本件各子SPC）の利益から剰余金の配当等を受け得る支配力を有するというタックス・ヘイブン対策税制の合算課税の合理性を基礎付け，正当化する事情は見いだせないし，また，上記処理に租税回避の目的があることも，客観的に租税回避の事態が生じていると評価すべき事情も認められない。それにもかかわらず，Z税務署長は，前記……の解釈を前提として措置法施行令39条の16第1項，2項の規定を形式的に適用し，本件各子SPC事業年度終了の時には控訴人が本件各子SPCの全株式を保有していたことから，持株割合による請求権勘案保有株式等割合が100％であ

> ったとして，控訴人が支配力を有していなかった本件各子SPCの同事業年度の当期純利益から算出された適用対象金額（当期純利益と同額）の全額を本件各子SPCとは別法人である控訴人の所得に合算したものであって，このような扱いは，措置法66条の6の趣旨ないしタックス・ヘイブン対策税制の基本的な制度趣旨や理念に反するものであり，正当化できないというほかない。
> ……本件各子SPC事業年度の本件各子SPCの適用対象金額（当期純利益）に対する控訴人の支配力は存在しないから，その適用対象金額のうちに，控訴人の有する株式等の数に対応するものとして剰余金の配当等の経済的な利益の給付を請求する権利の内容を勘案して控訴人の益金に算入するのが相当な金額（課税対象金額）は存在しないと解するのが，タックス・ヘイブン対策税制の基本的な制度及び理念，そして，これを踏まえた措置法66条の6の趣旨に照らして相当であり，これに反する限度で措置法施行令39条の16第1項，2項を本件に適用することはできないというべきである。

 そのうえで，このような解釈は租税特別措置法の適用要件や適用除外要件について解釈で「租税回避の目的や実態の有無」を，あらたな要件として付加するものではないことも，控訴審判決は説示しています。

◇ みずほ銀行事件控訴審判決（東京高裁令和4年3月10日判決・金融・商事判例1649号34頁）

> ……上記判断は，本件の具体的事案において，措置法66条の6の趣旨等に照らし，措置法施行令39条の16第1項，2項2号が定める課税対象金額の計算に関する部分を文理解釈どおりに形式的に適用することはできないとするにとどまるものであり，措置法66条の6第1項の適用要件及び同条3項の適用除外要件に租税回避の目的や実態の有無という新たな要件を付加するものではない。

▶ **外国子会社合算税制と趣旨解釈**

これは，**趣旨解釈（目的論的解釈）**によって，経済合理性のある活動に外国子会合算税制が適用されてしまうことを回避する解釈とは違うことを強調したものでしょう。

なぜなら，平成20年代に同種事件が多発した**来料加工事件**（第7章参照）の裁判例では，納税者からこのような主張がされ，裁判所が次のように排斥する判断を行っていたからです。

◆ **東京高裁平成23年8月30日判決・訟務月報59巻1号1頁**

　控訴人〔筆者注：納税者〕は，タックス・ヘイブン対策税制に適用除外要件を設けたのは正常な事業活動を営むものまでも同税制の対象とするのは適当でないと考えられたからであり，本件来料加工取引は経済的合理性が認められる正常な取引であり租税回避行為ではないから，タックス・ヘイブン税制の適用はないと主張する（略）。

　しかしながら，Aの主たる事業の判定は，事業実体の具体的な事実関係に即した客観的な観察によって，社会通念に照らして総合的に考慮して判定されるべきことは前記判示のとおりであり，主観的な租税回避の意図や所得の国外移転の意図がなかったとしても，前記基準による判定を左右するものではない。

◆ **大阪高裁平成24年7月20日判決・税務訴訟資料262号順号12006**

　控訴人〔筆者注：納税者〕は，タックスヘイブン対策税制の適用除外規定の立法目的は経済的合理性がある企業活動には同税制を適用しないことにあるところ，FHKが本件委託加工取引を香港で行うことには経済的合理性があり，この事自体からタックスヘイブン対策税制の適用除外がされるべきであると主張する。

　しかし，適用除外規定は，主たる事業の内容に照らして，その地で主たる事業を行うことに十分な経済的合理性があると認められる場合など所定の要件に該当する場合に限り，適用除外を認める趣旨のものであっ

> て，所在地国基準など所定の要件を超えて，「経済的合理性」という独自の不明確な要件を用いることが相当でないことは原判決説示のとおりである。

　同種事件の裁判例が確定してから，後に来料加工取引の事件については，法改正がされます。そして，合算課税がされない措置が採られました。

　しかし，立法の不備とも思われるような**経済合理性のある取引**であっても，**租税特別措置法の定めた適用除外要件**（現行法では経済活動基準）は形式的に適用されるべきで，課税に問題があれば法改正をすべき，という考え方が裁判例の主流になっていました。

▶ 本件の場合

　本件もおそらくこれらと同質の問題であると考えたのが，第1審と上告審であるといえます。これに対して控訴審は，これらの問題とはまた少し違うと考えたのです。

　法の規定に不備があるがために本来課税されるべきでないものに課税がされてしまうことを，法の解釈によって乗り越えようと試みることは，最高裁判例でもあります。いわゆる**救済解釈**です。本書では，クラヴィス事件（第18章）で言及しました。

　そして，クラヴィス事件でも最高裁は救済解釈の採用をしませんでしたが，控訴審では採用されていたことが，ここでつながります。

▶ 上告審の考え方

　みずほ銀行事件の上告審では，最高裁はこうした救済解釈の是非につ

いて明確な判断をしませんでした。**結論としては，最高裁令和5年判決も，救済解釈を採用しなかったということです。**

その理由は，このあとみる政令の規定の委任の範囲の逸脱の有無の部分で論及されています。具体的には，納税者の側で課税を回避することができたのではないか，という指摘がされています。

◇ **みずほ銀行事件上告審判決（最高裁令和5年11月6日第二小法廷判決・裁判所HP）**
……<u>本件各子会社の事業年度を本件優先出資証券の償還日の前日までとするなどの方法を採り，本件各子会社の適用対象金額が0円となるようにする余地もあったと考えられるから，本件規定を適用することによって被上告人に回避し得ない不利益が生ずるなどともいえない。</u>

しかし，税法の規定は私法上の取引に適用されることが前提とされています。その立法に不備がある場合に，納税者が私法上の行為を行うことによって，当該規定の適用を回避する。そのようなことを法が求めていると断ずることには，問題があるかもしれません。

▶ **政令違法の判断**

「法律と政令の関係」について，みずほ銀行事件の上告審（**最高裁令和5年判決**）が判断した事項は，2点あります。

1つめの判断が，租税特別措置法施行令39条の16第1項の政令の定め（**本件規定**）が，同法66条の6第1項の規定（**本件委任規定**）の範囲を逸脱するかどうか（**政令違法**）です。

◇ **みずほ銀行事件上告審判決（最高裁令和5年11月6日第二小法廷判決・裁判所HP）**

　本件委任規定は，私法上は特定外国子会社等に帰属する所得を当該特定外国子会社等に係る内国法人の益金の額に合算して課税する内容の規定である。これは，①内国法人が，法人の所得に対する租税の負担がないか又は著しく低い国又は地域に設立した子会社を利用して経済活動を行い，当該子会社に所得を発生させることによって我が国における租税の負担を回避するような事態を防止し，課税要件の明確性や課税執行面における安定性を確保しつつ，税負担の実質的な公平を図ることを目的とするものと解される。

　また，②本件委任規定は，課税対象金額について，内国法人の有する特定外国子会社等の直接及び間接保有の株式等の数に対応するものとしてその株式等の請求権の内容を勘案して計算すべきものと規定するところ，これは，請求権に基づき受けることができる剰余金の配当等の割合を持株割合よりも大きくしてかい離を生じさせる方法による租税回避に対処することを目的とするものと解される。

　そして，③本件委任規定が課税対象金額の具体的な計算方法につき政令に委任したのは，上記のような目的を実現するに当たり，どの時点を基準として株式等の請求権の内容を勘案した計算をするかなどといった点が，優れて技術的かつ細目的な事項であるためであると解される。したがって，上記の点は，内閣の専門技術的な裁量に委ねられていると解するのが相当である。

　このような趣旨に基づく委任を受けて設けられた本件規定は，適用対象金額に乗ずべき請求権勘案保有株式等割合に係る基準時を特定外国子会社等の事業年度終了の時とするものであるところ，本件委任規定において課税要件の明確性や課税執行面における安定性の確保が重視されており，事業年度終了の時という定め方は一義的に明確であること等を考慮すれば，個別具体的な事情にかかわらず上記のように基準時を設けることには合理性があり，そのような内容を定める本件規定が本件委任規定の目的を害するものともいえない。

　そうすると，本件規定の内容は，一般に，本件委任規定の趣旨に適合するものということができる。

(注) ①～③の番号は筆者が記載

適用違法の判断

このような判断を行ったあとに、最高裁令和5年判決は、さらに本件の事実に政令の定め（**本件規定**）を適用することが、委任の範囲を逸脱するか（**適用違法**）についても、次のように判断しました。これが判断の2つめです。

◇ **みずほ銀行事件上告審判決（最高裁令和5年11月6日第二小法廷判決・裁判所HP）**
……個別具体的な事情にかかわらず基準時を設ける本件規定の内容が合理的である以上、上記のような帰結をもって直ちに、前記事実関係等の下において本件規定を適用することが本件委任規定の委任の範囲を逸脱することとはならないところ、特定外国子会社等の事業年度の途中にその株主構成が変動するのに伴い、剰余金の配当等がされる時と事業年度終了の時とで持株割合等に違いが生ずるような事態は当然に想定されるというべきである。また、内国法人が外国子会社から受ける剰余金の配当等は、原則として、内国法人の所得金額の計算上、益金の額には算入されない以上（平成27年法律第9号による改正前の法人税法23条の2第1項等）、本件委任規定につき、特定外国子会社等において剰余金の配当等が留保されることにより内国法人が受ける剰余金の配当等への課税が繰り延べられることに対処しようとするものと解することはできないから、……剰余金の配当等に係る個別具体的な状況を問題とすることなく本件規定を適用することによって、本件委任規定において予定されていないような事態が生ずるとはいえない。加えて、……本件各子会社の事業年度を本件優先出資証券の償還日の前日までとするなどの方法を採り、本件各子会社の適用対象金額が0円となるようにする余地もあったと考えられるから、本件規定を適用することによって被上告人に回避し得ない不利益が生ずるなどともいえない。
　そうすると、前記〔筆者注：本件の〕事実関係等の下において本件規

定を適用することが本件委任規定の委任の範囲を逸脱するものではない
というべきである。

▶ 最高裁令和3年判決との比較

　最高裁令和5年判決の判断のプロセスを見てみると，政令が一般的に委任の範囲を超えるかどうか（**政令違法**）だけではなく，本件に適用することが委任の範囲を超えるか（**適用違法**）についても検討しています。この点では，丁寧な審査がなされているともいえるでしょう。

　これは，資本配当と利益配当が同日で行われた法人税法上の処理について，法人税法施行令の規定の一部を委任の範囲を逸脱するとして違法・無効と判断していた，**最高裁令和3年判決**（混合配当事件）の手法に類似します。

◆ **最高裁令和3年3月11日第一小法廷判決・民集75巻3号418頁**
……株式対応部分金額の計算方法について定める法人税法施行令23条1項3号の規定のうち，資本の払戻しがされた場合の直前払戻等対応資本金額等の計算方法を定める部分は，利益剰余金及び資本剰余金の双方を原資として行われた剰余金の配当につき，減少資本剰余金額を超える直前払戻等対応資本金額等が算出される結果となる限度において，法人税法の趣旨に適合するものではなく，同法の委任の範囲を逸脱した違法なものとして無効というべきである。

　しかし，**最高裁令和3年判決は適用違法を認めた**のに対し，みずほ銀行事件の最高裁令和5年判決は，政令違法も適用違法も認めませんでした。

▶ 最高裁令和5年判決の問題点

その詳細をみると、政令規定の委任範囲の逸脱（政令違法）の有無については、委任規定の趣旨目的を3つの点から整理したうえで（引用判決①〜③）、その趣旨目的に反するものではないと判断しています。

その際には、請求権勘案保有株式等割合を定めた政令規定について、政令が専門技術的なものであることを前提にしながら、内容に合理性がありさえすればよい（委任範囲の逸脱にはならない）との判断をしています。

しかし、租税法律主義は、課税の根拠を国会の定めた「法律」に求めるものです。この点で、政令の定めは内閣が制定するもので、国会が制定したものではありません（民主的なプロセスが直接反映していません）。

そうすると、政令の定めは、本来は課税の根拠としては「弱い法源」に過ぎないはずです。法律の委任の範囲内にとどまるものに限り、「法律の定める条件」（憲法84条）として、課税の根拠になり得るのが政令の定めだからです。憲法の条文も、改めて挙げておきましょう。

▶ 憲法84条

あらたに租税を課し、又は現行の租税を変更するには、法律又は法律の定める条件によることを必要とする。

それにもかかわらず、あたかも租税立法の違憲審査をする際の判断基準（**緩やかな違憲審査基準**。**合理性の基準**）を持ち出すかのような審査が行われた点については、租税法律主義を軽視するものと批判されても仕方がない側面があるでしょう。

つまり、最高裁令和5年判決の上記指摘は、以下に挙げる、租税立法

が憲法14条1項の法の下の平等（平等原則）に違反しないかについて判示した，大嶋訴訟の最高裁昭和60年大法廷判決と類似した思考にもみえてしまいます。

◆ **最高裁昭和60年3月27日大法廷判決・民集39巻2号247頁**

> 思うに，租税は，今日では，国家の財政需要を充足するという本来の機能に加え，所得の再分配，資源の適正配分，景気の調整等の諸機能をも有しており，国民の租税負担を定めるについて，財政・経済・社会政策等の国政全般からの総合的な政策判断を必要とするばかりでなく，<u>課税要件等を定めるについて，極めて専門技術的な判断を必要とすることも明らかである。したがつて，租税法の定立については，国家財政，社会経済，国民所得，国民生活等の実態についての正確な資料を基礎とする立法府の政策的，技術的な判断にゆだねるほかはなく，裁判所は，基本的にはその裁量的判断を尊重せざるを得ないものというべきである。</u>そうであるとすれば，<u>租税法の分野における所得の性質の違い等を理由とする取扱いの区別は，その立法目的が正当なものであり，かつ，当該立法において具体的に採用された区別の態様が右目的との関連で著しく不合理であることが明らかでない限り，その合理性を否定することができず，これを憲法14条1項の規定に違反するものということはできない</u>ものと解するのが相当である。

▶ 草野裁判官の補足意見

みずほ銀行事件では，控訴審が救済解釈を行い，オーバー・インクルージョン（過剰包摂）の問題を解釈で克服しようとしたのに対して，最高裁は形式的に政令の委任の範囲の逸脱（政令違法及び適用違法）の有無を判断するのみで結論を下しています。

この点については，草野耕一裁判官の補足意見で，次のような言及がされています。

◇ **みずほ銀行事件上告審判決（最高裁令和5年11月6日第二小法廷判決・裁判所HP）草野耕一裁判官補足意見**

……本件委任規定を受けて設けられた本件規定について子細にみてみると，いささか精緻さに乏しいとの見方ができることは否定し難い。なぜならば，これらの規定の適用下にある外国法人について，
(1)当該外国法人がその事業年度終了時とは異なる日を基準日として剰余金の配当等（以下，本補足意見においては，単に「配当」という。）を支払ったところ，これを受け取った当該外国法人の株主（以下「受取株主」という。）がその直後に到来する事業年度終了時（以下「直近年度末」という。）にはもはや当該外国法人の株主ではない場合において，①外国法人が上記基準日においては特定外国子会社等であり，受取株主が当該特定外国子会社等に係る内国法人（以下，本補足意見においては「特定親会社」という。）であるとすれば，当該配当の原資として用いられた当期純利益の額（以下「配当原資金額」という。）につき，経済実態からすれば，当該特定親会社に対し合算課税をすることが相当であるにもかかわらず，合算課税をなし得ない事態（以下，本補足意見においては，このような事態を「過少課税」という。）が発生し得る一方，②当該外国法人が直近年度末においては特定外国子会社等であるが，受取株主は特定親会社と資本関係のない者であるとすれば，配当原資金額につき，経済実態からすれば，当該特定親会社に対し合算課税をすることは相当でないにもかかわらず，合算課税がされる事態（以下，本補足意見においては，このような事態を「過剰課税」という。）が発生し得るところ，
(2)仮に，本件委任規定を受けて政令の定めを設けるに当たり，「事業年度」の意義につき，特定外国子会社等が，その財産及び損益の計算の単位となる期間（以下「会計期間」という。）の末日以外の日を基準日として配当を行った場合には，当該会計期間の始期から当該配当の基準日までの期間をもって一つの事業年度とみなした上で，その翌日から当該会計期間の末日までの期間をもって次の事業年度とみなす（会計期間の末日以外の日を基準日とする配当の支払が一つの会計期間中に複数回なされた場合には各配当の基準日の翌日から次の配当の基準日までの期間も一つの事業年度とみなす）ことにすれば，過少課税も過剰課税も回避

することができると解されるからである。

　この指摘は，政令（本件規定）の定め方を工夫すれば，**過剰課税（オーバー・インクルージョン。過剰包摂）**を回避できる可能性があったことを示唆しています。これは控訴審判決がおそらく前提としていた「救済解釈」をするための「立法の不備」があることの指摘にもみえます。
　しかし，その一方で，こうした過剰課税を納税者が受けることになった原因は，納税者が事業年度の設定を上手にしていれば回避できたのにこれをしなかったことにあるといった指摘も，草野裁判官の補足意見では述べられています。

◇ **みずほ銀行事件上告審判決（最高裁令和5年11月6日第二小法廷判決・裁判所HP）・草野耕一裁判官の補足意見**
(1)被上告人は，利払の損金算入効果を享受しつつ国際金融市場から自己資本を調達しようという意図の下に本件資金調達手続を立案しこれを実行したものであるとうかがわれる。しかるところ，被上告人のような我が国を代表する金融機関が本件資金調達手続を立案するに当たっては，当然関係各国の税制を詳細に調査研究し，その内容を知悉することが前提であろうから，被上告人は，我が国のタックス・ヘイブン対策税制についても十分な調査を行い，かつ，（タックス・ヘイブン対策税制は頻繁に改正されるものであることは周知の事実であるから，）必要に応じて，本件資金調達手続の実施後においても最新のタックス・ヘイブン対策税制の内容を調査し，本件資金調達手続によって生み出された会社法や契約法上の権利義務関係に合理的な変更を加えることによって，予期せざる税務上の不利益が発生することがないよう注意を払い続けることを期待され得る立場にあった。
(2)しかるところ，本件各子会社の利益に関して過剰課税が発生する余地が生ずることとなったのは，いわゆる外国子会社受取配当益金不算入の制度の導入に伴う平成21年の関係規定の改正によって，合算課税の基

> 礎となる金額（適用対象金額）から，特定外国子会社等がその株主に支払った配当を控除することができなくなったためであるところ，その改正に係る改正法の施行の時から本件優先出資証券の償還がなされた平成27年6月30日までの間には6年余りの期間があった。しかも，**本件優先出資証券の償還は本件各子会社（実質的には被上告人とみてよいであろう。）の任意の判断によりなされたものであるから，被上告人において，上記償還に当たって，任意償還がもたらす税効果を検討し，本件各子会社の事業年度を本件優先出資証券の償還日の前日までとするなどの方法を採ることによって合算課税を回避することは，さしたる取引費用をかけることもなく容易にできたはずである**（法廷意見第2の2⑵参照）。

　しかし，過剰課税の問題は，納税者の側で法令を読み取り，自ら回避するような行動をすればよかったという指摘は，法廷意見の言及と同様に疑問が残ります。

　オーバー・インクルージョン（過剰包摂）の問題について，みずほ銀行事件では，こうして課税が正当化されました。

▶ 最高裁令和5年判決の射程

　しかし，最高裁令和5年判決（**法廷意見**）が，委任の範囲の逸脱の問題について，納税者の回避することができた不利益の有無を検討した点は，今後の外国子会社合算税制の適用に過剰課税（過剰包摂）の問題が生じたときに，1つの判断基準になり得る可能性もあります。

　本書の最後の判例は，なかなか難解な事例でした。税務判例が進化を遂げて到達した現在地は，みずほ銀行事件にあらわれるように，複雑化・高度化しています。草野裁判官の**補足意見**をみると，その冒頭の言葉にもあらわれています。

◇ みずほ銀行事件上告審判決（最高裁令和5年11月6日第二小法廷判決・裁判所HP）・草野耕一裁判官の補足意見
　　一般に，我が国の税法は，世界的にも稀有といえるほどに緻密で合理的な条文の集積から成り立っており，このことが税制に対する国民の信頼や我が国企業の国際競争力の礎となってきたことは税法の研究や実務に携わる者が均しく首肯するところではないかと推察する。

　こうして複雑・精緻な税法規定の解釈適用を行う税務判例は，さらに深化していくことが予測されます。
　今後の税務判例からも，目が離せませんね。

column20：最高裁判決の各種意見

　最高裁判決では，下級審の裁判例と異なり，裁判官個人も意見を述べることができる。メンバーの多数派の意見が「法廷意見」として判決文になるだけでない。これに異を唱える「反対意見」や，法廷意見を支持するものの理由を補足する「補足意見」も述べられる。法廷意見と同じ結論であるが，理由の異なる「意見」も述べることができる。

　税務判例では，反対意見は少ない印象があるかもしれないが，それでもいくつかのものに登場している。大竹貿易事件（最判平成5年11月25日民集47巻9号5278頁）の味村治裁判官，消費税帳簿不提示事件（最判平成16年12月20日判タ1176号130頁）の滝井繁男裁判官，青色申告承認取消事件（最判令和6年5月7日裁判所HP）の宇賀克也裁判官などである。

　補足意見は，本書でも各章で紹介したように，さまざま述べられており，紹介される例も多い。みずほ銀行事件（最高裁令和5年判決）の草野裁判官の補足意見など，裁判長として考えたことの披露にもみえる。

　あまりみられないのは「意見」であろう。競馬事件（大阪事件）では，大谷剛彦裁判官の意見があった。結論は法廷意見と同じであるが，外れ馬券の経費控除が認められることには疑問を呈している。しかし，「事案の特殊性」から「原判決を破棄しなければ著しく正義に反するとまではいえない」と述べた。刑事事件に固有の手続上の理由で結論が一致するだけの（実質的には反対の）「意見」であった。

　リーガルマインドで税務判例を読み解く際には，こうした裁判官の意見は，あくまで個人の意見に過ぎないことに注意したい。饒舌で興味深い意見もあるが，裁判官個人の意見は「判例」ではない。判例に該当する部分は，あくまで法廷意見だからである。

用 語 索 引

【英数字】

WIN 5 事件 ·················· 303
2 分の 1 課税 ················ 232
2 要件説 ···················· 269
3 要件 ···················· 192, 268
3 要件説 ··················· 269, 275

【あ】

あてはめ ···· 25, 42, 149, 222, 224, 226, 254, 259, 261, 275, 339
あてはめる ···················· 11

【い】

医学論文事件 ··············· 266, 275
意見 ························ 467
違憲審査基準 ················· 93
一般対応 ···················· 284
違法判断の時期 ··············· 350
岩瀬事件 ··················· 114, 122

【え】

営利性 ······················ 294
益金 ························ 159

【か】

外国子会社合算税制 ········· 141, 446
外国税額控除 ················· 136
解釈論 ······················ 89
貸倒損失 ···················· 171
過剰課税 ···················· 464
過剰包摂 ················ 451, 462, 464

【か】（続き）

課税減免規定 ················ 146
課税要件 ············ 6, 16, 54, 267, 268
課税要件法定主義 ······ 16, 54, 199, 287
課税要件明確主義 ···· 16, 54, 153, 287, 320
過年度遡及処理 ··············· 388
感謝の集い事件 ··············· 275
間接対応 ··················· 281, 284

【き】

期間 ························ 59
期間対応 ···················· 284
規範 ···· 13, 127, 149, 172, 222, 223, 240, 253, 339
救済解釈 ············ 407, 414, 456, 462
救済解釈の法理 ············ 405, 414
給与所得 ···················· 252
強行規定 ···················· 118
強度な文理解釈 ··············· 71

【け】

経済的価値 ·················· 39
経済的成果喪失論 ············· 402
経済的成果の喪失 ·········· 352, 400
経済的不利益 ················ 236
形式主義 ···················· 13
継続企業の原則 ··············· 389
継続性 ······················ 294
契約自由の原則 ············ 118, 127
契約の解釈 ·················· 127
源泉徴収義務 ················· 99
原則 ························ 69

469

原則・例外 …………………………… 169
限定解釈 ……………………………… 144, 153
憲法論 ………………………………… 84
権利確定主義 ……… 159, 161, 179, 189, 205
権利行使益 …………………………… 232
権利行使価格 ………………………… 204
権利の確定 …………………………… 189
権利濫用の禁止 ……………………… 139

【こ】

交換か売買か ………………………… 114
興銀事件 ……………………………… 171
航空機リース事件 …………………… 122
行使時説 ……………………………… 205
公正処理基準 ………………………… 408
更正の請求 …………………………… 387
公的見解の表示 ……………………… 236
合理性の基準 ………………………… 461
個別対応 ……………………………… 284

【さ】

財産評価 ……………………………… 418
財産評価基本通達 …………………… 360, 419
債務確定基準 ………………………… 191, 199
債務確定主義 ………………………… 189
債務控除 ……………………………… 435
債務の確定 …………………………… 144, 189
錯誤主張の時期的な制限 …………… 347

【し】

時価 …………………………… 373, 419, 422
時価主義 ……………………………… 419
事業所得 ……………………………… 252
事後法 ………………………………… 79
事後法の禁止 ………………………… 89
事実上の拘束力 …………… 37, 163, 223

事実審 …………………………… 25, 36
事実認定 …… 11, 22, 30, 38, 333, 372, 379, 421, 428
支出金額 ………………………… 310, 326
事情法理 ………………………… 432, 439
実質主義 ……………………………… 13
私的自治の原則 ……………………… 118
私法 …………………………………… 121
私法上の法律構成による否認
　………………………………… 25, 114, 131
借用概念 ……………………………… 7
射程外 ………………………………… 178
趣旨 …………………………………… 40, 314
趣旨解釈 …… 40, 60, 68, 138, 315, 414, 455
小前提 ……………………………… 11, 149, 421
譲渡時説 ……………………………… 205
所得区分 ……………………………… 209
所得の経済的把握 …………… 385, 402
処分時説 ……………………………… 350
事例判決 ……………………………… 216
事例判断 ………………………… 217, 221, 341
侵害規範 ……………………………… 7, 63
信義則 ………………………………… 236

【す】

ストック・オプション …………… 204
スポーツ・ベット事件
　（東京地裁令和 2 年判決）…… 295, 297
住友不動産事件 ……………………… 110

【せ】

請求権勘案保有株式等割合 ……… 446
整合性 ………………………………… 178
清算課税説 …………………………… 363
税制適格ストック・オプション … 206

470

正当な理由 …… 239, 240, 247, 321, 354
成文法主義 …… 14
税法 …… 16
税法解釈の方法 …… 59, 199, 328
税法と私法の関係 …… 121
税務調査 …… 158
政令 …… 71, 360, 448
政令違法 …… 460
前期損益修正 …… 387
戦後最大の税務訴訟 …… 204
全世界所得課税 …… 136
先例拘束力 …… 14, 36, 100, 109, 161, 172, 221, 227, 273, 290
先例的価値 …… 221

【そ】

相続債務免除事件
  （東京地裁令和5年判決）…… 326
相続債務免除事件
  （東京高裁令和6年判決）…… 49
遡及立法 …… 79
遡及立法禁止の原則 …… 77
遡及立法の禁止 …… 89
租税回避 …… 114, 128
租税回避と租税法律主義 …… 114
租税法 …… 16
租税法規不遡及の原則 …… 77, 89
租税法上の一般原則としての平等原則 …… 430
租税法律主義 …… 76, 80, 87, 131, 282, 287, 429
損益通算 …… 76
損害賠償請求益金算入事件 …… 158
損失 …… 160

【た】

大前提 …… 11
タックス・ヘイブン対策税制 …… 141

【ち】

調査官解説 …… 62, 67, 70, 151, 295, 346, 347
直接対応 …… 281, 284

【つ】

通達 …… 244, 282, 287
通達課税の禁止 …… 199, 287
通謀虚偽表示 …… 125
罪となるべき事実 …… 184

【て】

低額譲渡 …… 358
適用違法 …… 459
適用除外要件 …… 141, 456
手続要件 …… 388

【と】

統一説 …… 7
東京高裁令和6年判決
  （相続債務免除事件）…… 49
東京地裁令和2年判決
  （スポーツベット事件）…… 295, 297
東京地裁令和5年判決
  （相続債務免除事件）…… 326
同時両建て …… 160
特に密接な関係 …… 101, 102, 110
特別事情論 …… 421, 428, 439
特別の事情 …… 422, 426
独立説 …… 7

471

【に】

二重課税 ································ 35

【ね】

年金受給権 ························ 32, 34
年度帰属 ························ 184, 207

【は】

破産管財人 ··························· 98
柱書き ······························ 187
パス・スルー課税 ················· 257
判決確定事由 ················ 396, 399
判決時説 ···························· 350
反対意見 ···························· 467
反対解釈 ············ 144, 191, 193, 197
判断基準 ····························· 13
判断枠組み ······ 11, 13, 19, 127, 149, 259
判例 ································· 49
判例の射程 ······ 49, 161, 163, 171, 172,
　　　　　　　 227, 290, 327, 413, 438
判例の射程外 ······················ 219
判例法主義 ·························· 14
判例法理 ······················ 363, 385

【ひ】

非課税所得 ····················· 32, 136
非継続要件 ························ 283
評価 ························ 224, 226, 273
費用収益対応の原則 ················ 187

【ふ】

ファイナイト再保険事件 ········· 122
不当又は酷 ······················· 240
不法行為に基づく損害賠償請求権
　　　　　　　　　　　　　　　 159

【ほ】

付与時説 ···························· 205
文理解釈 ············ 40, 60, 68, 191, 380
文理解釈の原則 ·········· 317, 328, 408

【ほ】

法解釈 ······ 11, 18, 22, 25, 30, 38, 149,
　　　　　　　　　　 184, 222, 372
法解釈の限界 ······················· 18
法解釈の方法 ······················· 40
包括的所得概念 ··················· 402
法規範 ······························· 19
法源 ··························· 371, 429
法人税法独自説 ··················· 409
法廷意見 ··················· 93, 465, 467
法定評価 ······················ 379, 419
法的安定性 ······················· 8, 63
法的三段論法 ······ 11, 38, 106, 149, 186,
　　　　　　　　　　　　　　　 216
法の適用 ··············· 25, 261, 275
法の不備 ··························· 407
法律審 ··························· 25, 36
法律と政令の関係 ··············· 457
法律と通達の関係 ······ 374, 377, 378
補足意見 ··············· 374, 465, 467
本文 ································ 188

【み】

みなし譲渡 ························ 358
みなし相続財産 ···················· 31

【む】

無効 ································ 126
無制限納税義務者 ················ 136

【も】

目的論的解釈 ······ 40, 61, 138, 315, 455

【や】

ヤフー事件 …………………… 261

【ゆ】

ユニバーサルミュージック事件 …・261

【よ】

横浜事件（横浜地裁平成28年判決）
　………………………… 301, 303
横浜地裁平成28年判決（横浜事件）
　………………………… 301, 303
予測可能性 ………………… 8, 63

【ら】

来料加工事件 …………… 141, 455

【り】

立証責任 ……………………… 239
立法趣旨 ………………… 314, 328
立法論 …………………… 18, 185

【れ】

例外 …………………………… 69
レイシオ・デシデンダイ …・14, 49, 223,
　　　　　　　　　　　　240, 351

【ろ】

労務の対価 …………………… 215
ロジック …………… 108, 161, 175

最高裁判決・事件名対照索引

最高裁判決	事件名	参照頁
最高裁昭和37年大法廷判決	月ヶ瀬事件	100, 101, 102, 104, 110
最高裁昭和38年判決	違法所得事件	386, 413
最高裁昭和43年判決	代取横領事件	163, 164
最高裁昭和46年判決	制限超過利息事件	386, 413
最高裁昭和49年判決	雑所得貸倒事件	404
最高裁昭和56年判決	弁護士顧問料事件	211, 212, 228, 252, 258, 340
最高裁昭和60年大法廷判決	大嶋訴訟	76, 93
最高裁昭和62年判決	青色申告承認事件	236
最高裁平成13年判決	りんご生産組合事件	252, 253, 261, 292
最高裁平成16年判決	売上原価事件	144, 184, 196, 199
最高裁平成17年判決	外国税額控除事件	131, 136, 138, 143, 153
最高裁平成17年判決	ストック・オプション事件	204, 214, 228, 232, 340, 341
最高裁平成18年判決	ストック・オプション加算税事件	232, 247, 322, 325
最高裁平成22年判決	生保年金二重課税事件	30, 38, 48, 49, 327
最高裁平成22年判決	ホステス源泉徴収事件	54, 58, 59, 60, 71, 228, 316, 328, 380
最高裁平成23年判決	遡及立法事件	76, 78
最高裁平成23年判決	武富士事件	6, 12, 25, 30, 48, 114, 120, 131, 318
最高裁平成23年判決	破産管財人源泉徴収事件	98, 99, 110
最高裁平成24年判決	養老保険事件	247, 310, 313, 317, 325, 367, 380
最高裁平成27年判決	競馬事件（大阪事件）	280, 289, 292, 303, 467
最高裁平成27年判決	航空機リース通達変更事件	244, 247, 323, 325
最高裁平成27年判決	48億債務免除源泉徴収事件	228, 332, 342, 354, 431
最高裁平成29年判決	競馬事件（札幌事件）	289, 292, 298, 303
最高裁平成30年判決	48億債務免除源泉徴収事件	228, 332, 346, 348, 354, 431
最高裁平成4年判決	電気料金過大徴収事件	164, 165
最高裁平成5年判決	大竹貿易事件	162, 409, 467
最高裁平成6年判決	エス・ブイ・シー事件	410
最高裁令和2年判決	クラヴィス事件	385, 391, 392, 411
最高裁令和2年判決	タキゲン事件	71, 358, 359, 365, 380
最高裁令和3年判決	混合配当事件	460
最高裁令和4年判決	節税マンション事件	379, 380, 418, 428, 439
最高裁令和5年判決	消費税課税仕入れ用途区分事件	247, 323, 325
最高裁令和5年判決	みずほ銀行事件	321, 408, 445, 457, 460, 467

あとがき

　本書の原著を刊行したのは，2015年である。その4月。筆者は，実務家から税法学者に転身した。職業でいえば，弁護士から大学教授に変わった。弁護士時代から依頼を受けていた書籍で，『法律に強い税理士になる』（大蔵財務協会，2013年）の続編の執筆が急務であったが，あたらしい環境に，落ち着いてパソコンで原稿の執筆をできる余裕はなかった。そこで，担当編集者の方に何度も足を運んでもらい，口述筆記（録音によるテープ起こしをした原稿をだしてもらい，Wordで推敲を行った）で，原稿を作成した。

　実務家としての経験と，ロースクールで「租税法」を数年教えていた経験をよりどころに，14の「税務判例の読み方」を講義する本が完成した。この前著は思いのほか，好評だったようで増刷もされた。数年前に絶版になってしまったが，大学院で税理士を目指す院生に研究指導をされている先生方から，「増刷はされないのでしょうか」という問い合わせをいただくこともあった（大学院の授業の参考書にしてくださっていたようである）。

　しかし，そのあと時間のみが経過してしまった。

　今回の「改題拡充版」の作成にあたっては，前著の14の税務判例は一部（前著刊行後に最高裁判決があった競馬札幌事件などの加筆）を除き，基本的に刊行時の文章をそのまま踏襲し，細かな表記のみを

微修正をする予定でいた。あらたに追加する6の税務判例について，それなりのボリュームで解説する「書下ろし原稿」（今回は口述ではなく，手で書いた）がある。それを追加するだけで，もう十分にリニューアルされた本になると思ったからである。

　ところが，再校ゲラをチェックする際に，どうにも，9年前の文章には言い回しも含めて修正したくなる箇所が多々あることに気づいた。結局，ほぼ全ページに大量の赤入れをすることになってしま・・・・・・・・・・・・・・った・・。「なってしまった」と述べたが，前著を読まれていた方でも，あらたに1章からおそらく新鮮に読んでいただけるくらいの「**全面リニューアル**」になったと思う。その意味で，製作過程で担当編集者と印刷所にはご迷惑をおかけしたようにも思うが，作品としての仕上がりはよくなったはずである。

　冒頭に戻ると，原著は大学教員に転身した直後に書いたもので，実務家の経験とロースクールの授業のみがベースになっていた（といっても，税務訴訟の約12年に及ぶ経験があった）。その後，勤務先の大学では，毎年10〜20名程度の税理士を目指す大学院の修士課程1年生（社会人の方が多い）に対して，「**判例研究**」の授業をさまざま担当し続けてきた。1学年15〜20名程度いる学部の税法ゼミでも，ゼミ生による重要判例の報告発表を踏まえた指導を，毎年行ってきた。その間に，弁護士時代には忙しくてなかなか読み切れていなかった（研究者の方は驚くかもしれないが，弁護士は常に忙しく，その案件に必要な限りで，ざっと文献を速読するに過ぎない。弁護士にとって文献読みは，仕事の手段に過ぎないからである），過去の判例の調

査官解説や，1つひとつの税務判例の判例評釈についても，世にあるものは基本的にそのすべてを，授業の都度，予習として読み尽くしてきた。

　そのような大学教員としての経験を9年重ねたうえでバージョンアップされたのが，本書（改題拡充版）である。

　とはいえ，学者の話はまともに聞くと，大概は初学者や学生には細かすぎて，かなり眠くなる。そんな話に刺激を受けるのは，ごく少数の勉強の進んだ者に限られる。そのようなことが起きないよう，全体のトーンや雰囲気を維持するようにした。
　本来あとがきは書かない予定であったが，このことをどうしても説明しておきたくなり，入れてもらうことにした。

　税務判例は，読めば読むほど味がでると思う。

　「重要な税務判例」については，すべての審級の判決文はもちろん，調査官解説とあらゆる判例評釈を，判例研究の授業の都度，何度も何度も何度も読んできた。

　学生は，1度読むと，その判例を知ったつもりになるようである。

　しかし，わたしには，全文をくり返し読み続けてきた判例だけでも，膨大にある。それでも飽きることはなかったし，毎回の発見があった。学生には「**もう飽きたよ**」と，たまにいうが，冗談である。

ただし、「それくらい読んだよ」ということでもある。

　逆にいえば、1回読んだ程度でわかることは少ないのが、税務判例の特徴ともいえる。どんなに熟読をしたとしても、知ったつもりにならず、時間を置いてまた「新鮮な目」で、ゼロから判決文を読んで欲しい。

　そのくり返しの数年が、あなたのリーガルマインド（**法的思考力**）、そして「**税務判例の読み方**」を確実なものにし、**たしかな力**を与えてくれるだろう。

　読者の方が願った力をつけるための一助になれば、嬉しく思います。最後までお読みくださり、ありがとうございました。

2024年7月

木山　泰嗣（きやま　ひろつぐ）

木山泰嗣（きやま　ひろつぐ）

　1974年横浜生まれ。青山学院大学法学部教授（税法）。同大学大学院法学研究科ビジネス法務専攻主任。上智大学法学部法律学科卒。2001年に旧司法試験に合格し，2003年に弁護士登録（第二東京弁護士会）。

　鳥飼総合法律事務所で，2015年3月まで税務訴訟及び税務に関する法律問題を扱う（著名担当事件に，ストック・オプション訴訟がある）。2011年に，『税務訴訟の法律実務』（弘文堂）で，第34回日税研究賞（奨励賞）を受賞。2015年4月に大学教員に転身（上記法律事務所では客員弁護士）。現在は，法学教育及び税法研究に専念（学部ゼミでは「ディベート」を中心に税法教育を行い，大学院では税理士を目指す社会人の院生等に論文指導をする）。

　著書に，『小説で読む民事訴訟法』（弘文堂），『分かりやすい「民法」の授業』（光文社新書），『もしも世界に法律がなかったら』（日本実業出版社），『武器になる「法学」講座』（ソシム）などの法学に関する入門的著作のほか，『反論する技術』（ディスカヴァー・トゥエンティワン），『最強の法律学習ノート術』（弘文堂），『新・センスのよい法律文章の書き方』（中央経済社）など，法学の技術的方法論に関する著作もある。税法著作には，『分かりやすい「所得税法」の授業』（光文社新書），『教養としての「税法」入門』（日本実業出版社），『分かりやすい「法人税法」の教科書』（光文社），『超入門コンパクト租税法』（中央経済社），『入門課税要件論』（同），『国税通則法の読み方』（弘文堂）などがあり，近時のシリーズ的著作には，税法エッセイシリーズ（『税法読書術』『税法思考術』『税法文章術』『税法独学術』〔いずれも，大蔵財務協会〕）がある。単著の合計は，本書で71冊。

　本書は，好評を博した『法律に強い税理士になる』シリーズ（大蔵財務協会。他に『税務判例が読めるようになる』『情熱を持った専門家になれ!!』など）の改題改訂，第2弾。

モットー：むずかしいことを，わかりやすく。そして，あきらめないこと。
X（旧Twitter）：@kiyamahirotsugu

大蔵財務協会は、財務・税務行政の改良、発達およびこれらに関する知識の啓蒙普及を目的とする公益法人として、昭和十一年に発足しました。爾来、ひろく読者の皆様からのご支持をいただいて、出版事業の充実に努めてきたところであります。

今日、国の財政や税務行政は、私たちの日々のくらしと密接に関連しており、そのため多種多様な施策の情報をできる限り速く、広く、正確にかつ分かり易く国民の皆様にお伝えすることの必要性、重要性はますます大きくなっております。

このような状況のもとで、当協会は現在、「税のしるべ」(週刊)、「国税速報」(週刊)の定期刊行物をはじめ、各種書籍の刊行を通じて、財政や税務行政についての情報の伝達と知識の普及につとめております。また、日本の将来を担う児童・生徒を対象とした租税教育活動にも、力を注いでいるところであります。

今後とも、国民・納税者の方々のニーズを的確に把握し、より質の高い情報を提供するとともに、各種の活動を通じてその使命を果たしてまいりたいと考えておりますので、ご叱正・ご指導を賜りますよう、宜しくお願い申し上げます。

一般財団法人 大蔵財務協会
理事長　木村　幸俊

リーガルマインドで読み解く　重要税務判例20選

令和6年8月14日　初版印刷
令和6年9月6日　初版発行

不許複製

著者　木山　泰嗣

　　　　　　　(一財)大蔵財務協会　理事長
発行者　木村　幸俊

発行所　一般財団法人　大蔵財務協会
〔郵便番号　130-8585〕
東京都墨田区東駒形1丁目14番1号
(販　売　部) TEL03(3829)4141・FAX03(3829)4001
(出版編集部) TEL03(3829)4142・FAX03(3829)4005
https://www.zaikyo.or.jp

乱丁・落丁はお取替えいたします。
ISBN978-4-7547-3256-1

印刷　恵友社